Innovatorische Qualifikationen

Forschungsinstitut der Friedrich-Ebert-Stiftung
Reihe: Arbeit
Sonderheft 4
Herausgegeben von Werner Fricke

Werner Fricke, Wilgart Schuchardt (Hrsg.)

Innovatorische Qualifikationen – eine Chance gewerkschaftlicher Arbeitspolitik

Erfahrungen aus den Niederlanden, Italien, Schweden und der Bundesrepublik

Verlag Neue Gesellschaft

ISBN 3-87831-406-X

Forschungsinstitut der Friedrich-Ebert-Stiftung
Godesberger Allee 149, D-5300 Bonn 2

Copyright © 1985 by Verlag Neue Gesellschaft GmbH
Godesberger Allee 143, D-5300 Bonn 2
Umschlag: Karl Debus, Bonn
Satz: elco satz Riemel, Bonn
Druck und Verarbeitung: braunschweig druck GmbH
Alle Rechte vorbehalten
Printed in Germany 1985

Inhalt

Vorwort der Herausgeber 7

Wilgart Schuchardt
Innovatorische Handlungspotentiale abhängig Beschäftigter zur Veränderung und Gestaltung ihrer Arbeitsbedingungen gemäß ihren Zielen und Interessen — ein Problemüberblick 9

Wilgart Schuchardt
Technisch-organisatorischer Wandel, Beteiligung der Arbeitnehmer und gewerkschaftliche Arbeitspolitik; Notwendigkeit, Möglichkeit und Perspektiven für die Entwicklung und Anwendung innovatorischer Qualifikationen 22

Felix Frei
Psychologische Voraussetzungen innovatorischen Handelns — Konzeption und Problemaufriß 42

Ingrid Drexel
Wann werden Arbeitskräfte gegen Rationalisierung aktiv? Thesen zum Zusammenhang zwischen subjektiven Aktionspotentialen und Erwerbsverlaufsmustern 56

Else Fricke
Lernen und Gestalten. Möglichkeiten der Entwicklung und Anwendung innovatorischer Qualifikationen in der betrieblichen Berufsausbildung 73

Dieter Görs
Entwicklungen und Konzepte im Bereich der beruflichen und betrieblichen Weiterbildung 85

Wolfgang Hindrichs
Historische Erfahrungen, gegenwärtige Probleme und Perspektiven betriebsnaher gewerkschaftlicher Bildungsarbeit in der Bundesrepublik Deutschland 96

Wolfram Wassermann
Arbeitsgestaltungspotentiale von Beschäftigten in der gewerkschaftlichen Bildungsarbeit 121

Gisela Dybowski
Aktuelle Tendenzen in der Diskussion der IG Metall zur gewerkschaftlichen
Bildungspolitik und das Konzept zur Qualifizierung von Referenten
der IG Metall für eine regionalisierte und betriebsnahe Weiterbildung. 134

Torbjörn Stockfelt
Erwachsenenbildung – Lernen im Alltag 140

Ben van Onna
Der „Aktionsplan Beschäftigung" in Nijmegen. Eine Fallstudie
zu Arbeitnehmerpartizipation in einem Krisengebiet 148

Raffaello Misiti und Sebastiano Bagnara
Die Beteiligung von Arbeitnehmern auf den Gebieten Arbeitsschutz
und Gesundheitsvorsorge am Arbeitsplatz 163

Wolfgang Neef
Ingenieurqualifikation und Arbeitnehmerbeteiligung 179

Hans Kühlborn
Erhöhte Mitarbeitermotivation durch Mitwirkung der Beschäftigten 195

Zu den Autoren 207

Vorwort der Herausgeber

Mit diesem Band legen wir die Referate und Diskussionen vor, die auf dem zweiten Saarbrücker Seminar zu unserem Forschungsprojekt „Vergleichende Analyse internationaler Erfahrungen von Arbeitnehmerbeteiligung auf betrieblicher Ebene in Norwegen, Schweden, Italien und der Bundesrepublik" im Oktober 1983 gehalten und geführt wurden. Das Forschungsprojekt wurde in der Zeit von 1979 bis 1984 durchgeführt und vom Bundesministerium für Forschung und Technologie aus Mitteln des Forschungsprogramms „Humanisierung des Arbeitslebens" finanziell gefördert. Der Abschlußbericht wird Anfang 1985 publiziert.[1]

Neben der Diskussion unserer Projektergebnisse und internationaler Erfahrungen mit Beteiligungsprozessen hatte das zweite Saarbrücker Seminar vor allem die Funktion, unser Konzept innovatorischer Qualifikationen in seinen sozialwissenschaftlichen und gewerkschaftspolitisch/arbeitspolitischen Bezügen zur Diskussion zu stellen. Uns hat sehr zur Weiterarbeit an diesem Konzept ermuntert, daß die kritischen Beiträge verschiedener Teilnehmer, zu denen wir ausdrücklich aufgefordert hatten, konstruktiv waren und Perspektiven zur Weiterentwicklung des Konzepts aufzeigen. Dafür möchten wir uns bei allen Teilnehmern sehr herzlich bedanken.

Der vorliegende Band wendet sich an Sozialwissenschaftler und Gewerkschafter. Wir versuchen seit Jahren, unsere Forschungsarbeiten im sozialwissenschaftlichen wie im gewerkschaftspolitischen Bereich anzusiedeln, und die Diskussionen der beiden Saarbrücker Seminare[2] sind für uns eine öffentliche Zwischenbilanz der in beiden Feldern bisher geleisteten Arbeiten.

Für die sozialwissenschaftliche Diskussion scheinen uns nach den vorgelegten Referaten und Diskussionsergebnissen am Konzept der innovatorischen Qualifikationen die Elemente Subjektperspektive und Möglichkeitsanalyse[3] besonders fruchtbar zu sein. Wir werden sie in den kommenden Jahren weiterzuentwickeln versuchen, wie wir auch den kritischen Anregungen insbesondere von Felix Frei folgend an einem Konzept der Integration von fachlicher und innovatorischer Qualifizierung im Rahmen einer sozialen Theorie der Qualifikation arbeiten werden.

Für die Entwicklung einer betriebsbezogenen gewerkschaftlichen Arbeitspolitik stellen die innovatorischen Qualifikationen der Arbeitenden eine Chance und zugleich eine Herausforderung dar. Das zeigt sich in vielen der hier vorgelegten Refera-

---

1 Ein erster Bericht aus diesem Forschungsprojekt liegt bereits vor: Fricke, E., Notz, G., Schuchardt, W.: Beteiligung im Humanisierungsprogramm. Eine Zwischenbilanz 1974–1980, Bonn 1982.

2 Referate und Diskussionen des ersten Saarbrücker Seminars vom Juni 1983 sind publiziert in: Fricke, W., Schuchardt, W. (Hrsg.): Beteiligung als Element gewerkschaftlicher Arbeitspolitik, Bonn 1984.

3 Vgl. hierzu Fricke, W.: Industriesoziologie und Beteiligung in: Mambrey, P., Oppermann, R. (Hrsg.): Beteiligung von Betroffenen bei der Entwicklung von Informationssystemen, Frankfurt a. Main 1983.

te und Diskussionsbeiträge, und zwar in sozialwissenschaftlicher wie in gewerkschaftspolitischer Perspektive, in Beiträgen deutscher Kollegen ebenso wie in denen der schwedischen und italienischen Teilnehmer.

Wie schon das erste hat auch das zweite Saarbrücker Seminar in der Heimvolkshochschule der Friedrich-Ebert-Stiftung in Saarbrücken stattgefunden. Wir danken Belegschaft und Leitung dieser Schule, insbesondere Peter Adrian und Lotte Wahlster, daß sie uns auf vielfältige Weise geholfen haben, das Seminar in einem freundlichen, freundschaftlichen und damit produktiven Klima lebendig zu gestalten.

Bonn, im Juli 1984   Werner Fricke
                                                                                   Wilgart Schuchardt

Wilgart Schuchardt
Innovatorische Handlungspotentiale abhängig Beschäftigter zur
Veränderung und Gestaltung ihrer Arbeitsbedingungen gemäß ihren
Zielen und Interessen — ein Problemüberblick

I. *Vorbemerkung*

Die Abteilung Arbeitskräfteforschung im Forschungsinstitut der Friedrich-Ebert-Stiftung (FES) hat vom 3. bis 7. Oktober 1983 ein Seminar zum Thema „Qualifikation und Arbeitnehmerbeteiligung. Aktuelle Entwicklungen und internationale Erfahrungen" in Saarbrücken durchgeführt. Teilnehmer dieses Erfahrungsaustauschs waren ein Unternehmensvertreter sowie Wissenschaftler und Gewerkschafter aus Holland, Italien, Norwegen, Österreich, Schweden, der Schweiz und der Bundesrepublik Deutschland. Thematisch wurden auf dem Seminar vier Schwerpunkte behandelt:
— Erfahrungen mit der Entwicklung und Anwendung innovatorischer Qualifikationen in Beteiligungsprozessen
— der mögliche Beitrag beruflicher Bildung zur Arbeitnehmerbeteiligung
— gewerkschaftliche Bildungsarbeit und Arbeitnehmerbeteiligung
— Managementstrategien zwischen Organisationsentwicklung und Arbeitnehmerbeteiligung.

Nachfolgend werden diese verschiedenen Facetten der übergreifenden Thematik „Qualifikation und Arbeitnehmerbeteiligung" auf der Grundlage der vorgetragenen Referate und der anschließenden Diskussionen resumiert. Inhaltlich schließen die hier veröffentlichten Beiträge an ein bereits im Juni 1983 durchgeführtes Seminar der Abteilung Arbeitskräfteforschung zum Thema „Beteiligung als Element gewerkschaftlicher Arbeitspolitik"[1] an.

---

1 Vgl. Fricke, W., Schuchardt, W. (Hrsg.): Beteiligung als Element gewerkschaftlicher Arbeitspolitik. Erfahrungen aus Norwegen, Italien, Schweden und der Bundesrepublik, Bonn 1984.

II. Zum Begriff der innovatorischen Qualifikationen und des innovatorischen Handlungspotentials

„Der tautologische Charakter der bisher bekannten inhaltlichen Definitionen von Qualifikationen ergibt sich aus der Tatsache, daß sie lediglich eine Beschreibung der funktionalen Anforderungen von Tätigkeiten bzw. Arbeitsaufgaben enthalten."[2] Diesen Aspekt hat auch Felix Frei auf dem Seminar kritisch gegen den Qualifikationsbegriff geltend gemacht, wenn er betonte, daß Qualifikationen üblicherweise auf nachgewiesene — und bei entsprechenden Anforderungen erneut zu reaktivierende — Leistungen reduziert würden. Während Frei aus dieser Kritik am herkömmlichen Qualifikationsbegriff in psychologischer Forschungsperspektive eine Lösung in einer Konzeption der Persönlichkeitsentwicklung im Erwachsenenalter und der auf diesem Hintergrund sich vollziehenden Kompetenzentwicklung sucht[3], haben Wissenschaftler der Abteilung Arbeitskräfteforschung um Werner Fricke seit den siebziger Jahren an einer soziologischen Theorie der Qualifikation gearbeitet, die insbesondere die sozialen Bedingungen der Entwicklung und Anwendung innovatorischer Qualifikationen und Handlungspotentiale schärfer ins Blickfeld wissenschaftlichen und praktischen Interesses zu rücken sucht.

Impliziert der o.a. Qualifikationsbegriff eine Perspektive, in der Leistungen als Nachvollzug und Realisierung vorgegebener Zwecke und Ziele verstanden werden, mithin die Arbeitenden in der Perspektive von Ausführenden und in ihrem Handeln Fremdbestimmte erscheinen, zentriert der Ansatz der innovatorischen Qualifikationen und Handlungspotentiale seine Aufmerksamkeit auf die Arbeitenden selbst, auf ihre Bedürfnisse gegenüber ihrer Arbeit und auf ihre Wünsche und Interessen an der Gestaltung ihrer Arbeitssituation. Stellen beim herkömmlichen Qualifikationsbegriff meist fremdbestimmte Leistungsziele den Maßstab dafür, ob das Arbeitshandeln erfolgreich war oder nicht, bestimmen im Konzept der innovatorischen Qualifikationen die Arbeitenden selbst die Maßstäbe für ihr innovatorisches, d.h. ihre Arbeit und ihre Arbeitsbedingungen gestaltendes Handeln. Maßstab dieses aus der Perspektive der abhängig Arbeitenden formulierten Qualifikationsbegriffs stellen *deren Interessen* bezüglich Sicherung und Verbesserung ihrer Arbeits- und Lebensbedingungen dar; hierunter sind im einzelnen zu fassen: das Interesse an einem sicheren Arbeitsplatz, das Interesse an angemessenem, stetigen Lohn, das Interesse am langfristigen Erhalt der Arbeitskraft, das Interesse an der Anwendung und Entfaltung von Qualifikationen im Arbeitsprozeß, das Interesse an Beteiligung bei der Gestaltung der eigenen Arbeitsbedingungen, das Interesse an der Verringe-

---
2 Fricke, W.: Arbeitsorganisation und Qualifikation. Ein industriesoziologischer Beitrag zur Humanisierung der Arbeit, Bonn 1975, 1978[2], S. 36.
3 Vgl. den in diesem Band abgedruckten Beitrag von Frei, F.: Psychologische Voraussetzungen innovatorischen Handelns. — Konzeption und Problemaufriß.

rung der Trennung von ausführenden und dispositiven Tätigkeiten sowie das Interesse an angemessenen sozialen Beziehungen [4].

Der Bezug dieses innovatorischen Qualifikationsbegriffs auf die Interessen abhängig Beschäftigter impliziert zwei sich wechselseitig ergänzende Zielsetzungen:
— Die Notwendigkeit für die Mehrzahl der Beschäftigten allein über die Veräußerung ihres Arbeitsvermögens die materiellen Grundlagen ihres Lebens zu sichern, impliziert die Bedingung, den im Arbeitsprozeß definierten Anforderungen gegenwärtig und in Zukunft gewachsen zu sein *(funktionales Qualifikationspotential)*.
— Die gegenwärtig vorherrschende organisatorisch-technische Gestaltung des Arbeits- und Produktionsprozesses durch die Prinzipien fortschreitender Fragmentierung und Vorbestimmtheit von Arbeitsvollzügen mit ihren Folgen der Gefährdung von Qualifikationen und ihren Anwendungsmöglichkeiten, der Reduktion von Handlungs- und Dispositionsspielräumen in der Arbeit, der Zunahme psychisch-nervlicher Belastung etc. führt auf seiten der Arbeitenden jedoch zu erheblichen Interessenverletzungen in ihrem Bezug auf Arbeit und zwar sowohl hinsichtlich der Arbeitskraft- als auch der Subjektperspektive [5]. Diese Interessenverletzungen bleiben oft latent, da in der bisherigen Politik der betrieblichen Interessenvertretung ebenso wie in der gewerkschaftlichen Politik Traditionen und Instrumente der arbeitspolitischen Einflußnahme zusammen mit den Beschäftigten und in ihrem Interesse erst ansatzweise entstanden sind. Z.T. entwickeln die Beschäftigten „unter der Hand" Gestaltungsstrategien, um hierdurch eine ihren Bedürfnissen besser entsprechende Arbeits- und Kräfteökonomie auszubilden [6]. Auf diesem Hintergrund ergibt sich für eine an den Problemen der Arbeitswelt und den Bedürfnissen der Arbeitenden interessierte sozialwissenschaftliche Forschung die Notwendigkeit, die bisher vorherrschende Forschungsperspektive der *Anforderungen* an die Arbeitskräfte *(funktionale Qualifikationen)* zu ergänzen um die Perspektive der *Ansprüche* der Beschäftigten an zukünftigte, ihren Interessen entsprechende Arbeitssituationen und die Erforschung der Möglichkeiten und der Bedingungen zur Entwicklung entsprechender *subjektiver Handlungspotentiale (innovatorischer Qualifikationen)* und zur Durchsetzung entsprechender Forderungen.

Sind auf seiten der Beschäftigten innovatorische Handlungspotentiale aufgrund der vielfältigen Interessenverletzungen, denen sie in ihrer Arbeit ausgesetzt sind, latent

---

[4] Diese hier aufgeführten Interessen wurden im „Peiner Modellversuch" von den Arbeitern als für sie zentrale und bestimmende Interessen eingeschätzt. Vgl. dazu Fricke, E., Fricke, W., Stiegler B.: Bedingungen der Vermittlung und Anwendung innovatorischer Qualifikationen im Industriebetrieb, In: WSI Mitteilungen, Heft 6, 1979, S. 311–321, hier: S. 314.

[5] Vgl. zur Unterscheidung von Arbeitskraft- und Subjektperspektive Schumann, M., Einemann, E., Siebel-Rebell, C., Wittemann, K.P.: Rationalisierung, Krise, Arbeiter. Eine empirische Untersuchung auf der Werft, Frankfurt a.Main 1982, S. 26. Vgl. auch den in diesem Band abgedruckten Beitrag von Schuchardt, W.: Technisch-organisatorischer Wandel, Beteiligung der Arbeitnehmer und gewerkschaftliche Arbeitspolitik.

[6] Vgl. den in diesem Band abgedruckten Beitrag von Wassermann, W.: Arbeitsgestaltungspotentiale von Beschäftigten in der gewerkschaftlichen Bildungsarbeit.

vorhanden, so bedarf es z.Zt. jedoch erheblicher Anstrengungen, unter den restriktiven Arbeits- und Handlungsbedingungen im Betrieb Prozesse innovatorischer Qualifikationsentfaltung zu fördern und vor allem die Verwendung daraus resultierender Gestaltungsvorschläge im Interesse der Arbeitenden zu sichern und zu kontrollieren.

Exemplarisch konnten solche Prozesse im Rahmen von Modellversuchen, die im Humanisierungsprogramm Förderung fanden, Ingang gesetzt und gefördert werden[7]. Im Rahmen des Peiner Humanisierungsprojekts fungierten die Arbeitenden nicht als Objekte der Forschung, sondern waren als Experten ihrer Arbeitssituation an den Fragestellungen der Forschung und der Bestimmung des Projektfortgangs aktiv beteiligt.

Unter den Bedingungen eines Modellversuchs gelang es, alternative Gestaltungsentwürfe der Arbeitenden zur Verbesserung ihrer Arbeitsbedingungen zu konzipieren, mit Hilfe der betrieblichen und gewerkschaftlichen Interessenvertretung in die betrieblichen Verhandlungen einzubringen, z.T. durchzusetzen und ihre Ausführung zu kontrollieren.

Über die konkreten Ergebnisse des Modellversuchs hinaus gelang es jedoch, bislang in der sozialwissenschaftlichen und industriesoziologischen Forschung wenig beachtete Ansprüche sowie Handlungs- und Innovationspotentiale abhängig Beschäftigter gegenüber ihrer Arbeit deutlich zu machen. Indem dieser Ansatz die Arbeitenden nicht nur aus der Perspektive von „Betroffenen" betrieblichen Handelns begreift, sondern gleichzeitig aus der *Perspektive von Subjekten und Akteuren* mit spezifischen Interessen und Forderungen an die Gestaltung von Arbeit und Technik, versucht er durch das Instrument der Möglichkeitsanalyse, durch die Schaffung eines Stücks konkreter Utopie unter hiesigen Verhältnissen „den Bedingungen der Emanzipation von Herrschaft"[8] nachzuspüren. Im Rahmen des Peiner Forschungsprojekts schufen die Arbeitenden, ihre Interessenvertreter und die beteiligten Wissenschaftler gemeinsam im Prozeß fortdauernden Lernens und Handelns die subjektiven und objektiven Voraussetzungen für eine kontinuierliche und gegenüber den bestehenden Regelungen des Betriebsverfassungsgesetzes erweiterte Beteiligung und Einflußnahme der Arbeitenden auf die Gestaltung ihrer Arbeit und ihrer Arbeitsbedingungen[9].

Bei der Diskussion des Konzepts und des Begriffs innovatorischen Handlungspotentials bildete die Frage nach seinen theoretischen und politischen „Vorläufern"

---

[7] Vgl. insbesondere den „Peiner Modellversuch" sowie das HdA-Projekt beim Kraftfahrt-Bundesamt in Flensburg: Fricke, E., Fricke, W., Schönwälder, M., Stiegler, B.: Qualifikation und Beteiligung. Humanisierung der Arbeit im Interesse der Arbeitenden: Das „Peiner Modell", Frankfurt a.Main, New York 1981; Jacobi, U., Weltz, F.: Humanisierung der Arbeitsbedingungen im Schreibdienst des Kraftfahrt-Bundesamts, Abschlußbericht Mai 1982.
[8] Altmann, N., Bechtle, G.: Betriebliche Herrschaftsstruktur und industrielle Gesellschaft, München 1971, S 23.
[9] Vgl. Betriebsvereinbarung über die Beteiligung von Arbeitnehmern bei der Gestaltung von Arbeitsplatz, Arbeitsablauf und Arbeitsumgebung zwischen dem Vorstand der Peiner Maschinen- und Schraubenwerke AG und dem Betriebsrat der obengenannten Gesellschaft, abgedruckt u.a. in: Die Mitbestimmung, Heft 5, 1983, S. 232.

sowie das Verhältnis dieses Konzepts zur vorherrschenden Industriesoziologie einen wichtigen Schwerpunkt auf der Tagung in Saarbrücken.

Wolfgang Hindrichs[10] erinnerte daran, daß neben und außerhalb der etablierten Sozialwissenschaft bereits Ende der 50er Jahre durch Konrad Frielinghaus' Konzept der Belegschaftskooperation[11] die Belegschaft als Akteur betrieblicher Veränderungen thematisiert und damit die Möglichkeit aufgezeigt wurde, das gemeinsame Arbeitshandeln, Formen vorgeschriebener und informeller Kooperation sowie das erworbene Produktions- und Erfahrungswissen in Richtung einer kollektiven Verfügungskompetenz der Belegschaft über den Produktionsprozeß zu nutzen. Darüber hinaus seien auch in der Ende der 60er Jahre geführten Diskussion zur Mitbestimmung am Arbeitsplatz indirekt Fragen des innovatorischen Qualifikations- und Handlungspotentials der Beschäftigten angesprochen worden, da das Ziel der damals angestrebten Mitbestimmung am Arbeitsplatz, eine stärkere direkte Einflußnahme der Arbeitenden auf ihre Arbeit und auf die Formulierung der gewerkschaftlichen Betriebs- und Arbeitspolitik ohne entsprechende qualifikatorische und innovatorische Voraussetzungen auf seiten der Arbeitenden kaum realisierbar schien.

Sucht man das Problem näher zu bestimmen, aus welchen Gründen innovatorische Handlungspotentiale abhängig Beschäftigter bis in die 70er Jahre kein Thema industriesoziologischer Forschung waren, stößt man vor allem auf das Faktum einer in inhaltlicher und methodischer Forschungsperspektive lange Zeit einseitigen Fragestellung. Die große Mehrheit der industriesoziologischen Studien bis in die 70er Jahre rückt die objektiven technischen, wirtschaftlichen und strukturellen Veränderungen auf betrieblicher und gesellschaftlicher Ebene ins Zentrum ihrer Betrachtung. In dieser Forschungsperspektive geraten abstrakte Größen wie „der technische Fortschritt" oder „das Gesetz kapitalistischer Verwertung" zu regulierenden und dominanten Antriebskräften gesellschaftlicher Entwicklung. Die Menschen, insbesondere die große Masse der abhängig Beschäftigten, geraten der Forschung in dieser Perspektive nur noch unter dem Blickwinkel von *Betroffenen* und *Objekten* technisch-wissenschaftlicher Veränderungsprozesse ins Blickfeld, die sich möglichst rasch den veränderten Bedingungen und Anforderungen anzupassen haben.

Als Ursache für diese verengte Forschungsperspektive nennt Axeli Knapp die Ausblendung des Subjekts als theoretischer Kategorie[12]. Die vorherrschenden Fragestellungen industriesoziologischer Untersuchungen beziehen sich auf die Arbeitenden als Objekte, fragen, wie die Realität auf sie wirkt, jedoch nicht, wie die Befragten Realität begreifen und verändern wollen, ob und wie sie sich als Akteu-

---

10 Vgl. auch seinen in diesem Band abgedruckten Beitrag, Hindrichs, W.: Historische Erfahrungen, gegenwärtige Probleme und Perspektiven betriebsnaher gewerkschaftlicher Bildungsarbeit in der Bundesrepublik Deutschland.
11 Vgl. Frielinghaus, K.: Belegschaftskooperation, in: Heidelberger Blätter. Selbstbestimmte Belegschaftskooperation gegen kapitalistische Hierarchie und Bürokratie. Mitbestimmung und Selbstbestimmung II, Heft 14/16, Nov. 1969–April 1970, Heidelberg, Frankfurt a. Main, Berlin 1970, S. 112–159.
12 Knapp, G.-A.: Industriearbeit und Instrumentalismus. Zur Geschichte eines Vor-Urteils, Bonn 1981, S. 9.

re betrieblichen und gesellschaftlichen Handelns verstehen. Solange die Objektwelt im Vordergrund industriesoziologischer Analyse steht und das wechselseitige Konstitutionsverhältnis von Mensch und Gesellschaft vernachlässigt bleibt, geraten die Produzenten des gesellschaftlichen Reichtums nur in der „Anhängselperspektive"[13] ins Blickfeld sozialwissenschaftlicher Untersuchungen.

Allerdings zeichnet sich auf dem Hintergrund zunehmender wirtschaftlicher Krisenentwicklung, wachsender sozialer und arbeitspolitischer Unverträglichkeit von technisch-organisatorischem Wandel im allgemeinen und der betrieblichen Verwendung neuer Technologien im besonderen eine zunehmende Sensibilität auch in der industriesoziologischen Forschung für diese Fragestellungen und eine Ausweitung der Forschungsperspektive ab.

Seit Anfang der 80er Jahre sind eine ganze Reihe von industriesoziologischen Untersuchungen erschienen, die betriebliche und gesellschaftliche Veränderungsprozesse auch aus der Perspektive der Arbeitenden zu beschreiben suchen. Besonders der Werft-Studie mit ihrer Darstellung und Analyse der betrieblichen Rationalisierungsprozesse sowohl aus der *Kapital- als auch aus der Arbeiterperspektive*[14] gelingt es, den Prozeß zunehmender Industrialisierung der Werftarbeit als Prozeß zunehmender Durchdringung und Beherrschung der industriellen Arbeit und Produktion durch die Unternehmensleitung auf der einen, und als Prozeß der Interessenverletzung und der Einschränkung von Gestaltungs- und Handlungsmöglichkeiten der Arbeitenden auf der anderen Seite zu analysieren. Erst diese *Erweiterung der traditionellen industriesoziologischen Forschungsperspektive* um die Interessen, Ansprüche und Zielsetzungen der Beschäftigten im Produktionsprozeß vermag wichtige Erkenntnisse über die Bedingungen und weiteren Voraussetzungen der Verbesserung von Interventions- und Handlungspotentialen der Arbeitenden zur Veränderung und Gestaltung ihrer Arbeitsbedingungen in ihrem Interesse zu schaffen.

III. Qualifikationen, Interessen und innovatorische Handlungspoteniale

Einen wichtigen Schwerpunkt der auf dem Seminar in Saarbrücken vorgetragenen Referate und Diskussionsbeiträge bildete die Frage nach der Bedeutung beruflicher Bildung und Weiterbildung für die Entfaltung innovatorischer Handlungspotentiale der Arbeitenden[15].

---

13 Ebendort.
14 Schumann, M. u.a.: Rationalisierung, Krise, Arbeiter, a.a.O. S. 23 f. sowie S. 51 ff. und S. 195 ff.
15 Vgl. dazu die in diesem Band abgedruckten Beiträge von Drexel, I.: Wann werden Arbeitskräfte gegen Rationalisierung aktiv? Thesen zum Zusammenhang zwischen subjektiven Aktionspotentialen und Erwerbsverlaufsmustern; Fricke, E.: Lernen und Gestalten. Möglichkeiten der Entwicklung und Anwendung innovatorischer Qualifikationen in der betrieblichen Berufsausbildung; Görs, D.: Entwicklungen und Konzepte im Bereich der beruflichen und betrieblichen Weiterbildung.

Ingrid Drexel ging in ihrem Beitrag von der Fragestellung aus, unter welchen Bedingungen die abhängig Beschäftigten versuchen, Einfluß auf technisch-organisatorische Veränderungen und Rationalisierungsprozesse zu nehmen und wann nicht. Ausgangspunkt ihrer Überlegungen stellte das von ihr entwickelte Konzept der *Reproduktionsverlaufsmuster* dar. Dieser Ansatz hebt die Bedeutung unterschiedlicher Qualifikationstypen als Resultat bestimmter gesellschaftlicher Schneidungen des Gesamtarbeiters (z.B. qualifizierter Angelernter, Facharbeiter, Ingenieur etc.) hervor und knüpft an den jeweiligen Qualifikationstypus ein je spezifisches, gesellschaftlich weitgehend standardisiertes Erwerbsverlaufsmuster, d.h. eine relativ konsistente Entwicklung von Lohn und Beschäftigung, von Qualifikationsnutzung und Belastung, von Gesundheits- und Arbeitskraftverschleiß sowie von Chancen bzw. Risiken des Erwerbslebens[16]. Nach Drexel kommt diesen Reproduktionsverlaufsmustern eine relativ hohe Stabilität und Verläßlichkeit zu, da sie sowohl für die Betriebe in ihrer Politik der Personalplanung und -rekrutierung als auch in der Berufs- und Lebensplanung der abhängig Beschäftigten erhebliche Funktionalität besitzen.

Bei umfassenden betrieblichen Rationalisierungsprozessen können die Arbeitenden jedoch erheblichen Interessenverletzungen ausgesetzt sein, und es kann bei den verschiedenen Gruppen von Arbeitnehmern zu gravierenden negativen Abweichungen von dem erwarteten und in der Lebensplanung unterstellten Erwerbsverlaufsmuster kommen. Da diesen Verlaufsmustern der Charakter „stillschweigender Verträge" zwischen Arbeitenden und Unternehmern über den Austausch der Arbeitskraft, ihre Honorierung und Nutzung zukommt, fühlen sich die Beschäftigten bei einer Verschlechterung ihrer Arbeits- und Lebensbedingungen verletzt und getäuscht. Subjektive Handlungs- und Widerstandspotentiale werden freigesetzt, wobei es die Funktion der Gewerkschaft ist, diese Gruppeninteressen zu einer vereinheitlichenden Interessenperspektive aller abhängig Beschäftigten zu integrieren.

In der Diskussion wurde von mehreren Tagungsteilnehmern der empirische Gehalt des Ansatzes problematisiert und die Frage gestellt, ob nicht das angenommene Muster von Erwerbsverläufen durch andere sozio-strukturelle oder sozio-biographische Variablen überlagert und vielfältig modifiziert wird. So liegt beispielsweise nach den Untersuchungen von Becker-Schmidt u.a.[17] die Vermutung nahe, daß erwerbstätige Frauen auf dem Hintergrund unterschiedlicher Bezugs- und Handlungsfelder — Erwerbsarbeit *und* Hausarbeit — andere Ansprüche und Erwartungen an ihre Arbeits- und Lebensbedingungen richten als männliche Arbeitskräfte. Auf der anderen Seite enthalte aber auch die Werft-Studie Anhaltspunkte dafür, daß

---

16 Vgl. zum Konzept der Reproduktionsverläufe auch Drexel, I.: Belegschaftsstrukturen zwischen Veränderungsdruck und Beharrung. Zur Durchsetzung neuer Ausbildungsberufe gegen bestehende Qualifikations- und Lohnstrukturen, Frankfurt a. Main 1982, S. 258 ff.

17 Vgl. u.a. Becker-Schmidt, R., Knapp, G.-A., Schmidt, B.: Eines ist zuwenig — beides ist zuviel. Erfahrungen von Arbeiterfrauen zwischen Familie und Fabrik, Bonn 1984; Becker-Schmidt, R., Brandes-Erlhoff, U., Karrer, M., Knapp, G.-A., Rumpf, M., Schmidt, B.: Nicht wir haben die Minuten, die Minuten haben uns. Zeitprobleme und Zeiterfahrungen von Arbeitermüttern in Fabrik und Familie, Bonn 1982.

auch männliche Arbeitskräfte, Angelernte ebenso wie Facharbeiter, ihre Maßstäbe an ihre Arbeit und an ihre „Erwerbskarriere" nicht allein aus der Perspektive von Arbeitskraft- und Reproduktionssicherung beziehen, sondern Interessenverletzungen ebenso in der Dimension der Unterdrückung und Verletzung subjektiver Ansprüche an Handlungs-, Dispositions- und Gestaltungschancen in der inhaltlichen Auseinandersetzung mit ihrer Arbeit formulieren.

In der Diskussion wurde außerdem darauf hingewiesen, daß neben Einflußgrößen wie dem Geschlecht, der Unterschiedlichkeit zwischen Industrie und Handwerk insbesondere die Einführung neuer Technologien eine wichtige Variable der Modifizierung bzw. Auflösung relativ stabiler Erwerbsverläufe auf Basis bestimmter Qualifikationstypen darstellen könne. So lassen neuere, z.T. noch nicht abgeschlossene Untersuchungen zur Auswirkung technisch-organisatorischer Veränderungen auf Arbeitsorganisation, Arbeitstätigkeiten und Qualifikationsanforderungen im Bereich kaufmännischer Sachbearbeitung vermuten, daß die Einführung neuer Technologien in Verknüpfung mit veränderten Organisationskonzepten der Unternehmensleitungen zu erheblichen Differenzierungen *innerhalb* eines Qualifikationstyps führen kann („Rationalisierungsgewinner"/„Rationalisierungsverlierer")[18].

Zielt der Ansatz der Erwerbsverlaufsmuster von Ingrid Drexel auf die Ebene der analytischen Durchdringung von gesellschaftlichen und betrieblichen Bedingungen der Reproduktion von Arbeitskraft und stellt damit kein politisches Konzept dar – wie sie in der Diskussion ausdrücklich hervorhob –, akzentuiert der von Else Fricke vorgetragene Beitrag eines *Modellansatzes zur Entwicklung und Anwendung innovatorischer Qualifikationen in der kaufmännisch-verwaltenden betrieblichen Berufsausbildung zum Industriekaufmann* stärker die Bedingungen, gegenwärtigen Hemmnisse und zu schaffenden Voraussetzungen für eine inhaltlich und methodisch veränderte und an den Interessen der Auszubildenden/Arbeitenden ausgerichtete berufliche Bildung. In dieser Forschungsperspektive geht es zum einen zwar um die Analyse vorherrschender Bedingungen beruflicher Aus- und Weiterbildung, doch dient diese Fragestellung insbesondere dazu, Defizite gegenwärtiger Qualifikationsvermittlung aus der Sicht und der Interessenlage der abhängig Beschäftigten in den Blick zu rücken. In dieser Perspektive zeigt sich, daß die Unternehmen berufliche Aus- und Weiterbildung auf den Aspekt der Vermittlung funktionaler Qualifikationen zur Bewältigung gegenwärtiger Anforderungen an bestehenden Arbeitsplätzen und hierarchisch strukturierten Arbeitsvollzügen beschränken. Für die abhängig Beschäftigten bedeutet diese auf bestehende Arbeitsstrukturen verkürzte Qualifizierung nicht selten eine erhebliche Einschränkung der Verwendbarkeit und Verwertbarkeit der Arbeitskraft und impliziert zudem langfristig die Entwertung des be-

---

18 Vgl. hierzu die Untersuchungen des Bundesinstituts für Berufsbildung u.a. von Grünewald, U., Koch, R. (unter Mitarbeit von Liermann, H.): Informationstechnik in Büro und Verwaltung – II – Ergebnisse einer Betriebsbefragung zur elektronischen Daten- und Textverarbeitung und den Auswirkungen auf Personaleinsatz und Ausbildung in kaufmännischen Berufen, Berlin 1983. – Vgl. auch die Kurzfassung einer umfassenden Studie von Baethge, M., Gerstenberger, F., Oberbeck, H., Schlösser, M., Seltz, R.: Bildungsexpansion und Rationalisierung – Ergebnisse einer umfassenden Fallstudienreihe, BMBW Werkstattenberichte 44, Bonn 1983.

sonderen Qualifikationsvermögens bei technisch-organisatorischen Veränderungen.

Diese Interessenverletzungen der Arbeitenden unter gegenwärtig vorherrschenden betrieblichen Aus- und Weiterbildungsbedingungen bezeichnen den Ausgangspunkt für das Konzept der Vermittlung innovatorischer Qualifikationen im Rahmen eines Modellversuchs zum Industriekaufmann. Berufliche Bildungsprozesse, die Bedingungen für die Wahrnehmung und Durchsetzung der Interessen der Arbeitenden schaffen wollen, müssen nach diesem Ansatz zum einen die fachlichen Voraussetzungen zur Meisterung gegenwärtiger und zukünftiger Anforderungen auf breiter Ebene vermitteln, zum anderen bereits während der Ausbildung Möglichkeiten von Lernen *und* Gestalten, d.h. interessenbezogene Veränderungen bestehender Arbeitssituationen gemäß den Veränderungsvorstellungen von Auszubildenden und Arbeitenden organisieren. Insbesondere über die Verknüpfung von Lernen und Handeln im Prozeß forschenden Lernens sollen in der Gruppe gemeinsame Interessen bezüglich Arbeits- und Ausbildungsqualität formuliert, sollen über die Integration von allgemeiner, politischer und beruflicher Bildung Maßstäbe für humane Arbeitsbedingungen und damit Kriterien für die Veränderung bestehender Arbeitsteilung erarbeitet werden.

Dieser Ansatz fachlich-innovatorischer Qualifikationsvermittlung betont zwar auch die Reproduktionsinteressen abhängig Beschäftigter, rückt jedoch im Gegensatz zu I. Drexel die subjektive Bedeutung von Interessenverletzungen durch tayloristische Rationalisierungsprozesse und Kompetenzausdünnung ins Blickfeld und knüpft daran das strategische Konzept der Beteiligung der Arbeitenden an der Gestaltung ihrer Arbeitsbedingungen gemäß ihren Interessen.

Die in diesem Zusammenhang noch einmal ausführlicher zusammengefaßten Beiträge von Ingrid Drexel und Else Fricke bezeichnen sowohl vom theoretischen Ansatz als auch vom Forschungsinteresse unterschiedliche Zugänge zur Problematik beruflicher Bildung und ihrer Bedeutung für Handlungs- und Veränderungspotentiale abhängig Beschäftigter. Im Konzept der Erwerbsverläufe stellen die angenommenen Reproduktionsmuster den Bezugsrahmen und damit die Maßstäbe für Interessenverletzungen und hierdurch begründete Aktionspotential der verschiedenen Gruppen von Arbeitnehmern dar. Das Konzept innovatorischer Qualifikationen strebt über die Sicherung der Arbeitskraft-/Reproduktionsinteressen hinaus die Einbeziehung von Beteiligungs- und Gestaltungsinteressen in die berufliche Aus- und Weiterbildung an. Im Rahmen eines Modellversuchs sollen die Bedingungen, Hemmnisse und Möglichkeiten von umfassender interessenbezogener beruflicher Aus- und Weiterbildung geprüft und analysiert werden. Zwar werden auch in diesem Ansatz durch die Verletzung von Lohnarbeiterinteressen in der Arbeitskraft- wie Subjektperspektive Maßstäbe für innovatorisches Handlungspotential formuliert, doch erscheinen diese Maßstäbe im Prozeß von Lernen und Gestalten selbst veränderbar.

Ein gegenwärtig noch unbefriedigend gelöstes Problem liegt in der analytischen Unterscheidung von fachlichen und innovatorischen Qualifikationen, von Qualifikationen, Interessen und Handlungspotentialen. Besonders Felix Frei und Dieter Görs haben in Diskussionen auf der Tagung verschiedentlich unterstrichen, daß der Qualifikations- und Handlungsbegriff als ein ganzheitlicher zu fassen und zu präzisieren sei, d.h., es müsse näher bestimmt werden, mit welchen Inhalten, welchen Methoden, unter welchen Voraussetzungen und an welchen Lernorten Kompetenzen erworben werden können, die es den Beschäftigten ermöglichen, die beruflichen Anforderungen zu meistern und zugleich interessenbewußt und gestaltend in den Prozeß beruflicher, betrieblicher und gesellschaftlicher Veränderung einzugreifen.

IV. *Veränderte Unternehmensstrategien, gewerkschaftliche Bildungsarbeit und Beteiligung der Arbeitenden an der Gestaltung ihrer Arbeitsbedingungen*

Gegenwärtig zeichnen sich auf Unternehmensebene recht widersprüchliche Tendenzen in der Organisationsentwicklung und der Nutzung des Arbeitsvermögens der Beschäftigten ab. Während auf der einen Seite die klassischen Strategien der Rationalisierung und Taylorisierung fortgeführt und z.T. erheblich verfeinert werden, zeichnen sich auf der anderen Seite veränderte Unternehmensstrategien ab, die mit der Ablösung der traditionellen Produktionskonzepte fragmentierter Arbeit zugunsten einer eher umfassenden Nutzung der Arbeitskraft verknüpft sind.

Gründe für das partielle Abgehen von den Prinzipien tayloristischer Arbeitsorganisation sind sowohl in veränderten Verwertungs- und Absatzbedingungen bestimmter Unternehmen und Branchen zu suchen, die eine erhöhte Flexibilität im Produktionsprozeß und der Produktions- und Absatzpolitik nötig machen, als auch in der Erkenntnis von Teilen des Managements, daß die bisherige betriebliche Arbeitspolitik die für die angestrebte höhere Flexibilität notwendige Initiative und Verantwortung der Arbeitenden behindert.

Auf diesem Hintergrund zeichnet sich verstärkt eine Unternehmensstrategie ab, die die technisch-organisatorischen sowie wirtschaftlichen Veränderungen mit einem *doppelten Konzept der flexiblen Automatisierung sowie verstärkter Einbeziehung und Mitwirkung der Arbeitenden im Arbeitsprozeß* zu bewältigen trachtet. Diese Strategie einer verstärkten Nutzung der Arbeitskraft kann entweder durch eine Neuschneidung von Tätigkeiten und ihre Zuordnung zu Arbeitsplätzen („neue Arbeitsformen")[19] oder durch Formen verstärkter Mitwirkung außerhalb des unmittelbaren Produktionsprozesses in betrieblich organisierten „Qualitätszirkeln", „Lernstätten", „Informationswerkstätten" und „Werkstattkreisen" erfolgen[20].

Hans Kühlborn, Leiter der Werkstattkreise bei VW, stellte diese neuen Formen

---

19 Vgl. hierzu u.a. Altmann, N., Binkelmann, P., Düll, K.: Neue Arbeitsformen, betriebliche Leistungspolitik und Interessen der Beschäftigten, in: Soziale Welt Heft 3/4, 1982, S. 440–465.
20 Zur gewerkschaftlichen Auseinandersetzung mit diesen Unternehmensstrategien vgl. u.a. Helfert, M.: Beteiligungsstrategien der Betriebe und Mitbestimmung am Arbeitsplatz, in: WSI Mitteilungen Heft 12, 1983, S. 748–759 sowie Heft 5 von „Die Mitbestimmung" (Mitbestimmung am Arbeitsplatz?), 1983.

betrieblicher Mitwirkung auf der Tagung in Saarbrücken vor[21]. Hierbei unterstrich er, daß das Unternehmen mit diesen betrieblichen Arbeitskreisen, die während der bezahlten Arbeitszeit auf freiwilliger Basis unter der Leitung meist unmittelbarer Vorgesetzter stattfinden, insbesondere folgende Ziele anstrebt: Erhöhung der Motivation der Beschäftigten durch Mitwirkung, Kostensenkung bzw. Effizienzsteigerung durch Verbesserungsvorschläge, Verbesserung der Produktqualität, Nutzung des Erfahrungswissens der Arbeitenden.

In der Diskussion dieses Mitwirkungskonzepts kritisierten Wissenschaftler und Gewerkschafter auf dem Seminar, daß diese Werkstattkreise sehr einseitig dem Unternehmensinteresse[22], weit weniger jedoch den Bedürfnissen der Beschäftigten nach Veränderung und Gestaltung ihrer Arbeitsbedingungen dienen. Indem das Unternehmen bzw. Vorgesetzte die Bedingungen für die Mitwirkung der Beschäftigten setzen, d.h. *Initiative, Durchführung und Verwendung der Ergebnisse dieser Werkstattkreise* weitgehend auf *Unternehmensseite* liegen, muß dieses betriebliche Mitwirkungskonzept als eine Form *abhängiger Beteiligung*[23] eingeschätzt werden. Besonders der gegenwärtige Modus der Themenvorgabe durch Vorgesetzte, die zeitliche Begrenzung eines Werkstattkreises auf fünf Sitzungen à 90 Minuten und das fehlende Mitbestimmungsrecht des Betriebsrats bei der betrieblichen Nutzung der Verbesserungsvorschläge behindern einen interessengeleiteten Erfahrungsaustausch der Arbeitenden über verletzende und belastende Arbeitsbedingungen, die Abstimmung partieller Interessen mit den Interessen anderer Arbeitsgruppen und die Entwicklung von alternativen Gestaltungs- und Veränderungsvorschlägen in gewerkschaftlicher Perspektive und gewerkschaftlich organisiert.

Die betrieblichen und gewerkschaftlichen Interessenvertreter, die sich mit unternehmensinitiierten Formen abhängiger Beteiligung konfrontiert sehen, stehen vor einem beträchtlichen Dilemma[24]. An den vielfach positiven Reaktionen der Beschäftigten auf diese Mitwirkungsangebote der Unternehmensleitungen erkennen sie, daß die Unternehmensseite geschickt an bestimmten, bisher vernachlässigten Bedürfnissen und Interessen der Arbeitenden, wie z.B. der kreativen Auseinandersetzung mit den Arbeits- und Produktionsbedingungen sowie der Veränderung und Gestaltung von Arbeit und Technik nach ihren Interessen anknüpft. Auf der ande-

---

21 H. Kühlborn: Erhöhte Mitarbeitermotivation durch Mitwirkung der Beschäftigten, abgedruckt in diesem Band.
22 In der Diskussion bestätigte Herr Kühlborn, daß neben positiven „Betriebsklimaeffekten" z.T. erhebliche Kostensenkungen bzw. Effizienzsteigerungen durch die Einrichtung von Werkstattkreisen erzielt werden konnten. Die Bandbreite des Kosten/Nutzen-Verhältnisses dieser Werkstattkreise beträgt nach Kühlborn bei VW zwischen 1:3 und 1:8.
23 Vgl. zur Unterscheidung von „abhängiger Beteiligung" vs. „selbstbestimmter Beteiligung" Schuchardt, W.: Zur Kontrolle und Gestaltung von Arbeit und Technik im Interesse der Arbeitenden — Eine empirische Untersuchung der Beteiligungsmöglichkeiten und -schwierigkeiten der Arbeitenden und ihrer Interessenvertreter in Italien und Schweden, (Diss.), Bremen 1984, S. 67.
24 Vgl. hierzu den Erfahrungsbericht von Betriebsräten bei VW: Qualitätszirkel/Werkstattkreise/Aktionskreise der Volkswagen AG, in: Gewerkschaftliche Monatshefte, Heft 11, 1983, S. 740–745.

ren Seite sehen sie jedoch, daß dieses Mitwirkungskonzept die innovativen Fähigkeiten der Arbeitenden im Sinne einer verbesserten betrieblichen Leistungspolitik, der Erhöhung und Verbesserung von Flexibilität und Produktqualität sowie generell einer gesteigerten Produktivität zu instrumentalisieren und zu kanalisieren sucht.

In dieser Situation kommt es entscheidend darauf an, welche Schlußfolgerungen die Gewerkschaften aus diesem deutlicher werdenden Wunsch der Arbeitenden nach Beteiligung, nach gestaltender Einflußnahme auf den Produktionsprozeß und der Möglichkeit der Einbringung der eigenen Person in den Arbeitsprozeß ziehen. Zum gegenwärtigen Zeitpunkt scheint innerhalb der Gewerkschaften die Diskussion noch relativ offen zu sein, ob man diese Unternehmensstrategien aufgrund ihrer Tendenz zu sozialtechnologischer Einbindung der Arbeitenden in das Unternehmenskonzept abzublocken oder ob man dieser Strategie ein *gewerkschaftlich organisiertes, offensives Konzept selbstbestimmter Beteiligung* entgegenzustellen suchen soll. Bei der Entscheidung der einzuschlagenden Strategie wird es für die Gewerkschaften von Wichtigkeit sein, die in den letzten Jahrzehnten zu verzeichnenden Entwicklungen im Bildungsniveau der Arbeitenden, in den erweiterten Informations- und Reisemöglichkeiten, kurz in den kulturellen Möglichkeiten einer verbesserten Lebensgestaltung, mitzureflektieren, da die Arbeitenden auf diesem Hintergrund offensichtlich veränderte Maßstäbe und höhere Ansprüche an ihre Arbeit entwickeln. Diese Zielsetzungen können zeitweilig durch die wirtschaftliche Krise überlagert, wohl kaum aber endgültig zurückgeschraubt werden.

Wolfgang Hindrichs hat in seinem Beitrag die Erfordernisse einer gewerkschaftlichen Politik, die sich verstärkt der Beteiligungs- und Gestaltungsinteressen der Arbeitenden annimmt, herausgearbeitet. Sollen die Bedingungen und Voraussetzungen für eine selbstbestimmte und gewerkschaftlich organisierte Beteiligung geschaffen und verbessert werden, so müssen Arbeit und Betrieb in gewerkschaftlicher, betriebsnaher Bildungsarbeit und in der Gewerkschaftsstrategie größeres Gewicht als bisher einnehmen. Die Bedeutung des gewerkschaftlich organisierten Erfahrungsaustausches zwischen den Arbeitenden über ihre Arbeitsbedingungen und die Mängel und Belastungen ihrer Arbeit als Ausgangspunkt einer kollektiven Bewertung bestehender Arbeitssituationen mit der Perspektive ihrer Veränderung unterstrichen auch andere auf der Tagung gehaltene Beiträge[25]. Ein wichtiges Instrument einer interessenbezogenen Auseinandersetzung mit den vorherrschenden Arbeitsbedingungen sowohl in der Perspektive einer gewerkschaftlichen Kontrolle von Belastungs- und Verschleißsituationen zur Regulierung und Zurückschraubung betrieblicher Leistungspolitik als auch in der Perspektive einer gewerkschaftlichen Arbeitspolitik zur Durchsetzung alternativer Arbeitsbedingungen können regelmäßig durch-

---

25 Vgl. neben dem bereits erwähnten Beitrag von W. Wassermann die in diesem Band ebenfalls abgedruckten Beiträge von Misiti, R., Bagnara, S.: Die Beteiligung von Arbeitnehmern auf den Gebieten Arbeitsschutz und Gesundheitsvorsorge am Arbeitsplatz; Onna, B. v.: Der „Aktionsplan Beschäftigung" in Nijmegen. Eine Fallstudie zu Arbeitnehmerpartizipation in einem Krisengebiet; Stockfelt, T.: Erwachsenenbildung – Lernen im Alltag.

geführte, mit der Interessenvertretung abgesprochene und durch sie organisierte *Arbeitsgruppenbesprechungen* sein. Derartige Arbeitsgruppenbesprechungen fördern auf seiten der Arbeitenden die Kenntnis über Produktionszusammenhänge und stellen damit eine wichtige Voraussetzung für die Rückgewinnung des durch die betriebliche Trennung von dispositiver und ausführender Arbeit separierten Planungs- und Produktionswissens in die Verfügung der Belegschaft dar. Eine Bedingung für diese Wiederaneignung des Produktionsprozesses durch die Arbeitenden ist allerdings die verstärkte Zusammenarbeit von Beschäftigten und betrieblichen Experten im Rahmen gewerkschaftlich organisierter Arbeitskreise. Wolfgang Neef hat in seinem Beitrag ausgeführt [26], daß infolge der sozialen und arbeitsinhaltlichen Veränderungen insbesondere von Ingenieuren deren Bereitschaft zu gewerkschaftlichem Engagement und zu kollektiven Aktionen wächst. In den letzten Jahren steigt besonders im Organisationsbereich der Industriegewerkschaft Metall die Zahl gewerkschaftlich organisierter Ingenieurarbeitskreise, in denen sich für die beteiligten technisch qualifizierten Arbeitskräfte die Möglichkeit eines interessenbezogenen Einbringens ihrer fachlichen Kenntnisse in eine gewerkschaftliche Arbeits- und Produktionspolitik eröffnet.

Seit 1980 wird ebenfalls im Bereich der IG Metall ein Konzept dezentraler, betriebsnaher gewerkschaftlicher Bildungsarbeit entwickelt, das durch die Bereitstellung variabel einzusetzender Lehr- und Lernmaterialien Möglichkeiten und Initiativen der Einflußnahme zur Gestaltung von Arbeit und Technik auf betrieblicher Ebene durch Beteiligung der Arbeitenden und ihrer Interessenvertreter fördern will [27]. Die Funktion dieser Bildungskonzeption besteht vor allem in der interessenbezogenen Vermittlung von Wissen über neue Technologien (Industrieroboter, CAD/CAM etc), der Erarbeitung von Interessenperspektiven abhängig Beschäftigter bezüglich technisch-organisatorischer Veränderungen sowie der Entwicklung von Handlungshilfen und Handlungsstrategien auf betrieblicher, regionaler oder Branchenebene. Darüber hinaus ist dieses Konzept durch das Modell einer betrieblichen und gewerkschaftlichen Interessenvertretung gekennzeichnet, das auf den Kompetenzen und Handlungspotentialen der Belegschaft aufbaut und die Arbeitenden stärker an der innergewerkschaftlichen Willensbildung und der Entwicklung einer betriebs- und arbeitsbezogenen Gewerkschaftspolitik beteiligt. Damit unterstreicht dieses Bildungskonzept die Bedeutung einer verstärkten Beteiligung der Arbeitenden nicht nur für die Durchsetzung besserer Arbeitsbedingungen, sondern auch für die Verbesserung der Handlungsmöglichkeiten der Interessenvertretung.

---

26 Neef, W.: Ingenieurqualifikation und Arbeitnehmerbeteiligung, abgedruckt in diesem Band.
27 Vgl. den in diesem Band abgedruckten Beitrag von Dybowski, G.: Aktuelle Tendenzen in der Diskussion der IG Metall zur gewerkschaftlichen Bildungspolitik und das Konzept zur Qualifizierung von Referenten der IG Metall für eine regionalisierte und betriebsnahe Weiterbildung.

Wilgart Schuchardt
Technisch-organisatorischer Wandel, Beteiligung der Arbeitnehmer und gewerkschaftliche Arbeitspolitik. Notwendigkeit, Möglichkeit und Perspektiven für die Entwicklung und Anwendung innovatorischer Qualifikationen

„Innovatorische Qualifikationen bezeichnen ein Handlungspotential, das sich im Unterschied zu fachlichen Qualifikationen nicht auf die Bewältigung gegebener Arbeitsaufgaben bezieht, sondern dessen Gegenstand die Gestaltung von Arbeitsbedingungen durch die Arbeitenden nach ihren Interessen und in Zusammenarbeit mit ihren Interessenvertretern ist. Anders formuliert: Innovatorische Qualifikationen sind Qualifikationen zur Durchsetzung und Wahrnehmung von Interessen bei der Gestaltung von Arbeitsbedingungen durch die Arbeitenden."[1]

Aus industriesoziologischer Perspektive wurden Existenz und Konstitutionsbedingungen innovatorischer Qualifikationspotentiale abhängig Beschäftigter erst in den 70er Jahren empirisch festgestellt und theoretisch thematisiert[2].

Der industriesoziologischen und Qualifikationsforschung blieben die innovatorischen Qualifikationen deswegen so lange verborgen, da ihr gesellschaftstheoretischer Ansatz und ihr in empirischen Untersuchungen angewandtes methodisches Instrumentarium lange Zeit nicht adäquat für die Aufspürung und Erfassung dieses innovatorischen Potentials der abhängig Beschäftigten waren.

In der traditionellen Berufs- und Qualifikationsforschung der 60er und frühen 70er Jahre dominierte die Fragestellung nach den Anforderungen, Folgen und Auswirkungen des technischen Wandels auf die im Produktionsprozeß nachgefragten Qualifikationen der Arbeitskräfte. Zwar wurde insbesondere in der Bildungsforschung das sich wechselseitig bedingende Verhältnis von Bildungs- und Beschäftigungssystem reflektiert, wurde eine Aufwertung der beruflichen Bildung durch stärkeren Theoriebezug und allgemeinbildende Ausbildungskomponenten gefordert, doch blieb dieser erweiterte Bezugsrahmen für die Qualifikationsforschung wenig genutzt. In der praxisbezogenen Berufsbildungsforschung dominierte weitgehend ein Ansatz, wonach die im Tätigkeitsvollzug nachgefragten Qualifikationen als abhängige Variable des technisch-organisatorischen Wandels an den unterschiedlichen Arbeitsplätzen aufgefaßt wurden. Auf diesem Hintergrund erfolgte eine Gleichsetzung von Tätigkeitsanforderung und Qualifikationsnachfrage. Dieser Ansatz verhielt

---
1 Fricke, E., Fricke, W., Schönwälder, M., Stiegler, B.: Beteiligung und Qualifikation — Das Peiner Modell zur Humanisierung der Arbeit, Bd. I: Kurzfassung, Forschungsinstitut der Friedrich-Ebert-Stiftung, Abt. Arbeitskräfteforschung, Bonn, Mai 1980, S. 12.
2 Vgl. dazu: Fricke, W.: Arbeitsorganisation und Qualifikation. Ein industriesoziologischer Beitrag zur Humanisierung der Arbeit, Bonn 1975, S. 35 f.; Fricke, E., Fricke, W., Portmann, G , Schmidt, W , Schönwälder, M.: Arbeitsformen technischer Intelligenz im Steinkohlenbergbau, Opladen 1976.

sich gleichsam reaktiv zum technisch-organisatorischen Wandel im Produktionsprozeß: Veränderungen der Qualifikationsnachfrage konnte nur zeitlich verzögert entsprochen werden. Indem die Berufsbildung den Anforderungen des Produktionsprozesses an Qualifikationen zu folgen trachtete, begab sie sich jeglicher Möglichkeit, Gestaltungsspielräume im Arbeitsprozeß und bei der Organisation der Arbeit zu erkennen und zur Grundlage einer umfassenden, ganzheitlichen Qualifikationsanforderung zu machen.

Dieses Nichterkennen von Gestaltungsspielräumen wurde durch eine Industriesoziologie begünstigt, die im wesentlichen in den 50er und 60er Jahren technikdominante Erklärungsmuster zur Bestimmung des Einsatzes und der Entwicklung von Technik und Arbeit bereitstellte. In dieser Perspektive schien der technische Wandel die Bedingungen und die Gestalt seines Wandels aus sich heraus zu produzieren. Erst Ende der 60er und zu Beginn der 70er Jahre wurden zunehmend die *sozialen* Bedingungen und Voraussetzungen technischer Entwicklung gesehen. Mit der Diskussion um die Frage, ob unsere Gesellschaft wesentlich als Industriegesellschaft zu begreifen ist, die durch den „technischen Fortschritt" bestimmt wird oder als eine gesellschaftliche Formation des Kapitalismus, in der vorherrschende gesellschaftliche Interessen und Zielsetzungen bestimmend sind[3], setzte eine Diskussion um die Möglichkeit der alternativen Gestaltung von Arbeit und Technik entsprechend der mit ihrer Anwendung vordringlich verknüpften Interessen ein[4].

In den 70er Jahren setzte sich dann in der industriesoziologischen Diskussion weitgehend die Erkenntnis durch, daß die *zunehmende Technisierung nicht als eigendynamische, sondern als eine gesellschaftlich bestimmte Strategie* zu begreifen ist. „Technik und Gesellschaft sind nicht gegenüberzustellen und getrennt zu behandeln, sondern die Entwicklung der Technik ist als ein gesellschaftlich-historischer Prozeß der Technisierung zu begreifen, in dem ökonomische Interessen, politische Machtkonstellationen und kulturelle Wertvorstellungen hineinwirken und gleichzeitig dadurch verändert werden."[5]

Diese industriesoziologische Wendung zu einer über gesellschaftliche Interessen bestimmten Form von Arbeit und Technik implizierte jedoch noch nicht, daß die Interessen und Zielsetzungen der abhängig Beschäftigten hinsichtlich der Gestaltung von Arbeit und Technik Gegenstand des Forschungsinteresses wurden. Vielmehr dominierte während der 70er Jahre eine implizit der „Kapitalperspektive"[6] folgen-

---

3 Vgl. Adorno, T.W : Spätkapitalismus oder Industriegesellschaft? Einleitungsvortrag zum 16. Deutschen Soziologentag, 8.–11. April 1968 in Frankfurt a. Main, in: Adorno, T.W.: Aufsätze zur Gesellschaftstheorie und Methodologie, Frankfurt a. Main 1973, S. 149–166.

4 Vgl. Lutz, B : Produktionsprozeß und Berufsqualifikation, in: Spätkapitalismus oder Industriegesellschaft? Verhandlungen des 16. Deutschen Soziologentages, Stuttgart 1969, S. 227–250; Fricke, W.: Arbeitsorganisation und Qualifikation, Bonn 1975; Mickler, O. u.a.: Technik, Arbeitsorganisation und Arbeit, Frankfurt a. Main 1976.

5 Rammert, W : Soziotechnische Evolution: Sozialstruktureller Wandel und Strategien der Technisierung, in: Jokisch, R. (Hrsg.): Techniksoziologie, Frankfurt a. Mai 1982, S. 32–81, hier: S. 36.

6 Vgl. zur Unterscheidung von Kapital- und Arbeiterperspektive: Schumann, M., Einemann, E., Siebel-Rebell, C., K.P. Wittemann, K.P.: Rationalisierung, Krise, Arbeiter. Eine empirische Untersuchung der Industrialisierung auf der Werft, Frankfurt a. Main 1982, S. 23 ff.

de industriesoziologische Untersuchungsperspektive, die Arbeitnehmerinteressen bezüglich der Gestaltung des technisch-organisatorischen Wandels lediglich defensiv in der Logik kapitalistischer Produktionsgestaltung abzubilden vermochte. In ihrer „bürgerlichen" Variante unterstrichen industriesoziologische Untersuchungen die instrumentelle Haltung der abhängig Beschäftigten gegenüber ihrer Arbeit (Instrumentalismus-These). So betonten Goldthorpe, Lockwood u.a. die Bedeutung des Lohns als ausschließliche Einkommensquelle für die abhängig Erwerbstätigen und sahen in der Bedeutung der Lohnarbeit den wesentlichen Bezugspunkt der Arbeiter auf ihre Arbeit [7].

In der „politökonomischen" Variante haben marxistische Theoretiker die Notwendigkeit einer „Gleichgültigkeit" der Lohnarbeiter gegenüber den stofflich-inhaltlichen Bedingungen ihrer Arbeit herausgestellt. „Den Arbeiter interessiert nicht der konkret nützliche Charakter seiner Tätigkeit, sondern nur der beständige Verkauf seiner Ware, der Arbeitskraft, der nur möglich ist, soweit deren Betätigung Gebrauchswert für das Kapital ist. Es liegt also in der Natur des Kapitals, daß es die im Austausch Arbeitskraft gegen Geld gesetzte Gleichgültigkeit derart weiter entwickelt, daß die Art der Tätigkeit ganz von den Bedürfnissen des Kapitals bestimmt wird und der Arbeiter sich von einer Produktionssphäre in die andere werfen lassen muß. Gerade diese absolute Gleichgültigkeit gegen die Bestimmtheit seiner Arbeit macht seinen ökonomischen Charakter aus."[8]

Unterscheiden sich diese beiden Varianten dahingehend, daß die Instrumentalismusthese eine Integration des Arbeiters in die bürgerliche Gesellschaft signalisieren, die zunehmende Gleichgültigkeit des Arbeiters gegenüber dem Inhalt seiner Arbeit hingegen ein Bewußtwerden von Klassenverhältnissen widerspiegeln soll, so treffen sich beide *Ansätze* in dem Punkt, daß sie *von den konkret-inhaltlichen Interessen der abhängig Beschäftigten an ihrer Arbeit weitgehend abstrahieren.* Damit blenden diese industriesoziologischen Ansätze jedoch auch die Bedürfnisse und Ansprüche der Arbeitnehmer, ihre Kritik an bestehenden Arbeitssituationen und Arbeitsbedingungen aus ihrer Analyse aus.

Diese inhaltlichen Ansprüche der Beschäftigten gegenüber ihrer Arbeit griffen einzelne industriesoziologische Untersuchungen im Zuge der sich in den 70er Jahren verstärkenden „Humanisierungsdebatte" auf.[9] Unter Beteiligung der Beschäftigten sollten ihre Kritik an bestehenden Arbeitsverhältnissen und ihre alternativen Vorstellungen bezüglich der Gestaltung ihrer Arbeitsbedingungen untersucht und

---

7 Goldthorpe, J H , Lockwood, D., Bechhofer, F., Platt, J.: Der „wohlhabende" Arbeiter in England, München 1970.
8 Bischoff, J., Ganssmann, H., Kümmel, G., Löhlein, G.: Mystifikation und Klassenbewußtsein, in: Sozialistische Politik, Heft 8, 1970, S. 15–45, hier: S. 37.
9 Vgl. neben dem „Peiner Modellversuch" insbesondere das HdA-Projekt beim Kraftfahrt-Bundesamt in Flensburg. Jacobi, U., Weltz, F.: Beteiligungsorientierte Arbeitsorganisation in der Verwaltung, in: Fricke, W., Peter, G., Pöhler, W. (Hrsg.): Beteiligen, Mitgestalten, Mitbestimmen. Arbeitnehmer verändern ihre Arbeitsbedingungen, Köln 1982, S. 45–57; sowie den Abschlußbericht des vom BMFT geförderten Projekts: Jacobi, U., Weltz, F.: Humanisierung der Arbeitsbedingungen im Schreibdienst des Kraftfahrt-Bundesamts, o.O. Mai 1982, Förderungskennzeichen 01 HB 177AA.

umgesetzt werden. Der „Peiner Modellversuch" setzte sich explizit zum Ziel, die Voraussetzungen und Möglichkeiten für die Entfaltung und Nutzung innovatorischer Qualifikationen zur Gestaltung und Veränderung der Arbeitsbedingungen unter Beteiligung und im Interesse der Beschäftigten zu prüfen und praktisch zu erproben. Dieses Ziel konnte aufgrund des innovatorischen Potentials und des Interesses der Beschäftigten an der Gestaltung ihrer Arbeitsbedingungen erfolgreich realisiert werden.

Methode und Ergebnisse dieses Beteiligungs- und Gestaltungsprojekts demonstrierten der industriesoziologischen Fachöffentlichkeit, daß Arbeitnehmer nicht allein über ein erhebliches Maß an „Veränderungsphantasie" gegenüber den bestehenden Arbeitsbedingungen verfügen, sondern auch ein praktisches Interesse und die Fähigkeit besitzen, ihre Gestaltungsvorschläge praktisch zu entwickeln und im betrieblichen Kontext um- und durchzusetzen.

Seit Abschluß des Peiner Projekts Ende der 70er Jahre sind eine Reihe von industriesoziologischen Untersuchungen erschienen, die insbesondere den inhaltlichen Bezug der Arbeitnehmer auf ihre Arbeit und ihre Fähigkeiten zur Gestaltung und Veränderung ihrer Arbeitsbedingungen gemäß ihren Interessen unterstreichen [10].

Stand im Peiner Modellversuch noch der Nachweis innovatorischer Qualifikationen bei den abhängig Beschäftigten im Mittelpunkt, so werden heute Veränderungsphantasie und -fähigkeit der Arbeitnehmer zur Gestaltung ihrer Arbeitsbedingungen kaum mehr bezweifelt [11].

Heute scheint dagegen die Frage wichtiger zu sein, welche Restriktionen es oft verhindern bzw. positiv formuliert, welche Bedingungen vorhanden sein müssen, damit innovatorische Qualifikationen im Sinne einer betriebsübergreifenden Strategie gewerkschaftlicher Arbeitspolitik genutzt werden.

Im folgenden sollen die Notwendigkeit, die Möglichkeit und Perspektiven für die Entwicklung und Anwendung innovatorischer Qualifikationen als Voraussetzung und Bedingung für eine Strategie gewerkschaftlicher Arbeits- und Gestaltungspolitik diskutiert werden.

---

10 Becker-Schmidt, R.: Widersprüchliche Realität und Ambivalenz: Arbeitserfahrungen von Frauen in Fabrik und Familie, in: Kölner Zeitschrift für Soziologie und Sozialpsychologie, Heft 4, 1980, S. 705–725; Becker-Schmidt, R., Brandes-Erlhoff, U., Karrer, M., Knapp, G., Rumpf, M., Schmidt, R.: Nicht wir haben die Minuten, die Minuten haben uns. Zeitprobleme und Zeiterfahrungen von Arbeitermüttern in Fabrik und Familie, Bonn 1982; Schumann, M., Einemann, E., Siebel-Rebell, C., Wittemann, K.P.: Rationalisierung, Krise, Arbeiter, Frankfurt a. Main 1982.
11 Schumann, M., Einemann, E., Siebel-Rebell, C., Wittemann, K.P.: Rationalisierung, Krise, Arbeiter a.a.O., S. 32.

I. Technisch-organisatorischer Wandel und betriebliche Rationalisierung: Notwendigkeit der Entwicklung innovatorischer Qualifikationen

In der Industriesoziologie ist heute weitgehend die in den 70er Jahren aufgestellte These akzeptiert, daß es bei gegebener Technik Gestaltungsspielräume und organisatorische Alternativen bei der Bündelung von Arbeitsaufgaben zu unterschiedlichen Tätigkeitsprofilen und ihrer Zuordnung zu Arbeitsplätzen gibt. Darüber hinaus wird jedoch auch zunehmend gesehen, daß Technik und die betriebliche Form ihrer Anwendung ebenfalls entsprechend unterschiedlicher Interessen und Zielsetzungen gestaltbar ist. Besonders die Entwicklung technischer Innovationen wie der Elektronik und Mikroelektronik haben für diese Gestaltbarkeit den Blick geschärft.

„Es besteht weitgehend Einigkeit darin, daß die Entwicklung preiswerter Mikroelektronik . . . in technischer Hinsicht eine Gestaltungsflexibilität eröffnet, die *alternativen Nutzungskonzepten* der Anwender weiten Raum läßt . . . Die Hersteller haben die ‚Tendenzwende' offenbar früh erkannt bzw. eine solche mit Schlagwörtern wie ‚Dezentrale Datenverarbeitung', ‚Benutzerorientierte Datenverarbeitung' oder ‚Computer am Arbeitsplatz' signalisiert. Bei allen Feinheiten ist entscheidend, daß die Realisierung von Computerleistung nunmehr weder räumlich noch zeitlich an bestimmte organisatorische Strukturmuster gebunden ist. Vor allem durch modularen und raumsparenden Aufbau der Hardware und Software ist eine Gestaltungsvielfalt für Anwendungsstrukturen und Benutzungserfordernisse zu erreichen." [12]

Die neuen Technologien, insbesondere die Mikroelektronik, schaffen durch ihre Flexibilität und Entkoppelung von technischer Struktur des Produktionsprozesses und menschlicher Arbeit günstige Bedingungen für eine Rekomposition von Arbeitsaufgaben im Sinne einer Requalifizierung der Beschäftigten.

Die betriebliche Anwendung neuer Technologien verweist jedoch darauf, daß das Interesse von Kapitaleignern und Unternehmensleitungen diesen Tendenzen wenig Raum gibt. Statt einer Dezentralisierung von Entscheidungs- und Dispositionsmöglichkeiten erfolgt zumeist eine Zentralisierung von Steuerungs-, Entscheidungs- und Kontrollfunktionen bei gleichzeitiger Standardisierung und Entleerung ausführender Arbeiten. Darüber hinaus werden Informationstechniken verstärkt zur Überwachung und Kontrolle der Beschäftigten eingesetzt (Personalinformationssysteme, Zeiterfassungs- oder Zugangskontrollsysteme). Wichtig ist festzuhalten, daß die skizzierten *negativen Folgen für die Beschäftigten nicht technikimmanent sind, sondern wesentlich der sozialen, in diesem Fall betrieblichen Nutzung und Anwendung der neuen Technologien entspringen.*

---

[12] Monsees, G: Sachzwänge und Handlungsspielräume. Bedingungen und Möglichkeiten der Beteiligung von Angestellten an technisch-organisatorischen Entscheidungsprozessen, in: Arbeit und Technik. Analyse von Entwicklungen der Technik und Chancen in der Gestaltung von Arbeit. Symposium an der Universität Bremen, 21.–23. September 1983, S. 203–222, hier: S. 205 f.

Im Rahmen einer kapitalistisch verfaßten Wirtschaftsordnung erfolgt der Einsatz von Technik primär unter Gesichtspunkten des Rentabilitätskalküls. Dieses Streben nach Kapitalverwertung kann im Einzelfall durch unterschiedliche Teilziele bestimmt sein, wie z.B.: Senkung der Stückkosten, verstärkte Transparenz und Beherrschung des Produktionsprozesses, Erhöhung der Flexibilität des Produktionsprozesses, Sicherung und Verbesserung der Produktqualität, Anpassung und Optimierung des Produktionsprozesses an das vorhandene Arbeitskräftepotential, Erweiterung der Fertigungskapazität u.a.m.. Ebenso müssen ggf. die Interessen und Forderungen der Beschäftigten ins Produktions- und Verwertungskonzept mit einbezogen und in Rechnung gestellt werden, wenn z.B. direkte oder indirekte Formen der Arbeitsverweigerung (Fluktuation, Absentismus, Streik) die Akzeptanz von Technik in Frage stellen [13].

Hieran wird deutlich, daß aufgrund ihrer betrieblich-gesellschaftlichen Stellung die Kapital- und Technikanwender primär ihre Interessen beim Einsatz und der Nutzung von Technik geltend machen können, daß jedoch auch die Beschäftigten gewisse Möglichkeiten der Einflußnahme und des Geltendmachens ihrer Interessen besitzen, da die Unternehmensleitungen auch auf die Beschäftigten und die Nutzung ihrer Arbeitskraft angewiesen sind.

Allerdings bestehen aufgrund geringer rechtlicher Einfluß- und Mitbestimmungsmöglichkeiten, der weitgehenden Nichtbeteiligung der betrieblichen und gewerkschaftlichen Interessenvertreter an der betrieblichen Planung technischer und arbeitsorganisatorischer Veränderung und infolge eines wenig entwickelten Konzepts gewerkschaftlicher Arbeits- und Gestaltungspolitik gegenwärtig nur geringe Chancen der systematischen Einbeziehung der Interessen der Beschäftigten in die Gestaltung ihrer Arbeitsbedingungen.

Untersuchungen neuer Arbeitsstrukturen im Bereich der Fließarbeit zeigen [14], daß die z.T. in den neuen Arbeitsformen angelegten Möglichkeiten der Qualifikationserweiterung, der Kooperation sowie erhöhter zeitlicher Dispositionschancen durch eine verschärfte Leistungsabfrage, durch Leistungskonkurrenz und sozialen Gruppendruck untergraben werden und neue Belastungen hervorrufen. Diese verschärfen sich noch dadurch, daß die neuen Arbeitsformen oft ohne flankierende Maßnahmen eingeführt werden. Dies gilt zum einen in der Hinsicht, daß die Arbeitsplätze den neuen Arbeitsformen nur dann angepaßt wurden, wenn ihre bisherige Gestaltung die Leistungsabforderung sichtlich beschränkte, jedoch nicht, wenn die Arbeitsplatzauslegung aufgrund der veränderten Anforderungen einen langfristigen

---

[13] Diesen Fall meint u.a. das Konzept der Reproduktionsrisiken des ISF, wenn es als einen wesentlichen Bestandteil betrieblicher Strategien die Lösung von Reproduktionsproblemen der Arbeitskräfte diskutiert. Vgl. u.a.: Altmann, N., Binkelmann, P., Düll, K.: Neue Arbeitsformen, betriebliche Leistungspolitik und Interessen der Beschäftigten, in: Soziale Welt, Heft 3/4 1982, S. 440–465.
[14] Vgl. Altmann, N., Binkelmann. P., Düll, K., Mendolia, R., Stück, H.: Bedingungen betrieblich initiierter Humanisierungsmaßnahmen. Bd. I: Neue Arbeitsformen und betriebliche Strategie. BMFT FB-HA 81–007 (01), Fachinformationszentrum Energie, Physik, Mathematik, Eggenstein-Leopoldshafen 1981.

Gesundheitsverschleiß der Arbeitskräfte befürchten ließ. Dies gilt zum anderen hinsichtlich der fehlenden bzw. unzureichenden Maßnahmen zur Qualifizierung der Beschäftigten angesichts gestiegener Qualifikations- und Leistungsanforderungen in den neuen Arbeitsstrukturen. Statt systematischer Qualifizierung findet vielfach ein Abwälzen des Qualifizierungsaufwands auf die Arbeitskräfte und Arbeitsgruppen statt (learning by doing), oder das Problem wird durch Selektion und eine die Beschäftigten polarisierende Rekrutierung für die neuen Arbeitsformen zu lösen gesucht[15].

„Mit diesen Strategien der Qualifikationsanpassung sind folgende Auswirkungen auf die Arbeitskräfte verbunden: subjektive Leistungsüberforderung; psychisch-nervliche Belastungen und Leistungsdruck (‚in der Einarbeitungszeit auf die Leistungsnorm kommen'); soziale Konflikte in Gruppen und erhöhte Belastungen durch Abwälzung von Qualifizierungsleistungen auf Arbeitsgruppen bzw. erfahrenere Arbeitskräfte; Gruppenegoismus und Entsolidarisierung bei polarisiertem Einsatz, wobei die Randgruppen zudem einem erhöhten Beschäftigungsrisiko ausgesetzt sind; Empfindung ‚subjektiven Versagens'."[16]

Die Unternehmensseite sieht ihr Hauptinteresse in der Verfolgung, Realisierung und Maximierung einzelwirtschaftlicher Rentabilität. Technische und arbeitsorganisatorische Veränderungen sind diesem Ziel untergeordnet. Betriebliche Rationalisierungen folgen dieser Kapitallogik, sofern Beschäftigte, ihre Interessenvertreter und Gewerkschaften nicht Front gegen diese einseitig den ökonomischen Interessen der Unternehmer dienende Technik- und Organisationsentwicklung machen.

Negativ zeigt sich heute, daß die Gewerkschaftspolitik bis in die 70er Jahre vordringlich Lohn- und Beschäftigungsfragen thematisiert hat. Eine gewerkschaftliche Arbeitspolitik existiert nur in der defensiven Form einer Rationalisierungsschutzpolitik, die aufgrund ihrer reaktiven Orientierung allerdings der Entwicklung allemal hinterherhinkt. *Eine offensiv verstandene gewerkschaftliche Arbeitspolitik müßte daher von unten, unter Beteiligung der Beschäftigten, entwickelt werden, da diese die Experten ihrer eigenen Arbeitssituation sind und insofern am besten ihre Interessen und Ansprüche an ihre Arbeit und die Bedingungen ihrer Arbeit formulieren können.*

Insbesondere die jüngste Entwicklung im Bereich neuer Technologien mit ihren erheblichen Aus- und Folgewirkungen für die zukünftige quantitative wie qualitative Entwicklung der Arbeit macht deutlich, daß die Beschäftigten Objekt tech-

---

[15] Ähnliche Defizite hinsichtlich einer Qualifizierung für neue Arbeitsformen konnten wir im Rahmen unserer Beteiligungsuntersuchungen bei entsprechenden betrieblichen Veränderungen in schwedischen Unternehmen feststellen. Die Veröffentlichung der Ergebnisse unserer Untersuchungen zur Arbeitnehmerbeteiligung in Norwegen, Schweden, Italien und der Bundesrepublik erfolgt 1985. Zu ersten Ergebnissen vgl.: Fricke, W., Schuchardt, W.: Arbeitnehmerbeteiligung in Norwegen, Schweden, Italien und der Bundesrepublik. Bericht über einen internationalen Erfahrungsaustausch, in: Die Mitbestimmung, Heft 8 + 9, 1983, S. 401 ff. sowie Heft 10, 1983, S. 452 ff.

[16] Altmann, N., Binkelmann, P., Düll, K.: Neue Arbeitsformen, betriebliche Leistungspolitik und Interessen der Beschäftigten, a.a.O., S. 448.

nisch-organisatorischen Wandels bleiben, wenn es ihnen und ihren Gewerkschaften nicht zukünftig gelingt, ihre eigenen Interessen, Forderungen und alternativen Vorstellungen in die Prozesse der Planung, Entwicklung und betrieblichen Anwendung von Technik und die entsprechenden Prozesse der Arbeitsgestaltung einzubringen. Auch innerhalb der Gewerkschaften scheinen in diesem Punkt neue Überlegungen stattzufinden, die eine Erweiterung auf den Feldern der Arbeits- und Gestaltungspolitik signalisieren: „Gewerkschaftliche Forderungen und Strategien zur Qualifikationssicherung und -gestaltung sind enger als bisher mit Forderungen und Strategien zur Gestaltung des Verhältnisses von Arbeit und Technik zu verzahnen. Nur wenn Einfluß genommen wird auf die Auswahl der neuen Technologien, ihre arbeitsorganisatorische Einbindung, auf die Definition der Leistungsanforderungen; wenn Belastungen reguliert, den Arbeitenden Autonomie- und Entscheidungsspielräume zugestanden werden, nur dann können Arbeitssituationen entstehen, die Lernchancen eröffnen, Kooperation und Kreativität entfalten helfen."[17]

II. Innovatorische Qualifikationen als Handlungs- und Gestaltungspotential der Arbeitnehmer

Arbeit hat für die Beschäftigten bzw. für die Arbeiterbewegung unter den Bedingungen privatwirtschaftlicher Anwendung stets einen zwiespältigen Charakter besessen: zum einen ist sie Sinnbezug und fundamentale Wesensbestimmung des Menschen, zum anderen ist sie „Maloche" und „unmenschliche Plage"[18]. Dieser Doppelcharakter von Arbeit, der daraus entspringt, daß Arbeit zum einen stofflich-inhaltliche Auseinandersetzung mit der Natur und zum anderen gesellschaftlich bestimmte Lohnarbeit ist, wird heute zunehmend auch in der Industriesoziologie „wiederentdeckt": „Die Fabrik ist Stätte der Ausbeutung, des Verschleißes, der Entmündigung — sie bietet aber auch die Möglichkeit der Selbstbewertung, der sozialen Anerkennung."[19]

Unter den vorherrschenden gesellschaftlichen Bedingungen der Verausgabung bzw. Nutzung von Arbeit haben die abhängig Beschäftigten vor allem folgende fundamentale Interessen:

„— Das Beschäftigungsinteresse (sicherer Arbeitsplatz);
— das Einkommensinteresse (angemessener, stetiger Lohn);
— das Interesse an der langfristigen Erhaltung der Arbeitskraft (Optimierung der

---

17 Benz-Overhage, K.: Veränderung der industriellen Arbeit — Chance für eine neue Technikbildung? In: Arbeit und Technik, a.a.O., S. 505–512, hier: S. 509.
18 Vgl. Strasser, J.: Arbeit und Menschenwürde. Wohin geht die Leistungsgesellschaft? In: L'80, Heft 21, Recht auf Arbeit — Recht auf Faulheit, Köln 1982, S. 5–22, hier: S. 13.
19 Becker-Schmidt, R.: Lebenserfahrung und Fabrikarbeit: Psychosoziale Bedeutungsdimensionen industrieller Tätigkeit, in: Schmidt, G., Braczyk, H.-J., Knesebeck, J.v.d. (Hrsg.): Materialien zur Industriesoziologie, Sonderheft 24, 1982, Kölner Zeitschrift für Soziologie und Sozialpsychologie, S. 297–312, hier: S. 303.

Beanspruchung bei Garantie der körperlichen Unversehrtheit im Arbeitsprozeß);
- das Qualifizierungsinteresse (Interesse an der Entfaltung und Anwendung von Qualifikationen im Arbeitsprozeß und an ihrer Verwertung auf dem Arbeitsmarkt);
- das Beteiligungsinteresse (Interesse an der Mitwirkung bei betrieblichen Entscheidungen, bei der Gestaltung der Arbeitsbedingungen und des technisch-organisatorischen Wandels);
- das Interesse an der Verringerung der Trennung von ausführenden und dispositiven Tätigkeiten;
- das Interesse an angemessenen sozialen Beziehungen (z.B. Respektierung durch die Vorgesetzten)."[20]

Diese elementaren Interessen haben die im Peiner Modellversuch beteiligten Arbeitnehmer selbst formuliert. Sie betonten, daß in der betrieblichen Realität diese Interessen vielfältig verletzt werden. Infolge der fundamentalen Bedeutung dieser Interessen einerseits und ihrer Verletzung durch die herrschenden Arbeitsbedingungen andererseits stellten diese den Maßstab für die Formulierung ihrer Ansprüche an die Arbeit und zur Veränderung ihrer Arbeitsbedingungen dar. Diese Interessen bildeten auch Bezugsrahmen und Orientierung für die im Verlauf des Peiner Projekts entfalteten innovatorischen Qualifikationen auf seiten der beteiligten Arbeitnehmer.

Ähnliche Interessenbezüge und -verletzungen formuliert auch die Werftstudie[21]. Analytisch geht die Studie über den Peiner Interessenansatz insofern einen Schritt hinaus, indem sie die Interessendimensionen, die die „Arbeiterperspektive" in bezug auf Arbeit konstituieren, in die „Arbeitskraft-Perspektive" (Lohn, Beschäftigung, Erhalt der physischen, psychischen und qualifikatorischen Bedingungen des Arbeitsvermögens) und die „Subjekt-Perspektive" (Interesse, die eigene Person infolge abwechslungsreicher Arbeitsaufgaben, infolge Gestaltungsmöglichkeiten im Arbeitsvollzug und inhaltlicher Anforderungen in die Arbeit einzubringen sowie das Interesse an sozialer Anerkennung) untergliedert. Diese analytische Differenzierung des Interessenbezugs verdeutlicht, daß in der Werftstudie ebenso wie im Peiner Ansatz von einem umfassenden, dynamischen, auf Gestaltung und Veränderung der Arbeitsbedingungen drängenden Verständnis der Interessen abhängig Beschäftigter ausgegangen wird. Ein derart umfassendes Interesse der Beschäftigten an ihrer Arbeit und ihren Arbeitsbedingungen beschränkt sich nicht auf die Sicherung und den Erhalt der Reproduktionsbedingungen der Arbeitskraft[22], sondern macht die sub-

---

20 Fricke, E., Fricke, W., Stiegler, B.: Bedingungen der Vermittlung und Anwendung innovatorischer Qualifikationen im Industriebetrieb, in: WSI Mitteilungen, Heft 6, 1979, S. 311–321, hier: S 314.
21 Vgl. Schumann, M., Einemann, E., Siebel-Rebell, C., Wittemann, K.P.: Rationalisierung, Krise, Arbeiter, a.a.O., S. 26 ff., 302 ff.
22 In dieser ausschließlichen Perspektive von Reproduktionsproblemen und -risiken würden wir auch den defensiven Charakter des Münchener Interessenansatzes sehen. Vgl. u.a.: Drexel, I.: Belegschaftsstrukturen zwischen Veränderungsdruck und Beharrung. Zur Durchsetzung neuer Ausbildungsberufe gegen bestehende Qualifikations- und Lohnstrukturen, Forschungsberichte aus dem Institut für Sozialwissenschaftliche Forschung e.V. München, Frankfurt a. Main 1982, S. 258 ff.

jektiven, inhaltlichen Ansprüche an Arbeit selbst zum Gegenstand der Veränderung und Gestaltung der Arbeitsbedingungen.

Besonders im Peiner Modellversuch, aber auch im Humanisierungsprojekt beim Kraftfahrt-Bundesamt (KBA) und in einigen von uns untersuchten Beteiligungsprojekten in Norwegen, Schweden und Italien, stand die Zielsetzung im Mittelpunkt, die Interessen der Beschäftigten durch die Entfaltung ihrer innovatorischen Qualifikationen, ihres Handlungs- und Gestaltungspotentials, für die Veränderung und Verbesserung ihrer Arbeitsbedingungen systematisch zu nutzen. Durch einen offiziellen und von der jeweiligen Unternehmensleitung tolerierten Lern- und Beteiligungsprozeß der Beschäftigten an der Veränderung ihrer Arbeitsbedingungen konnten die Fähigkeiten und innovatorischen Qualifikationen der Beschäftigten nachgewiesen und für die Verbesserung ihrer Arbeitssituation nutzbar gemacht werden. Mit diesen Prozessen und Möglichkeiten der Entwicklung von Handlungs- und Gestaltungsqualifikationen wollen wir uns nachfolgend ausführlich beschäftigen.

Vorab soll jedoch kurz auf die im Rahmen der Werftstudie diskutierten Gestaltungs- und Regulationsstrategien eingegangen werden, die von drei untersuchten Berufsgruppen im Werftbereich informell entwickelt wurden, um ihre Arbeit in bezug auf Arbeitskraft- und Subjektperspektive erträglicher zu gestalten. Da die untersuchten Beschäftigtengruppen über keine systematischen Lern- und Gestaltungsspielräume verfügten, ist die inhaltliche Reichweite ihrer Gestaltungsstrategien oft gering. Wichtig ist uns die Diskussion dieser Ergebnisse jedoch deshalb, weil sie zeigen, daß Arbeitnehmer selbst unter eingeschränkten Bedingungen innovatorisches Gestaltungspotential entwickeln. Dies scheint uns ein wichtiges Indiz für die darüber hinausweisenden Möglichkeiten zu sein, sofern diese innovatorischen Qualifikationen systematisch gefördert und ihnen Raum für Entwicklung und Anwendung geschaffen wird.

1. *Informelle Regulations- und Gestaltungsstrategien von Arbeitnehmern*

Im Gegensatz zum Peiner Modellversuch und anderen Beteiligungsprojekten, in denen die Beschäftigten Handelnde im Forschungsprozeß waren, bestand der „traditionelle" Ansatz der Werftstudie darin, daß allein die Auswirkungen technisch-organisatorischen Wandels auf die Beschäftigen und ihre Reaktion und Bewertung dieser Rationalisierungsprozesse untersucht wurden.

Zwar verfolgen die Autoren der Studie ein praktisches Interesse mit ihrer Untersuchung, denn es ist ihre erklärte Absicht, den Gewerkschaften die Aktualität eines Politikansatzes zu demonstrieren, „der nicht bloß die sozialen Folgen einer von den Gewerkschaften nicht kontrollierten technisch-organisatorischen Entwicklung aufzufangen sucht, sondern den Wandel selbst mit zu steuern beabsichtigt und die aktive Arbeitsgestaltung als eigenständiges Ziel im Rahmen eines grundsätzlich erweiterten Interessenverständnisses der Beschäftigten begreift".[23] Doch kann dieser

---

23 Schumann, M., Einemann, E., Siebel-Rebell, C., Wittemann, K.P.: Rationalisierung, Krise, Arbeiter, a.a.O., S 17.

Anspruch nur in beschränktem Maße eingelöst werden, da Fragestellung und Methodik der Untersuchung lediglich darauf angelegt sind, die Beurteilung der betrieblichen Rationalisierungsprozesse durch die Werftarbeiter und ihr daran geknüpftes Kritikpotential zu erheben.

In diesem Sinn bleibt der methodische Ansatz der Studie „traditionell", zeichnet lediglich die Reaktionen und Bewertungen der von Rationalisierung Betroffenen nach. Im Rahmen der Studie stellt die sozialwissenschaftliche Forschung nicht — wie in Peine oder einigen anderen Humanisierungs- und Beteiligungsprojekten — ein methodisches Instrumentarium der Förderung von Beteiligungs- und Gestaltungsansätzen der Beschäftigten bereit (Handlungsforschung). Trotzdem verweisen die Untersuchungsergebnisse auf informell im Arbeitsprozeß von den Beschäftigten initiierte Regulations- und Gestaltungsstrategien.

Entgegen der vorgegebenen technisch-organisatorischen Auslegung des Produktionsprozesses streben die Beschäftigten nach
— Einhaltung professioneller und handwerklicher Standards (Gewissenhaftigkeit und Genauigkeit im Umgang mit Material und Arbeitsmitteln)
— räumlicher Bewegungsfreiheit sowie zeitlichen und inhaltlichen Spielräumen bei der Gestaltung der Arbeit (individuelle Werkzeugwahl, arbeitsteilige Spezialisierung im Rahmen der Arbeitskolonne, Abänderung des vorgegebenen Maschinen- und Anlagentaktes durch Handsteuerung u.a.m.), was die Ausbildung einer individuell angepaßten Zeit- und Kräfteökonomie ermöglicht sowie
— der Entwicklung von Werkzeugen und Vorrichtungen, um die Arbeit leichter zu machen und die Arbeitsbelastung zu regulieren [24].

„Strategien dieser Art, die im wesentlichen dazu dienen, durch optimale Gestaltung des Arbeitsvollzuges und eine ausgetüftelte interne Arbeitsteilung entweder die betrieblich noch nicht voll erfaßten Arbeitsabläufe gemäß den eigenen Interessen selber zu optimieren oder die betrieblich festgelegten Arbeitsvollzüge zum Teil erheblich zu modifizieren, haben für alle Berufsgruppen gleichermaßen hohe Bedeutung. Das Ziel ist die direkte Minimierung von Belastung, etwa durch Zusammenschluß zu größeren Kolonnen bzw. durch Absprache zwischen verschiedenen Kolonnen über gegenseitige Hilfe."[25]

Selbst in diesem informellen, „unter der Hand" und wissenschaftlich oder betrieblich nicht gestützten Prozeß der Ausbildung und Entfaltung von Gestaltungsqualifikationen der abhängig Beschäftigten kommen wesentliche Grundzüge innovatorischen Qualifikationspotentials zum Tragen. Insbesondere wird auch hier — wie bereits vorher im Peiner Projekt — bestätigt, daß innovatorische Qualifikationen latent vorhanden sind und daß sie gleichsam kollektiv von den Beschäftigten, als Antwort auf im Produktionsprozeß hervorgerufene Interessenverletzungen, entwickelt und als alternative Gestaltungs- und letztlich „Gegenmacht"-Strategien ausgebildet werden. „Das Wissen von solchen Strategien ist keines, das man in der formalen beruflichen Ausbildung erwerben könnte ... Mit diesen über die betrieblichen Qualifikationsanforderungen hinausgehenden Kenntnissen, ‚Tricks und Hinter-

---

24 Vgl. ebendort, S. 328 ff.; 377 ff.
25 Ebendort, S. 384.

türchen' machen einen erst im Produktionsprozeß die Arbeitskollegen selbst vertraut. In einer Art zweiten Lehre lernt man, unter den gegebenen Bedingungen an den eigenen Interessen orientierte Verhaltensstrategien gegen die betrieblich gesetzten Anforderungen auszubilden."[26]

Die Werftarbeiter machen ihre Gestaltungsstrategien nicht offiziell, verfolgen nicht eine Strategie der Veröffentlichung, z.B. über das betriebliche Vorschlagswesen, da sie die Erfahrung gesammelt haben, daß die betriebsoffizielle Nutzung ihrer Gestaltungsvorschläge sich zumindest langfristig meist gegen ihre Interessen kehrt (Rationalisierung). Schumann u.a. nennen diese Strategie unglücklich „arbeitspolitischen Konservativismus" als interessenbewußtes Arbeiterverhalten. Diese Begrifflichkeit hebt primär auf die Bemühung von Facharbeitern ab, noch vorhandene Qualifikations- und Dispositionsspielräume gegen betriebliche Rationalisierungstendenzen zu bewahren und zu verteidigen, ignoriert jedoch, daß sich unter dieser Form das innovatorische Gestaltungspotential der abhängig Beschäftigten gegenüber den ihre Interessen verletzenden betrieblichen Rationalisierungsstrategien artikuliert. Wenn wir demgegenüber den Begriff der „innovatorischen Qualifikationen" für die Facharbeiter und Angelernten im Werftbereich wie für die an- und ungelernten Arbeitskräfte in der metallverarbeitenden Industrie (Peine) oder Büroangestellte (Kraftfahrt-Bundesamt) geltend machen, so betonen wir hiermit das vorhandene und zu entwickelnde innovatorische Qualifikations- und Gestaltungspotential aller abhängig Beschäftigten.

2. Die Entfaltung innovatorischer Qualifikationen als Einheit von Lernen und Handeln

Bei den bereits genannten Projekten in Peine und beim Kraftfahrt-Bundesamt handelte es sich um Humanisierungs- und Beteiligungsprojekte, die sozialwissenschaftlich begleitet und im Rahmen des „Humanisierungsprogramms" der Bundesregierung finanziell gefördert wurden. Zielsetzung dieser Projekte war zum einen, die vorgefundenen Arbeitsbedingungen „humaner" zu gestalten, zum anderen jedoch die Interessen der Beschäftigten und ihre eigenen Vorstellungen und Wünsche über zu verändernde Arbeitsbedingungen zum Maßstab von Veränderung zu machen. In diesem Punkt treffen sich diese „Humanisierungsprojekte" mit einigen von uns in Norwegen, Schweden und Italien vorgefundenen Beteiligungsstrategien, die dort von den jeweiligen Belegschaften einzelner Unternehmen mit Unterstützung ihrer Gewerkschaft entwickelt wurden.

In allen diesen Projekten stellten die Beschäftigten unter Beweis, daß sie langfristig nicht bereit sind, sich mit Arbeitssituationen abzufinden, die ihre elementaren Interessen in bezug auf Arbeit verletzen. Oft bedarf es jedoch eines konkreten Anlasses, um aktiv zu werden (betriebliche Veränderungen; agile Interessenvertreter, um die Belegschaft zur Artikulierung und Durchsetzung ihrer Interessen zu mobilisieren; Wissenschaftler, die im Rahmen von Projektvorhaben die Arbeitnehmer-

---

26 Ebendort, S 386.

interessen aufgreifen und „legitimieren" etc.). Darüber hinaus konnten die Beschäftigten in diesen Projekten auch deutlich machen, daß sich ihre Kritik an den bestehenden Arbeitsbedingungen nicht in deren Ablehnung erschöpft, sondern daß sie fähig und in der Lage sind, alternative Gestaltungsentwürfe zu entwickeln und an ihrer Umsetzung mitzuwirken.

Wenn Schumann u.a. in ihrer Werftstudie den Arbeitern „arbeitspolitischen Konservativismus" bescheinigen, so ignorieren sie, daß abhängig Beschäftigte oft nur dann bereit sind, aktiv an betrieblichen Veränderungs-, Beteiligungs- und Gestaltungsprozessen mitzuarbeiten, wenn sie einigermaßen sicher sein können, daß sie zum einen die Möglichkeit einer von anderen betrieblichen Gruppen (Management/ Vorgesetzte) unbeeinflußten Interessenartikulierung erhalten und zum anderen sicher sein können, daß betriebliche Entwicklung, Umsetzung und Nutzung ihrer Gestaltungsvorschläge von ihnen und ihren betrieblichen und gewerkschaftlichen Interessenvertretern weitgehend gesteuert und kontrolliert werden können.

Sind allerdings diese Rahmenbedingungen gesichert (z.B. über die Einrichtung betriebsnaher gewerkschaftlicher Bildungskreise, über tarifvertragliche Regelungen oder eine Betriebsvereinbarung, durch die den Beschäftigten personelle, zeitliche und räumliche Möglichkeiten zur Erarbeitung alternativer Gestaltungsvorschläge eingeräumt werden), dann sind die Beschäftigten oft zu erheblichen Anstrengungen und Lernprozessen bereit, um ihre Vorstellung bezüglich ihrer Arbeit und ihrer Arbeitsbedingungen praktisch werden zu lassen.

Dieser Prozeß der Entwicklung eigener Gestaltungs- und Handlungskonzepte, der Entfaltung innovatorischer Qualifikationen, ist als ein Prozeß sich wechselseitig vorwärtstreibender Stationen von Lernen und Handeln zu begreifen.

Insbesondere Humanisierungs- und Beteiligungsprojekte, die im Bereich weitgehend standardisierter und inhaltlich entleerter Arbeitssituationen angesiedelt waren (un- und angelernte Arbeiter und Arbeiterinnen im Bereich der metallverarbeitenden Industrie/Peine; Schreibkräfte im Bürobereich/Kraftfahrt-Bundesamt) müssen für die beteiligten Arbeitnehmer zunächst deutlich machen, daß ihre Beteiligung zu realen Veränderungen führen kann. Die oft jahrelange Arbeit in diesen monotonen, repetitiven Arbeitsverhältnissen hat bei den meisten Beschäftigten zu einem bestimmenden Gefühl der Resignation, der Nichtveränderlichkeit bestehender Arbeitsbedingungen und der Mißerfolgsorientierung gegenüber den eigenen Bemühungen geführt. Wichtigste Voraussetzung für eine aktive Beteiligung der Beschäftigten ist daher das Aufbrechen dieser resignativen Grundhaltung.

Dies kann u.a. dadurch erreicht werden, daß im Rahmen betrieblicher Humanisierungsprojekte — oder alternativ im Rahmen betriebsnaher gewerkschaftlicher Bildungsarbeit — die Beschäftigten Zeit und Gelegenheit für den Austausch ihrer Erfahrungen und Bewertungen negativer Arbeitssituationen erhalten. Im Rahmen des Peiner Modellversuchs hatten die Beschäftigten im Rahmen von Projektgruppen und Seminaren, die während der Arbeitszeit stattfanden, hierzu Gelegenheit. Der Austausch gemeinsamer Betroffenheit und gleicher Interessenverletzungen erzeugt bei den Beschäftigten ein Bewußtwerden der Gemeinsamkeit, der Solidarität, was ein erster Schritt für die Überwindung der im Arbeitsprozeß angelegten Situation der Vereinzelung und Konkurrenz zwischen den Arbeitern ist (über Lohn- und andere

Anreizsysteme). *Diese Lernschritte: subjektive Betroffenheit und Interessenverletzung; Austausch der Interessenverletzungen und Erkennen gemeinsamer Interessen; gemeinsame Bewertung der Arbeitsbedingungen und Entwicklung von Forderungen zur Veränderung der verletzenden Arbeitsbedingungen scheinen betriebsübergreifend Gültigkeit für die Konstituierung und Entfaltung innovatorischer Qualifikationen zu besitzen.* Wir konnten dieses Lernmuster nicht nur in unterschiedlichen Betriebsprojekten feststellen, sondern es scheint auch bestimmend für die Konstitution der „homogenen Gruppen" in Italien und ihre Gestaltungs- und Veränderungsstrategie in Form der „Arbeitermedizin" gewesen zu sein[27].

Liegt die Resignation und Ohnmacht des Einzelnen wesentlich in seiner betrieblichen Vereinzelung, so bedingt das Erkennen gemeinsamer Interessen den Willen zur Veränderung, zur solidarischen Aktion. Gelingt es darüber hinaus, die gemeinsamen Veränderungsvorschläge mit Unterstützung des Betriebs- bzw. Personalrats (wie dies in den genannten Projekten in Peine und Flensburg der Fall war) im Unternehmen durchzusetzen, so konstituieren sich in diesem Lern-/Handlungsprozeß Elemente eines neuen persönlichen und betrieblichen Selbstverständnisses der Beschäftigten. Nicht nur wächst das eigene Selbstvertrauen, sondern auch das Bewußtsein für Möglichkeiten der Veränderung betrieblicher Arbeits- und Herrschaftsbedingungen.

Hierzu zwei beteiligte Schreibkräfte im Humanisierungsprojekt beim Kraftfahrt-Bundesamt:

„Man ist sicherer und selbstbewußter geworden. Früher hat man sich unterdrückt gefühlt und irgendwie tritt man jetzt doch ganz anders auf, auch als kleine Schreibkraft. Früher haben wir zu den Sachbearbeitern nur ja, nein und danke gesagt. Und jetzt haben wir durch die Humanisierung doch mehr Zeit für uns selbst. Das gab es ja früher nicht, daß wir was miteinander besprechen durften und dafür auch eigene Pausen hatten. Die Freiheit hätten wir uns früher nicht genommen."[28]

„Mit dieser Unerfahrenheit vor dem Projekt, da haben wir so mit uns rumschieben lassen. Da waren wir nicht in der Lage, irgendwelche Gegenvorschläge zu machen. Und jetzt sind wir gewöhnt, uns selbst Gedanken zu machen und selbst was zu verändern. Da können wir andern viel besser begegnen. Ich glaube, daß das für viele einzelne gilt, daß die sich jetzt besser wehren können. Und wir können uns auch überlegen, ob man für irgendwas im Gesamtverbund kämpft."[29]

Dieses Lern-Handlungsmodell in Form der Entfaltung innovatorischer Qualifikationen im Prozeß von Arbeitnehmerbeteiligung zielt auf Veränderung und Gestaltung der Arbeitssituation in der Subjekt- wie in der Arbeitskraft-Perspektive. Als eine wichtige Bedingung hierfür werden die Arbeitnehmer selbst aktiv, verlassen

---

27 Vgl. Fricke, W., Schuchardt, W.: Ansätze für Arbeitnehmerbeteiligung in Norwegen, Schweden und Italien, in: Die Mitbestimmung, Heft 8 + 9 sowie 10, 1983; zum Konzept der Arbeitermedizin in Italien vgl. auch Wintersberger, H.: Arbeitermedizin in Italien, Wissenschaftszentrum Berlin, IIVG/dp 82–202, Berlin 1982.
28 Jacobi, U., Weltz, F : Humanisierung der Arbeitsbedingungen im Schreibdienst des Kraftfahrt-Bundesamts, a.a.O., S 278.
29 Ebendort, S. 379.

sich nicht auf andere und delegieren auch ihre Interessen nicht allein auf ihre betrieblichen und gewerkschaftlichen Interessenvertreter. Sie erkennen, daß in der Entwicklung und Entfaltung ihrer eigenen Persönlichkeit, ihres eigenen Selbstvertrauens, eine wichtige Grundlage für die Gestaltung ihrer Arbeitsbedingungen gemäß ihren Interessen liegt. Dieses neue Selbst-Bewußtsein faßten Arbeiter im schwedischen Unternehmen Almex folgendermaßen zusammen:
„– du fühlst dich deiner selbst sicher,
– du weißt, was du willst,
– du fühlst dich fähig, selbst Dinge zu tun,
– du fühlst, daß du nicht minderwertig bist gegenüber Leuten, die höher in der Hierarchie stehen."[30]

Im Rahmen des Peiner Projekts konnten die beteiligten Beschäftigten als Resultat ihrer Gestaltungsanstrengungen folgende Verbesserungen durchsetzen: Verbesserungen von Arbeitsumgebung und Arbeitsschutz (Lärmsenkung, Schutzvorrichtungen, Pausenräume etc.), Verbesserungen in der ergonomischen Gestaltung von Maschinen (Sitzhilfen, Optimierung von Arbeitshaltungen), Mechanisierung belastender Arbeitsverrichtungen (Transport, Bedienung), Anreicherung der Arbeitsinhalte durch Übertragung von Werkzeugwechsel an Maschinenarbeiter.

Im Projekt beim Kraftfahrt-Bundesamt erreichten die Beschäftigten im wesentlichen eine Enthierarchisierung ihrer Arbeitssituation im Bürotechnischen Dienst durch Wegfall der Funktion der Kanzleileiterin und eine Arbeitsanreicherung durch systematischen Arbeitswechsel im Bereich der neu gebildeten Bürotechnischen Gruppen.

In den von uns untersuchten Beteiligungsverfahren in Norwegen, Schweden und Italien konnten Beschäftigte des weiteren eine Beteiligung bei der Einführung neuer Technologien bzw. der technischen Neustrukturierung eines Stahlwerks, Gestaltungsvorschläge bei arbeitsorganisatorischen Veränderungsmaßnahmen, in einem Fall die weitgehende Selbststeuerung des Arbeits(gruppen)bereichs unter Einschluß aller damit verknüpften Fragen der Produktionsplanung, Organisation, der Wartung und Kontrolle sowie der Abstimmung mit allen produktionsvor- und -nachgelagerten Abteilungen auf Unternehmensebene realisieren.

Diese z.T. weitgehenden Gestaltungsvorschläge und ihre betriebliche Umsetzung waren möglich, da es in der Mehrzahl der hier geschilderten Projekte gelang, den *Prozeß der Entfaltung innovatorischer Qualifikationen durch ein betrieblich vereinbartes Verfahren der Beteiligung der Arbeitnehmer an der Gestaltung und Organisation ihrer Arbeit bzw. der Gestaltung von Arbeitsplatz, Arbeitsablauf und Arbeitsumgebung abzusichern*[31].

Die Arbeitsanweisung im KBA sichert den Bürotechnischen Gruppen Beteili-

---

30 Gardell, B., Svenson, L.: Co-determination and Autonomy, Arbetslivscentrum, Working Papers, Stockholm, Sept. 1980, S. 44 (eigene Übersetzung).
31 Die entsprechenden Betriebsvereinbarungen bzw. die Arbeitsanweisung für den Bürotechnischen Dienst im Kraftfahrt-Bundesamt sind abgedruckt in: Fricke, E., Notz, G., Schuchardt, W.: Beteiligung im Humanisierungsprogramm. Zwischenbilanz 1974–1980, Bonn 1982, S. 269 ff.; 285 ff.

gungsrechte bei der internen Arbeitsverteilung, der Arbeitsgestaltung, bei Personalbeurteilungen, bei der Einarbeitung neuer Kollegen, der Erarbeitung eines „gerechten" Arbeitspensums u.a.m.

In der Peiner Betriebsvereinbarung erhalten die Beschäftigten im Rahmen von Projektgruppen (bezahlte) Zeit und Gelegenheit, alternative Gestaltungsvorschläge zu betrieblichen Veränderungen, die unter die §§ 90, 91 BetrVG fallen, zu entwickeln. *Diese Betriebsvereinbarung sichert die Beteiligung der Beschäftigten in allen Phasen des Gestaltungs- und Veränderungsprozesses:* die Beschäftigten reklamieren verletzende Arbeitsbedingungen, benennen die Belastungen, Gefährdungen und Defizite, entwerfen Lösungsvorschläge und diskutieren diese ggf. mit Experten. Erarbeitete Gestaltungsvorschläge werden mit dem Betriebsrat abgesprochen, evtl. über diesen mit Vorschlägen anderer Abteilungen koordiniert und abgestimmt und vom Betriebsrat in einem paritätisch besetzten Ausschuß mit den Vertretern der Geschäftsleitung verhandelt. Stimmt die Unternehmensleitung dem Veränderungsvorschlag zu, kontrollieren die Beschäftigten die betriebliche Umsetzung.

Diese Beteiligung der Beschäftigten am gesamten Prozeß der Planung, Gestaltung und Umsetzung der Veränderungsmaßnahme bedingt auch den Typus der Beteiligung: die hier vorgestellten Beteiligungsprozesse und die ihnen entsprechenden Beteiligungsregelungen stellen primär eine Form *prozeßbezogener Mitbestimmung* dar. Gegenwärtig herrschen in der Bundesrepublik gesetzliche und tarifvertragliche Regelungen *ergebnisbezogener Mitbestimmung*[32] vor (Kontrolle und Überwachung von Normen, Standards, Mindestarbeitsbedingungen). Diese Rechte verbessern die Arbeitssituation der Beschäftigten, und müssen deshalb in den Betrieben von Arbeitnehmern und ihren Interessenvertretern oft gegen den Widerstand der Unternehmensseite wahrgenommen und durchgesetzt werden.

Die Reichweite ergebnisbezogener Beteiligung und Mitbestimmung ist jedoch insofern beschränkt, als es der Interessenvertretung mit Hilfe dieses Instruments lediglich gelingen kann, negative Folgen technischer und organisatorischer Veränderungen in ihren Wirkungen auf die Beschäftigten „abzufedern"; eine bestimmende Einflußnahme von Arbeitnehmern, Vertrauensleuten und Betriebsräten bzw. der Gewerkschaften als den übergreifenden Interessenorganisationen auf die Richtung und den Umfang technisch-organisatorischen Wandels bleibt außerhalb dieses Typs Mitbestimmung.

Im Charakter prozeßbezogener Beteiligung liegen dagegen erhebliche Chancen der Beschäftigten und ihrer Interessenvertreter sowohl hinsichtlich der Verbesserung der Arbeit als auch der Steuerung des technisch-organisatorischen Wandels im Interesse der Arbeitnehmer. Die Aktivierung und Beteiligung der Beschäftigten „vor Ort" für Veränderungs- und Gestaltungsstrategien können die Arbeit des Betriebs- und Personalrats, der aufgrund der vorhandenen zeitlichen und personellen Ressourcen in diesen Fragen meist völlig überfordert ist, auf ein neues inhaltliches und qualitatives Niveau heben. Dies haben in Peine die dortigen Betriebsräte fest-

---

32 Zur Unterscheidung zwischen ergebnis- und prozeßorientierter Mitbestimmung vgl. Steinmann, H., Gerum, E.: Zur Reform der Unternehmensverfassung, Nürnberg 1980, S. 29 ff.

stellen können. Sie sahen, daß die Beteiligung der Beschäftigten bzw. die Ausweitung ihrer Beteiligungsrechte keine Konkurrenz und Gefahr für die Arbeit des Betriebsrats ist, sondern vielmehr Unterstützung und Hilfe bedeutet. Um dies zu sichern, ist es allerdings erforderlich, daß die Beteiligungsrechte der Arbeitnehmer bestehende rechtliche oder tarifvertragliche Einflußmöglichkeiten von betrieblicher und gewerkschaftlicher Interessenvertretung nicht schmälern und daß die Rechte von Vertrauensleuten und Betriebsräten mit den Beteiligungsrechten der Arbeitnehmer eng verzahnt werden.

Die eingangs skizzierten Folgen der gegenwärtig ablaufenden Rationalisierungswellen für die Beschäftigten verdeutlichen, daß die Gewerkschaften schnellstmöglich ein inhaltliches Konzept und eine angemessene Strategie entwickeln müssen, um im Interesse der Arbeitnehmer und mit ihrer aktiven Beteiligung Einfluß auf die Gestaltung und betriebliche Umsetzung von Technik, die Planung und Durchsetzung der Neustrukturierung der Arbeitsvollzüge und die Zusammenfassung von Arbeitsaufgaben zu gehaltvollen, die Qualifikationen der Beschäftigten nutzenden und fördernden Arbeitsstrukturen nehmen zu können.

Im Rahmen prozeßbezogener Beteiligung und Mitbestimmung bestehen hierfür gute Chancen. Besonders in *Schweden* und *Norwegen* sammeln Beschäftigte und ihre Gewerkschaften seit den 70er Jahren Erfahrungen mit prozeßbezogener Mitbestimmung.

In Norwegen besitzen die Arbeitnehmer seit Mitte der 70er Jahre Beteiligungsrechte bei der Gestaltung und Einführung rechnergestützter technischer Systeme. Z. Zt. existieren in Norwegen ca. 150 betriebliche *Datenabkommen,* deren Beteiligungsregelungen sich ähnlich wie bei der Peiner Betriebsvereinbarung auf alle relevanten Stadien (Planung, betriebliche Konzipierung und Auslegung des technischen Systems, Probeläufe, endgültige Einführung) des Veränderungsprozesses beziehen und Beschäftigten und ihren Interessenvertretern entsprechende Beteiligungs- und Gestaltungsrechte einräumen. Die *prozeß- und lernorientierte Form von Beteiligung* wird zusätzlich dadurch unterstrichen, daß vor Durchführung großer und weitreichender Veränderungen (z.B. der Einführung neuer informationstechnischer Systeme im Bereich der norwegischen Arbeitsverwaltung) *Pilotprojekte* zwischen den Tarifparteien vereinbart werden. Für die Arbeitnehmerseite bietet ein solches Verfahren oft die Chance, im Prozeß des Vorlaufprojekts Wissen, Erfahrung, Handlungskompetenz und weitergehende Forderungen bezüglich der endgültigen Systemeinführung zu entwickeln: „Dieser Chance der Erfahrungs- und Wissensgewinnung wird von der Arbeitnehmervertretung sehr große Bedeutung beigemessen. Wissen wird hier als notwendige Voraussetzung für eine erfolgreiche Verhandlung mit der Arbeitgeberseite verstanden. Darüber hinaus bestärkt Wissen, das in der täglichen Praxis gewonnen werden kann, die Handlungskompetenz sowohl des einzelnen als auch der betrieblichen Interessenvertretung. Die betriebliche Interessenvertretung kann so mit den betroffenen Beschäftigten auf der Basis konkreter Erfahrungen und unmittelbarer Betroffenheit klären, was sie überhaupt im Verhandlungsprozeß mit dem Arbeitgeber fordern soll. In bezug auf das letztlich eingeführte System reduziert sich so auch die Gefahr, in Projektgruppen (diese sind im Gegensatz zu den Peiner Projektgruppen in Norwegen sowohl mit Arbeitnehmern und ihren Interessenvertretern als auch mit Vorgesetzten, Experten und ggf. Vertretern der Unternehmensleitung besetzt – W S.) ‚überfahren' zu werden. Gerade von daher bietet die Durchführung von Pilotprojekten vor dem Abschluß von Systemverträgen die Chance, einen Lernprozeß zu initiieren, in dem Probleme gelöst und verhandlungsadäquates Wissen erworben werden können."[33]

In diesem Sinn und ausgeweitet auf eine zu entwickelnde gewerkschaftliche Arbeits- und Gestaltungspolitik sehen wir die Notwendigkeit und Möglichkeit der Entfaltung innovatorischer Qualifikationen der Beschäftigten. Die vorliegenden Untersuchungsergebnisse unterstreichen, daß hier ein Handlungs- und Steuerungspotential vorliegt, auf das sich eine entsprechende gewerkschaftliche Strategie und Politik stützen könnte.

III. *Perspektiven der Entwicklung innovatorischer Qualifikationen: Ausweitung der gewerkschaftlichen Strategie um die Felder Arbeits- und Gestaltungspolitik*

Mit zunehmender Krisenentwicklung scheinen die Gewerkschaften selbst zunehmend in die Krise zu geraten. Die Unternehmer bestimmen weitgehend Richtung und Auswirkungen des technisch-organisatorischen Wandels und auch auf den traditionellen Feldern gewerkschaftlicher Politik, bei der Lohn- und Arbeitsplatzsicherung, befinden sich die Gewerkschaften in der Defensive. Damit werden jedoch auch die vorherrschenden gewerkschaftlichen Organisations- und Vertretungsprinzipien fragwürdig. Besitzt ein hochgradig professionalisierter und zentralisierter Gewerkschaftsapparat bei weitgehend passiver Folgebereitschaft der Mitglieder[34] zumindest solange eine gewisse Berechtigung, solange er stetig wachsende Lohnabschlüsse vorweisen kann, so ist eine in diesem Verhandlungsfeld geschwächte Gewerkschaftszentrale vordringlich auf die Aktivierung und Einbeziehung ihrer Mitglieder in die Formulierung und gesellschaftlich-betriebliche Umsetzung der Gewerkschaftspolitik und insbesondere einer gewerkschaftlichen Arbeitspolitik angewiesen.

Im Rahmen dieses Beitrags kann nicht umfassend auf die zu entwickelnden Elemente einer gewerkschaftlichen Arbeitspolitik eingegangen werden. Hier sollen einige zentrale Aspekte lediglich benannt werden, die in der Diskussion insbesondere auch von den gewerkschaftlichen Vertretern aufgegriffen und vertiefend diskutiert werden sollten.

---

33 Kubicek, H., Berger, P.: Regelungen und Rahmenbedingungen der Beteiligung im Bereich der Arbeitgeber–Arbeitnehmer-Beziehungen, in: Mambrey, P., Oppermann, R.: Beteiligung von Betroffenen bei der Entwicklung von Informationssystemen, Frankfurt a. Main, New York 1983, S. 24–85, hier: S. 69.
34 Vgl. Schauer, H: Gewerkschaftspolitik und Beteiligung, in: Fricke, W., Schuchardt, W. (Hrsg.): Beteiligung als Element gewerkschaftlicher Arbeitspolitik. Erfahrungen aus Norwegen, Italien, Schweden und der Bundesrepublik, Bonn 1984.

1. Einer der zentralen und für den Erfolg gewerkschaftlicher Arbeitspolitik entscheidenden Aspekte scheint uns die *Stärkung einer basisnahen gewerkschaftlichen Politik* zu sein. Das schließt zum einen ein, daß die innergewerkschaftliche Beteiligung der Mitglieder bei der Formulierung und betrieblichen Durchsetzung gewerkschaftlicher Politik gefördert und intensiviert wird, dies bedeutet zum anderen, daß die Gewerkschaften die betrieblichen Beteiligungsmöglichkeiten für die Arbeitnehmer stärker als bisher in den Mittelpunkt ihrer betrieblichen Politik stellen. Zwar sind gewisse Ansätze in der z. Zt. laufenden Mitbestimmungskampagne bei der Forderung nach Mitbestimmung am Arbeitsplatz festzustellen, doch bleiben diese merkwürdig defensiv. Die dort anvisierten Mitgestaltungsvorschläge unterschätzen u.E. die innovativen Handlungs- und Gestaltungsfähigkeiten der Beschäftigten. Die als Gegenstrategie konzipierten „Scheinbeteiligungsansätze" der Arbeitgeber (Qualitätszirkel, Werkstatt-Kreise etc.) drücken oft ein sehr viel offensiver vorgetragenes Interesse am Innovationspotential der Arbeitnehmer, wenn auch in anderem Verwendungszusammenhang, aus.
2. Eine gewerkschaftliche Arbeits- und Gestaltungspolitik, die sich auf die Beteiligung der Arbeitnehmer stützt, muß sich auf unterschiedlichen Ebenen (Gesetzesebene, Tarifvertragsebene, Ebene von Betriebsvereinbarungen) bemüht zeigen, *zunehmend prozeßbezogene Beteiligungs- und Mitbestimmungsregelungen* anzuvisieren und durchzusetzen. Eine sich allein auf ergebnisbezogene Mitbestimmungsrechte stützende Praxis betrieblicher Interessenvertretung kann bestenfalls negative Folgewirkungen im Interesse der Arbeitnehmer abmildern.
3. Besonders in der Krise wird es zunehmend relevant, gewerkschaftliche Politik nicht auf isolierte Forderungsfelder abzustellen und sich dort in die Defensive und ggf. Niederlage drängen zu lassen, sondern es wird wichtig sein, *„klassische" Forderungsfelder* wie Lohn, Beschäftigungssicherung *zu verknüpfen mit Forderungen der Humanisierung und der Arbeitsgestaltung.* Die Forderung nach Arbeitszeitverkürzung im Rahmen einer 35-Stunden-Woche bei definierter Leistungsabforderung oder auch das erweiterte Erholpausenkonzept im Entwurf zum Lohnrahmen in Südwürttemberg/Südbaden sind hierfür Ansätze.
4. So ermutigend vorhandene Ansätze zur *Arbeitnehmerbeteiligung* in der Bundesrepublik und im westlichen Ausland sind, so können sie letztlich nur erfolgreich sein, wenn sie *keine Insellösungen* bleiben. Das bedeutet aber, daß neben einer *Ausweitung von Beteiligung und Mitbestimmung auf allen Ebenen* (Abteilung, Betrieb, Unternehmen, regional, Branche) auch die *inhaltliche Ausweitung von Beteiligung und Mitbestimmung* als Ziel gewerkschaftlicher Politik stärker reflektiert werden müßte. Dies schließt u.a. ein: (Mit)Gestaltung neuer Technologien und verstärkte Einflußnahme auf die staatliche Forschungs- und Technologiepolitik, Entwicklung einer gewerkschaftlichen Branchenpolitik und die Beteiligung an Produktinnovationen.

Diese hier nur kurz angerissenen Probleme werden auf vielfältige Durchsetzungsschwierigkeiten stoßen und sind kurzfristig nicht einzulösen. Das scheint mir aber auch nicht die zentrale Frage zu sein. Wichtiger ist m.E., ob die Gewerkschaften bereit und willens sind, stärker auf eine umfassende Beteiligungsstrategie zu setzen, die die Aktivitäten, das Engagement und die innovatorischen Fähigkeiten der

Arbeitnehmer in den Mittelpunkt ihrer Politik stellt. Dann könnte es den Gewerkschaften gelingen, einen wesentlichen Beitrag zu mehr Arbeits- und Lebensqualität zu leisten, denn: „Die großen Fortschrittsmöglichkeiten unserer Gesellschaft liegen nicht mehr dort, wo wir sie in der Vergangenheit gesucht haben, in der Vermehrung der verfügbaren Güter und Dienstleistungen, sondern in der Schaffung von mehr Möglichkeiten sinnerfüllter ... Praxis – auch im Arbeitsalltag."[35]

---

35 Strasser, J.: Arbeit und Menschenwürde, a.a.O., S. 22.

Felix Frei
Psychologische Voraussetzungen innovatorischen Handelns
— Konzeption und Problemaufriß —

Der Beitrag geht von zwei Prämissen aus:
1. Für den Teilnehmerkreis des Seminars[1] unterstelle ich eine politische Übereinstimmung bezüglich dessen, was unter anderem im Peiner Modellversuch hinsichtlich innovatorischen Handelns von Arbeitnehmern angestrebt, in vielem erreicht und inzwischen — bezüglich seiner psychologischen Voraussetzungen — unter dem Etikett „Innovatorische Qualifikationen" einer breiteren Diskussion zugänglich geworden ist. Die unterstellte Übereinstimmung trifft dabei ausschließlich das gemeinte und angestrebte Ziel, nicht jedoch die verwendeten Begrifflichkeiten oder theoretischen Konzeptionen darüber.
2. Ich gehe davon aus, daß ein derartiger Konsens über das Ziel aus politischen wie auch aus theoretischen Gründen allein nicht genügt. Wir brauchen vielmehr eine begriffliche und theoretische Konzeption, aus der sich in bezug auf Arbeitsgestaltung gewerkschaftliche und betriebspolitische Strategien schlüssig ableiten lassen. Andernfalls droht die Gefahr des Etikettenschwindels, wobei nicht auszuschließen ist, daß bei der Umsetzung des ursprünglich angestrebten Zieles politisch gegenteilige Effekte bewirkt werden.

Aus verschiedenen Gründen scheint mir der Begriff der „Innovatorischen Qualifikationen", wie er seit dem Peiner Modellversuch in der Diskussion ist[2], problematisch zu sein: einen Hauptgrund dafür sehe ich darin, daß dem Begriff all jene Mängel anhaften, die aus der sogenannten Vermögenspsychologie mit all ihren nachteiligen Folgen sehr wohl bekannt sind. Diese Mängel betreffen nicht die Annahme objektiver Fähigkeiten oder anderer psychischer Eigenschaften bzw. Handlungsvoraussetzungen, sondern den Kurzschluß von einer phänomenal ausgrenzbaren Tätigkeit oder Handlungsweise auf eine genau dazu gehörige, diese „bedingende" psychische Funktion oder ein „Vermögen" (ein Kurzschluß, der etwa bis zum berühmten „Puddingkochvermögen" ad absurdum geführt werden kann)[3].

Ein weiteres Problem besteht darin, daß der Begriff der Innovatorischen Qualifikationen die Vorstellung nahelegt, es gehe darum, den Arbeitern — vereinfacht ausgedrückt — außer ihren fachlichen, sozialen und sonstigen Qualifikationen ein-

---

[1] Dieser Beitrag ist die nachträglich geschriebene Fassung eines Referates, das ich auf Wunsch von Werner Fricke — außer Programm — am Seminar „Qualifikation und Arbeitnehmerbeteiligung" der Friedrich-Ebert-Stiftung (Saarbrücken, 3.–7.10.1983) gehalten habe.
[2] Fricke, E., Fricke, W., Schönwälder, M., Stiegler, B.: Qualifikation und Beteiligung — Das Peiner Modell, Schriftenreihe „Humanisierung des Arbeitslebens" (Hrsg.: BMFT), Band 12. Frankfurt 1981.
[3] Hacker, W.: Allgemeine Arbeits- und Ingenieurpsychologie. Schriften zur Arbeitspsychologie (Hrsg.: Ulich, E.), Nr. 20. Bern 1978 (2. Auflage), S. 65.

fach noch etwas Zusätzliches, nämlich Innovatorische Qualifikationen, zu vermitteln, wobei unterstellt würde, daß sich diese Arbeiter in ihrer Arbeitssituation dann auch entsprechend „innovatorisch" verhalten würden.

Eine solche Vorstellung aber wäre nicht nur theoretisch naiv, sondern — was wichtiger ist — politisch einengend: sie ließe etwa den bedenklichen Schluß zu, die Vermittlung von Innovatorischen Qualifikationen ausschließlich an das schulische oder berufliche Bildungsprogramm zu delegieren — so beispielsweise ein Vorschlag bei einer Diskussion nach einem Referat von Werner Fricke über Innovatorische Qualifikationen in der beruflichen Bildung[4].

Unser Ziel muß es jedoch sein, eine begrifflich und theoretisch adäquate Konzeption für das zu finden, was innovatorisches Handeln von Arbeitern in ihrer Arbeitssituation — vor allem im Rahmen partizipativer Arbeitsgestaltung — psychologisch zu gewährleisten vermag — und zwar so, daß einengende Schlüsse wie der genannte redlicherweise nicht gezogen werden können. In bezug auf dieses Ziel ist es meines Erachtens jedoch unabdingbar, das Gemeinsame von Arbeiten und Lernen ausfindbar zu machen, von dem ganzheitlich ein Beitrag zur Entwicklung der menschlichen Persönlichkeit erhofft werden kann. Denn Arbeit als Lernen — und damit die Möglichkeit zur Persönlichkeitsentwicklung — zu begreifen, eröffnet die Chance ihrer entsprechend ausgerichteten Gestaltung: Dazu müssen wir ausgehen von einer allgemeinen, normativ begründeten Konzeption der Persönlichkeitsentwicklung im Erwachsenenalter, die Aussagen zuläßt über psychologische Voraussetzungen, die innovatorisches Handeln in der Arbeit ermöglichen.

Dies impliziert, daß es nicht ausreichend ist, nur gewissermaßen „phänotypische" Unterschiede zwischen Arbeitern zu beschreiben. Vielmehr kommt es auf jene „genotypischen" Unterschiede an, welche innovatorisches Handeln subjektiv und objektiv ermöglichen oder eben nicht ermöglichen. Wir meinen, daß solche „genotypischen" Unterschiede mit Hilfe des psychologischen Konstrukts der Kompetenzen — wie unten definiert — beschrieben werden können.

Unsere zentrale politische These dabei heißt: Potentiell soll jede in der Arbeit erforderliche/einsetzbare Kompetenz so entwickelt sein, daß sie innovatorisches Handeln in der Arbeit ermöglicht und stimuliert.

Ich will versuchen, die theoretische Konzeption von Kompetenzentwicklung zu skizzieren, die wir im Rahmen unseres Projektes[5] entwickelt haben[6]. Die folgenden

---

[4] Fricke, W.: Berufliche Bildung und gesellschaftliche Handlungsfähigkeit. Überlegungen und Anregungen zur Vermittlung innovatorischer Qualifikationen in der beruflichen Bildung. In: Mertens, D., Rick, M. (Hrsg.): Berufsbildungsforschung. Nürnberg 1982, S. 118–134.

[5] Das vom Verfasser geleitete Projekt wird seit März 1980 am Lehrstuhl für Arbeits- und Betriebspsychologie der ETH Zürich (Prof. Dr. Eberhard Ulich) durchgeführt. Das Forschungsprojekt wurde gefördert mit Mitteln des Bundesministers für Forschung und Technologie, Bonn (Nr. 01 HA 059 AA – TAP 0015). Die Verantwortung für den Inhalt dieses Beitrags liegt jedoch beim Autor.

[6] Vgl. dazu ausführlich Frei, D., Duell, W., Baitsch, C.: Arbeit und Kompetenzentwicklung. Theoretische Konzepte zur Psychologie arbeitsimmanenter Qualifizierung. Schriften zur Arbeitspsychologie (Hrsg.: E. Ulich) Nr. 39. Bern 1984.

Ausführungen beschränken sich ausschließlich auf die psychologischen Aspekte des Problems[7].

1. Ausgangspunkt und Zielsetzung

Wir gehen aus von der tätigkeitspsychologischen Konzeption sensu Leontjew[8]. Danach unterscheiden wir von der äußeren, der sinnlich-praktischen Tätigkeit, die innere, die psychische Tätigkeit. An dieser Stelle muß darauf verzichtet werden, diese Konzeption im einzelnen darzustellen. Für den vorliegenden Kontext genügt der Hinweis, daß es nach dieser Konzeption die innere, die psychische Tätigkeit ist, welche die äußere, die sinnlich-praktische Tätigkeit steuert.

Von einer konkret beobachtbaren „äußeren" Tätigkeit kann aber nicht einfach auf die „innere" geschlossen werden: „gleiche" äußere Tätigkeiten können unter Umständen von ganz unterschiedlichen psychischen Tätigkeiten gesteuert sein.

Wenn uns innovatorisches Handeln in der Arbeitstätigkeit — als ein bestimmter Fall von äußerer, sinnlich-praktischer Tätigkeit (phänotypische Ebene) — interessiert, so müssen wir danach fragen, wodurch sich eine dieser entsprechende psychische Tätigkeit (genotypische Ebene) mindestens auszeichnen muß. Allgemeiner formuliert fragen wir also nach einer bestimmten Verlaufsqualität der psychischen Tätigkeit.

Für die so interessierende Verlaufsqualität der psychischen Tätigkeit setzen wir den Begriff „Kompetenz". Über Kompetenz(en) in diesem Sinne verfügt also jeder Mensch; nur ist der jeweilige Entwicklungsstand qualitativ wie auch quantitativ unterschiedlich. Allerdings setzen wir nicht einfach „hinter" innovatorisches Handeln eine dazugehörige, isolierte Kompetenz (was wieder der vermögenspsychologische Kurzschluß wäre). Vielmehr gehen wir davon aus, daß es vom Entwicklungsstand der in einer bestimmten Tätigkeit aktualisierten Kompetenz abhängt, ob jemand in dieser Tätigkeit — in unserem Fall in der Arbeitstätigkeit — innovatorisch handeln kann bzw. wird.

In unserer Forschungsarbeit haben uns bislang die folgenden drei Fragen interessiert:
1. Welches sind die Merkmale von Kompetenzen, an denen ihr Entwicklungsstand gemessen werden soll?
2. Welches sind die Determinanten der Kompetenzentwicklung?
3. Wie verläuft der Prozeß der Kompetenzentwicklung — hier eingeschränkt auf den Bereich der Arbeit — im einzelnen?

---

7 Selbstverständlich ermöglicht der knappe Raum hier nicht, eine erschöpfende — mithin ausreichend verständliche — Darstellung unseres theoretischen Modells zu geben. Beispielsweise leidet die Verständlichkeit dort, wo Literaturhinweise Ausführungen vollständig ersetzen, wenn die angegebene Literatur beim Leser nicht vorausgesetzt werden kann. Das Ziel dieses Beitrags besteht denn auch „nur" darin, Interesse für die skizzierten Überlegungen zu wecken und zu einer weitergehenden Auseinandersetzung damit zu motivieren.
8 Leontjew, A.N.: Tätigkeit, Bewußtsein, Persönlichkeit, Köln 1982.

Zu diesen Fragen haben wir vorerst ein allgemeines Modell entwickelt, das es beispielsweise noch nicht zuläßt — und dies auch gar nicht beabsichtigt — einfache empirische Indikatoren der Kompetenzentwicklung zu benennen.

2. Merkmale der Entwicklung von Kompetenzen

Kompetenzen sind lebensgeschichtlich (ontogenetisch) entwickelbar.

Wenn wir im folgenden ein dreidimensionales Modell der Entwicklung von Kompetenzen vorschlagen, so beruht dies primär auf pragmatischen Überlegungen[9], die sich nicht zuletzt aus dem Interesse an einer theoretischen Konzeption der psychologischen Voraussetzungen innovatorischen Handelns ableiten.

Grundsätzlich unterstellen wir der menschlichen Persönlichkeit ein Potential, wie es ausgedrückt wird etwa in dem von Tomaszewski[10] formulierten Konzept vom Menschen „... als eines autonomen Subjekts von gerichteten Tätigkeiten, fähig zur Regulierung der eigenen Beziehungen mit der Umwelt und zur Selbstregulation". Kompetenzen sind demnach zu bewerten hinsichtlich ihres (tatsächlichen!) Beitrages zur Realisierung dieses menschlichen Potentials.

2.1 „Wofür ist jemand kompetent?" (1. Dimension)

Wenn wir nach Merkmalen fragen, anhand derer Kompetenzentwicklung abzulesen sei, so wollen wir zunächst nach der inhaltlichen Seite dieser Kompetenzen fragen: Wofür ist jemand kompetent?

Diese Frage nach der inhaltlichen Ausgerichtetheit von Kompetenzen hat zwei Komponenten: Erstens können wir die Frage auf konkrete inhaltliche Aspekte beziehen und Kompetenzen entsprechend beschreiben (z.B. Kompetenz zum CNC-Drehen). Zweitens aber können wir die Frage gewissermaßen anders betonen und formulieren: Wie „eng" oder „breit" ist eine Kompetenz? Wir fragen damit nach dem Grad der Allgemeinheit einer Kompetenz (z.B. „Kompetenz zu abstraktem Denken").

Beide Fragen haben offensichtlich etwas mit dem zu tun, was in der „Praxis" hinsichtlich Kompetenzentwicklung vordringlich interessiert. Eine begründbare Stufung oder Gliederung dieser ersten Dimension zur Beschreibung von Kompetenzen ist jedoch nur mit Einschränkungen möglich:

— Der Versuch der Beschreibung von Kompetenzen nach inhaltlichen Kriterien führt sozusagen zwangsläufig wieder in die eingangs erwähnten Probleme einer

---

[9] Kein theoretisches Modell der Kompetenzentwicklung kann beanspruchen, Dimensionen benannt zu haben, die voneinander logisch unabhängig sind, die Entwicklung vollständig beschreiben und gewissermaßen „aus" dem Gegenstand selber stammen (vgl. Frei, Duell, Baitsch: Arbeit und Kompetenzentwicklung, a.a.O., S. 65 f.).
[10] Tomaszewski, T: Tätigkeit und Bewußtsein. Weinheim 1978, S. 20.

„Vermögenspsychologie". Dies bedeutet, daß eine solche inhaltliche Beschreibung nie einer quasi objektiven Taxonomie „möglicher Kompetenzen" entspringen kann. Sie ist nicht mehr und nicht weniger als der alltagssprachliche Versuch, etwas nicht direkt Beobachtbares dadurch zu beschreiben, daß man sich – in unserem Beispiel – an beobachtbares Verhalten hält und die dafür anwendbaren Beschreibungsbegriffe einfach für das übernimmt, was man hypothetisch „dahinterstellt", nämlich irgendwelche Kompetenzen. Da es demnach nicht möglich ist, „eine" Kompetenz inhaltlich adäquat auszugrenzen – mithin zu benennen –, sollte der Referenzpunkt dafür auch nicht in irgendwelchen allgemeingültigen Inhaltsklassifikationen gesucht werden, sondern lieber in subjektiven Kategorien, wie sie unten in der zweiten Dimension beschrieben werden.
- Zur zweiten oben genannten Art der Beschreibung von Kompetenzen: Obwohl man mit dem Grad der Allgemeinheit so etwas wie die „Reichweite" einer Kompetenz anzugeben meint, trifft dies nur bedingt zu. Denn ein hoher Grad an Allgemeinheit kann zwar einen hohen Abstraktionsgrad bedeuten; er kann jedoch genauso gut ein hohes Maß an Simplifizierung bedeuten. Um diese beiden Fälle auseinanderhalten zu können, schlagen wir vor, den Grad der Allgemeinheit einer Kompetenz nur in Verbindung mit der unten beschriebenen dritten Dimension zur Beschreibung von Kompetenzen zu benennen.

2.2 „Welchen Sinn hat das?" (2. Dimension)

Die in der ersten Dimension versuchte inhaltliche Beschreibung von Kompetenzen allein kann uns nicht genügen, wenn wir Kompetenzen hinsichtlich ihres Beitrages zur Realisierung des eingangs von Tomaszewski genannten menschlichen Potentials beurteilen wollen. Wenn wir also angegeben haben, wofür jemand kompetent ist, so wollen wir weiterfragen: Welchen Sinn hat das? Ist er überhaupt für Dinge kompetent, die ihm wichtig sind? Usw.

Auch diese Frage nach der Sinnhaftigkeit von Kompetenzen hat wiederum zwei Komponenten: eine individuelle und eine kollektive. Wir sind der Auffassung, daß der individuelle Sinn von Kompetenzen sich an einem kollektiven – gesellschaftlichen bzw. klassenspezifischen – Sinn relativieren muß: andernfalls könnte das vorgeschlagene Modell der Entwicklungsdimensionen in seinen normativen Komponenten unter Umständen ja nur für wenige – auf Kosten vieler – Geltung haben.
- Was den individuellen Sinn von Kompetenzen betrifft, kann die Frage der Gliederung/Stufung dieser Teildimension nur dem damit je gemeinten Individuum überlassen werden. Dies mag wissenschaftlich unbefriedigend sein, ist aber allein dem Anspruch des damit Gemeinten adäquat. An einer anderen Stelle wäre jedoch einmal darauf einzugehen, in welcher Art sich ein Individuum – gewissermaßen ohne „Selbstbetrug" etwa in der Art von Anspruchsniveaureduktion – darüber Rechenschaft geben kann, was für es welchen Sinn ergibt.
- Was den kollektiven Sinn von Kompetenzen betrifft, schlagen wir hinsichtlich seiner Stufung/Gliederung vor, das Modell der Entwicklung der moralischen Ur-

teilsfähigkeit, wie es von Lempert[11] in Weiterführung der Kohlbergschen Arbeiten vorgelegt wurde, zu übernehmen. Das Modell scheint für unsere Zwecke deshalb geeignet, weil es nicht einfach ein pauschales Urteil über die von einem Individuum erreichte moralische Urteilsfähigkeit abgibt, sondern diese erstens bereichsspezifisch differenziert und zweitens auf unterschiedliche soziale Aggregationsniveaus (etwa Familie bis Gesellschaft) bezieht.

2.3 „Wie kompetent ist er?" (3. Dimension)

Mit der dritten Dimension zur Beschreibung von Kompetenzen wird jener Aspekt berührt, der alltagssprachlich seinen Ausdruck findet in Feststellungen wie „Jemand ist sehr oder gar nicht kompetent" bzw. „Jemand hat oder hat keine Kompetenz". Zur Gliederung dieser Dimension der Entwicklung von Kompetenzen greifen wir zurück auf das von Wygotski[12] vorgelegte Modell der Entwicklung der Begriffsbildung. Das Modell scheint uns deshalb übertragbar zu sein, weil darin der Aspekt der begrifflichen Überformung in Verbindung zu bewußter abstrahierender Reflexion gebracht ist.

Mit diesem von Wygotski übertragenen Modell wird es möglich, die Elaboriertheit von Kompetenzen bezüglich der daraus resultierenden Chance zur Bewältigung einer Aufgabe zu bezeichnen. Darüber hinaus kann — mit Bezug zur ersten Dimension — nun präzisiert werden, ob eine stark generalisierte Kompetenz Ausdruck hoher Abstraktion oder aber hoher Simplifizierung ist.

Um auf diese — hier stark verkürzt beschriebenen — drei Dimensionen zur Beschreibung von Merkmalen der Entwicklung von Kompetenzen leichter Referenz nehmen zu können, haben wir sie mit entsprechenden Kürzeln etikettiert, wie sie aus Abbildung 1 ersichtlich werden.

---

11 Lempert, W.. Moralische Urteilsfähigkeit. Zeitschrift für Sozialisationsforschung und Erziehungssoziologie, 1982, Heft 2, S. 113–126.
12 Wygotski, L.S.: Denken und Sprechen. Frankfurt a. Main 1979.

Abbildung 1: Dreidimensionales Modell der Kompetenzentwicklung.

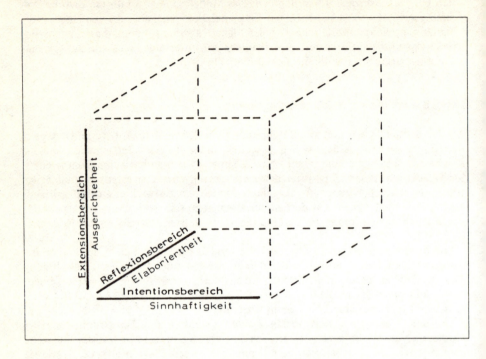

3. Determinanten der Kompetenzentwicklung

Welche Determinanten nehmen Einfluß darauf, ob sich die Kompetenzen eines Individuums – hier eingeschränkt auf den Bereich seiner Arbeit – entwickeln können oder nicht?

Zunächst unterscheiden wir zwischen den objektiven und den subjektiven Determinanten der Kompetenzentwicklung in der Arbeit.

3.1 Objektive Determinanten

Die objektiven Determinanten der Kompetenzentwicklung in der Arbeit umfassen grundsätzlich alle Merkmale eines Arbeitsauftrages einschließlich aller Ausführungsbedingungen. Als positive Stimulation der Kompetenzentwicklung sind sie jedoch alle nur potentiell wirksam: Nur in ihren wechselseitigen Abhängigkeiten sowie in Abhängigkeit von personseitigen Parametern läßt sich in einer konkreten Situation bestimmen, ob sie für die Kompetenzentwicklung fördernd oder hindernd wirken.

Zu unterscheiden sind mindestens die folgenden, voneinander abhängigen und sich beeinflussenden objektiven Determinanten:

1. Produktionsverhältnisse

Ich verzichte hier auf einen Disput darüber, ob und inwiefern die Bemühungen um eine Persönlichkeitsentwicklung in der Arbeit durch kapitalistische Produktionsverhältnisse grundsätzlich begrenzt sind. Ich gehe jedoch davon aus, daß sich auch in unseren Produktionsverhältnissen ein Gestaltungsspielraum bietet, der noch keineswegs ausgeschöpft ist.

Im Zusammenhang mit den Produktionsverhältnissen lassen sich im Konkreten dann etwa die folgenden — für die Chancen der Kompetenzentwicklung relevanten — Fragen untersuchen:
— Wie verlaufen Prozesse betrieblicher Entscheidungsfindung, und wie verändern sich entsprechende Begründungen im Laufe dieser Entscheidungsprozesse „entlang" der Hierarchie?
— Welchen Einfluß haben die Produktionsverhältnisse — vermittelt über entsprechende Macht- und Herrschaftsstrukturen — auf die Ausschöpfung technologischer Möglichkeiten und sozialwissenschaftlicher Konzepte?
— Wie wirken sich die Produktionsverhältnisse auf Art und Ausmaß technologischer und wissenschaftlicher Innovation aus?

2. Stand der Technologieentwicklung

In unserem Zusammenhang interessiert uns die Technologieentwicklung nicht per se, sondern nur in jenen Aspekten, die als Determinanten der Kompetenzentwicklung relevant sind oder werden können.

Dabei sind etwas folgende Fragen von Bedeutung:
— Erleichtern neue Technologien die Arbeit? Oder entstehen in Verbindung mit Arbeitserleichterungen neue Aufgaben und eventuell eine Intensivierung der Arbeit?
— Inwieweit „binden" neue Technologien Menschen an ihren Arbeitsplatz?
— Sind neue Technologien für den Arbeitenden transparent in dem Sinne, daß er nicht nur ihre Funktion, sondern vor allem ihre „Logik" erkennt?
— Bieten neue Technologien Lernchancen, etwa durch dezentrale Zugänglichkeit breiter Information?
— Inwieweit bieten neue Technologien die Möglichkeit der gegenseitigen Hilfe und Unterstützung?

3. Grad der kollektiven Interessendurchsetzung der Arbeiter

Ich beschränke mich hier darauf, drei voneinander nicht unabhängige Faktoren zu benennen, von denen der tatsächliche Grad der kollektiven Interessendurchsetzung der Arbeiter meines Erachtens im wesentlichen abhängt:
— der gewerkschaftliche Organisationsgrad,

- die inhaltlichen Prioritäten der gewerkschaftlichen Strategie und
- das aktuelle tarifpolitische Kräfteverhältnis.

4. Parameter der Arbeitstätigkeit

In der konkreten Arbeitssituation gibt es eine Reihe von Parametern, die für die jeweilige Arbeitstätigkeit zentrale Bedeutung haben können. Zu diesen Parametern zählen mindestens:
- Der Grad der möglichen Partizipation am Arbeitsplatz und im Betrieb;
- in Abhängigkeit von Art und Grad der Arbeitsteilung: der Tätigkeitsspielraum in seinen drei Dimensionen Handlungs-, Entscheidungs-/Kontroll- und Gestaltungsspielraum [13], wobei besonders nach der Arbeitskomplexität, der Variabilität, der Kommunikations- und Kooperationserfordernisse und -möglichkeiten zu fragen ist;
- der durch den Arbeitsauftrag bedingte bzw. ermöglichte Arbeitsinhalt;
- die Intensität der Arbeit und damit Fragen nach quantitativen wie auch qualitativen Belastungen einschließlich Über- und Unterforderungen;
- die Arbeitszeit (Schicht- und Nachtarbeit, Überstunden usw.) sowie die Zeitsouveränität [14] und damit vor allem auch die Möglichkeit der Nutzung inner- und außerbetrieblicher Qualifizierungsangebote;
- die Umgebungsbedingungen, Unfallgefährdungen, Handlungshemmnisse;
- die Organisationsstruktur, damit auch die Möglichkeiten eines Aufstiegs;
- das Zertifizierungswesen, d.h. die Anerkennung betrieblicher Qualifikationen und damit die Möglichkeit überbetrieblicher Mobilität.

Diese Aufzählung von Parametern der Arbeitstätigkeit beansprucht weder Vollständigkeit noch eine besondere Systematik. Um die potentiellen Auswirkungen dieser Parameter auf die Kompetenzentwicklung beurteilen zu können, ist es methodisch wichtig, sich im Sinne von Fehleranalysen primär mit potentiell negativen Auswirkungen zu befassen: Wir gehen davon aus, daß sich negative Auswirkungen objektiver Parameter häufiger unmittelbar – d.h. unabhängig von subjektiven Parametern – zeigen oder aber an beobachtbaren Bewältigungsversuchen der Arbeitenden sichtbar werden, während positive Auswirkungen objektiver Parameter nie unmittelbar, sondern erst in ihrem Verhältnis zu subjektiven Faktoren entstehen bzw. erlebbar oder erkennbar werden dürften.

---
13 Ulich, E.: Psychologie der Arbeit. Management Enzyklopädie. München 1984.
14 Im Sinne von Teriet, B.: Die Wiedergewinnung der Zeitsouveränität. In: Duve, F. (Hrsg.): Technologie und Politik. Band 8. Reinbek 1977.

3.2 Subjektive Determinanten

Bei der Bestimmung von subjektiven Determinanten der Kompetenzentwicklung gehen wir vom jeweils vom Arbeitenden erreichten Stadium der Kompetenzentwicklung aus: Dieses wird bestimmen, ob ein Arbeitender überhaupt in der Lage ist, etwa ein vorhandenes Qualifizierungsangebot zu nutzen bzw. nur schon wahrzunehmen. Außerdem wird ebenfalls davon abhängen, welche Arten von Arbeitstätigkeit ihm offenstehen und ob er damit auf ein größeres oder kleineres Qualifizierungsangebot stößt.

So kann etwa ein „tiefes" Stadium der Kompetenzentwicklung (vor allem hinsichtlich der dritten Beschreibungsdimension) bedingen, daß jemand gar nicht „weiß", über welche Kompetenzen er verfügt: Dies würde dann auch implizieren, daß er gewissermaßen seine „Defizite" ebenfalls nicht erkennen kann und sich daher auch nicht veranlaßt sieht, etwas zur Entwicklung seiner „defizitären" Kompetenzen zu unternehmen.

Ein (aktuell gegebenes) Stadium der Kompetenzentwicklung stellt daher sozusagen den übergeordneten Rahmen dar, in dem unterschiedliche Bereitschaften generiert werden, die eigene Kompetenzentwicklung damit voranzutreiben, daß man Qualifizierungsangebote wahrnimmt, nutzt und – wo immer möglich – sogar selbsttätig erweitert. Solche Bereitschaften bezeichnen wir als Qualifizierungsbereitschaften, wobei wir zwischen aktiven (bewußten, zielstrebigen) und passiven (erst durch entsprechende Motivierung/Stimulierung aktivierbaren) Qualifizierungsbereitschaften unterscheiden.

In den Prozeß der Herausbildung spezifischer Qualifizierungsbereitschaften fließt eine ganze Reihe weiterer psychischer Faktoren ein, wie dies in Abbildung 2 verdeutlicht wird.

Aus Platzgründen kann ich hier nicht genauer darauf eingehen, weise jedoch darauf hin, daß nicht etwa verbal geäußerte Qualifizierungsbereitschaften das für uns entscheidende Kriterium sind: Wesentlich wichtiger sind nämlich unter Umständen schwer verbalisierbare mögliche Barrieren von Qualifizierungsprozessen, bedingt vor allem durch persönliche biographische und berufliche Voraussetzungen und Erfahrungen[15].

---

15 Vgl. Baitsch, C., Frei, F.: Qualifizierung in der Arbeitstätigkeit. Schriften zur Arbeitspsychologie (Hrsg.: E Ulich), Nr. 30. Bern 1980, S. 68.

Abbildung 2: Subjektive Determinanten der Kompetenzentwicklung.

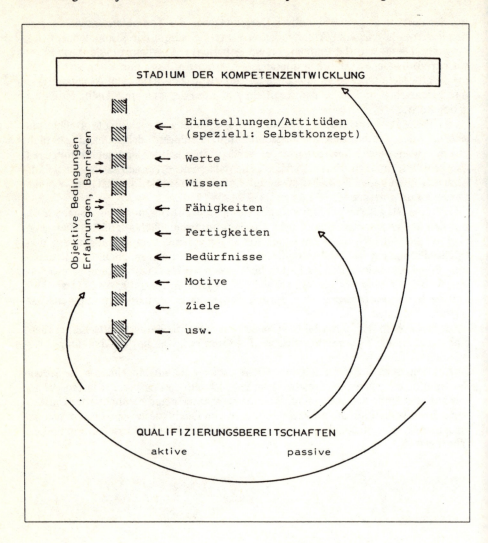

4. *Grundprozesse der Kompetenzentwicklung in der Arbeit*

Kompetenzentwicklung ist ein ontogenetischer (lebensgeschichtlicher) Prozeß, damit in der Regel längerfristig – etwa über Jahre hinweg – zu sehen. Von dieser ontogenetischen Sichtweise ist die aktualgenetische zu unterscheiden: Diese bezieht sich auf beliebig kurzfristige – sozusagen alltägliche – Prozesse der psychischen Tätigkeit. Definitorisch setzen wir nun: Qualifizierung ist der aktualgenetische Grundprozeß, auf dem die ontogenetische Entwicklung von Kompetenzen beruht. In bildlicher Vereinfachung könnte man sagen: Jede Wanderung beruht zwar auf einzelnen Schritten, aber trotzdem sind Wanderung und Schritt nicht dasselbe; eine Wanderung ist nicht einmal nur die Summe von Schritten, sie ist mehr als das. Analog – wenn auch nicht so undialektisch verkürzt wie im Bild – verhält es sich mit der Relation von Kompetenzentwicklung und Qualifizierung. Aber trotzdem müssen wir – um den Prozeß der Kompetenzentwicklung zu verstehen – uns auch mit Qualifizierungsprozessen befassen. In unserem Kontext schränken wir diesen Gegenstandsbereich zudem ein auf Prozesse sogenannter arbeitsimmanenter Qualifizierung. Damit soll lediglich eine willkürliche Beschränkung des Feldes, innerhalb dessen wir Qualifizierungsprozesse untersuchen wollen, vorgenommen werden. Hingegen wird damit nichts darüber ausgesagt, in welchen anderen Feldern ebenfalls – vielleicht manchmal wesentlichere – Qualifizierungsprozesse stattfinden.

Zur Erklärung arbeitsimmanenter Qualifizierung müssen psychologisch zwei – gewissermaßen verschachtelte – Prozesse unterschieden werden:

Der erste Prozeß besteht in Veränderungen psychischer Systeme. Derartige Veränderungen beruhen – wie wohl psychische Entwicklungsprozesse im allgemeinen – auf drei unterscheidbaren Vorgängen: Im ersten Vorgang erfolgt die Zunahme psychischer „Elemente", etwa durch neues Wissen, neue Erfahrungen usw. Im zweiten Vorgang erfolgen neue psychische Differenzierungen, indem „Dinge" psychisch unterschieden werden, die vorher gewissermaßen „in eine Schublade" gehörten. Im dritten Vorgang schließlich werden alte und neue psychische „Elemente" neu verknüpft, durch neue Sinnzusammenhänge „organisiert": Das Individuum hat etwas qualitativ Neues gelernt.

Nach unserer Konzeption von Kompetenzentwicklung kann arbeitsimmanente Qualifizierung jedoch kein ausschließlich „inner-psychischer", auf das Individuum beschränkter Prozeß sein, sondern muß auch soziale Bezüge mit einschließen:

Der zweite Prozeß besteht in Veränderungen sozialer Systeme. Diese erfolgen gemäß Lewin [16] in drei Schritten: Im ersten Schritt muß das bestehende soziale System gewissermaßen aufgetaut, d.h. aus seinen Erstarrungen befreit werden („unfreeze"). Im zweiten Schritt können relevante Veränderungen des sozialen Systems erfolgen, wozu häufig auch die Veränderung äußerer objektiver Strukturen nötig ist („move"). Im dritten Schritt ist es sodann erforderlich, die vorgenommenen Veränderungen zu verfestigen, mithin das soziale System wieder zu stabilisieren („freeze'): Das soziale System befindet sich auf einer qualitativ neuen Stufe.

---

16 Lewin, K.: Grundzüge der topologischen Psychologie, Bern, Stuttgart 1969.

Diese beiden Prozesse sind nicht in einem einfachen Nacheinander zu denken: Beide verlaufen zyklisch, gewissermaßen wendelförmig — der erste in den zweiten „hineingewunden". In bildlicher Etikettierung sprechen wir daher auch von der Doppelhelix arbeitsimmanenter Qualifizierung.

Ein Letztes sei dieser — grob vereinfachenden — Darstellung noch beigefügt: Die Quelle von Entwicklung, also auch der Entwicklung von Kompetenzen ist theoretisch zu bestimmen durch die dialektische Kategorie des Widerspruchs[17] — welche nicht zu verwechseln ist etwa mit bloßen Ist-Soll-Differenzen; letztere können zwar zu Handeln veranlassen, aber zu Quelle von Entwicklung werden sie nur, wenn sie sich zu Widersprüchen verschärft haben. Aber die Entwicklung selbst besteht nicht einfach in den — äußeren oder inneren — Widersprüchen: sie beruht jedoch auf dem Prozeß ihrer dialektischen Auflösung, den wir in unserem spezifischen Kontext als arbeitsimmanente Qualifizierung bezeichnen.

5. *Einige abschließende Bemerkungen*

Im ersten Abschnitt habe ich Kompetenz definiert als eine bestimmte „Verlaufsqualität der psychischen Tätigkeit". Im zweiten Abschnitt habe ich Merkmale der Entwicklung so verstandener Kompetenzen in drei — z.T. noch unterteilten — Dimensionen beschrieben, die möglichst so ausgerichtet sind, daß darin die Entwicklung des menschlichen Potentials eines Individuums zur Selbstregulation und zur Regulation seiner Beziehungen mit der Umwelt konkretisiert werden kann. Im dritten Abschnitt habe ich objektive und subjektive Determinanten der Kompetenzentwicklung skizziert und auf ihre wechselseitigen Abhängigkeiten hingewiesen, welche sie allesamt lediglich potentiell als förderlich — oder eben hinderlich — für die Kompetenzentwicklung wirksam werden lassen. Im vierten Abschnitt schließlich habe ich konkretisiert, wie eine solche Kompetenzentwicklung im einzelnen — eingeschränkt auf die Arbeit — auf Prozessen arbeitsimmanenter Qualifizierung beruht, durch welche psychische und soziale Systeme in gegenseitiger Verbindung qualitativ verändert werden.

Nun ist es erforderlich, den Kreis zu schließen und diese Ausführungen auf die einleitenden Bemerkungen zurückzubeziehen, mithin auf das Thema dieses Beitrags zur theoretischen Konzeption psychologischer Voraussetzungen innovatorischen Handelns.

Das hier skizzierte theoretische Modell versucht durch die Beschreibung der Entwicklung von Kompetenzen, das Gemeinsame von Arbeiten und Lernen ausfindbar zu machen, welches — abgeleitet von einer normativen Konzeption der Persönlichkeitsentwicklung im Erwachsenenalter — „genotypisch" die Unterschiede bestimmt, welche als psychologische Voraussetzungen innovatorisches Handeln subjektiv und objektiv ermöglichen oder eben nicht ermöglichen.

---

17 Holzkamp, K.: Grundlegung der Psychologie, Frankfurt a. Main 1983.

Wenn unser Modell diesem Anspruch – auch nur näherungsweise – gerecht werden kann, dann lassen sich daraus weitreichende Forderungen für die Gestaltung von Arbeitstätigkeiten und Arbeitssystemen ableiten. Ich meine, daß dieser Zweck den hohen Anspruch auch dann legitimiert, wenn wir ihn nur unzureichend erfüllen können. Denn darin liegt – wie es Werner Fricke kürzlich formulierte – „die Sprengkraft für zukünftig herstellbare gesellschaftliche Bedingungen, die andere sind und sein sollen als heute".

Ingrid Drexel
Wann werden Arbeitskräfte gegen Rationalisierung aktiv?
Thesen zum Zusammenhang zwischen subjektiven Aktionspotentialen und Erwerbsverlaufsmustern

1. *Fragestellung und theoretischer Kontext dieses Beitrags*

In der neueren Diskussion wird mehr und mehr betont, die konkrete Ausgestaltung von Technologie und Arbeitsorganisation im Betrieb werde nicht nur durch betriebliche Strategien bestimmt, sondern könne auch durch Arbeitskräfte und deren Interventionen beeinflußt werden. Konsens über diese Annahme unterstellt, erhebt sich in wissenschaftlicher wie in politischer Perspektive die Frage, wann, unter welchen Bedingungen es zu einem aktiven Eingreifen von Arbeitskräften in die technologische und arbeitsorganisatorische Gestaltung des Arbeitsprozesses kommt und wann nicht. Welche generellen Aussagen lassen sich hierzu treffen?

Zur Beantwortung dieser Frage liegt eine ganze Reihe von Konzepten vor, die den Zusammenhang zwischen „Merkmalen" von Arbeitskräften zum einen, den Entstehungsbedingungen dieser Merkmale zum anderen und konkreten Verhaltensweisen gegenüber dem Arbeitsprozeß (bzw. betrieblich initiierten Veränderungsprozessen, insbesondere Rationalisierung) zum dritten thematisieren; Konzepte, die sich gegenseitig zwar nicht voll ausschließen, aber doch die Akzente recht unterschiedlich setzen und damit die Aufmerksamkeit auf unterschiedliche Teilzusammenhänge lenken. Ich erinnere an dieser Stelle nur an einige wenige Ansätze:

— Das „klassische" Konzept betont vor allem *politisches Bewußtsein und Organisation,* welche das Verhalten der Arbeitskräfte (auch) gegenüber Arbeitsbedingungen bzw. Rationalisierung wesentlich bestimmen.
— Nach dem Konzept der *innovatorischen Qualifikationen,* das vor allem E. und W. Fricke ausgearbeitet haben, sind hierfür die Kenntnisse und Befähigungen von Arbeitskräften, sich mit der gegebenen Arbeitsorganisation solidarisch auseinanderzusetzen und sich an deren Gestaltung zu beteiligen, von Bedeutung, — Qualifikationen, von denen angenommen wird, sie würden überwiegend durch die bestehenden Arbeitsbedingungen bestimmt, seien aber auch durch Erfahrungen und Weiterbildung beeinflußbar [1].
— Nach dem von Kern und Schumann entwickelten Konzept des *Arbeitscharakters* ist für das Verhalten der Arbeitskräfte dem betrieblichen Rationalisierungsprozeß gegenüber vor allem der „*gruppentypische Habitus von Arbeitskräftegrup-*

---

[1] Vgl. Fricke, E., Fricke, W., Schönwälder, M., Stiegler, B.: Qualifikation und Beteiligung. Das Peiner Modell, Frankfurt a. Main 1981; sowie Fricke, W.: Zum Zusammenhang von Interesse, Qualifikation und betrieblicher Arbeitssituation. In: KZfSS, Sonderheft 24/1982.

pen" relevant, der seinerseits Folge der bisherigen und aktuellen Arbeitssituation sowie des betrieblichen Sozialmilieus ist[2].

— Und schließlich lassen sich auch aus dem von mir — wenn auch in anderem Kontext und mit anderer vorrangiger Zielperspektive — entwickelten Konzept der *Reproduktionsverlaufsmuster* bestimmte Hypothesen ableiten in bezug auf das Verhalten von Arbeitskräften gegenüber der Gestaltung des Arbeitsprozesses bzw. Rationalisierungsprozesses[3].

Im folgenden will ich dieses Konzept und seine mögliche Bedeutung für die diskutierte Frage skizzieren. Vorneweg gestellt seien jedoch einige generellere Überlegungen, die begründen, daß und wie ich eine Einbeziehung dieses Konzepts in die Klärung der diskutierten Frage für sinnvoll erachte:

(1) Zum einen erscheint es mir fraglich, ob man sich — gerade bei der Frage nach Interventionen in die Gestaltung des Arbeitsprozesses — sinnvollerweise auf ein Konzept *individueller* Qualifikationen beschränken kann. Meines Erachtens wäre es fruchtbar, in einem durchaus emphatischen Sinne von einem *Konzept kollektiver Qualifikation* auszugehen, zumindest für eine Vielzahl der hier angesprochenen (und vor allem für die meisten der politisch gewollten) Interventionen von Arbeitskräften. Ein solches Konzept impliziert naturgemäß die Frage nach dem kollektiven Träger von „Interventionsqualifikationen": Wer kann ein solches Kollektiv sein? Wodurch wird es konstituiert? Das Konzept eines gruppentypischen Habitus, der auf der bisherigen und aktuellen Arbeitssituation und dem betrieblichen Sozialmilieu einer Arbeitsgruppe fußt, wie auch das Konzept der — jeweils für Arbeitskräfte eines bestimmten Qualifikationstyps gleichartigen — Reproduktionsverläufe könnten hier bestimmte — unterschiedliche — Antwortperspektiven eröffnen.

(2) Zum anderen erscheinen mir Qualifikationen — welcher Art auch immer — nicht ausreichend, um auf die Gestaltung von Technologie und Arbeitsorganisation in nachhaltiger und erfolgversprechender Weise Einfluß zu nehmen. Ich halte hier einen breiteren Ansatz für notwendig, den ich tentativ mit dem Begriff des *subjektiven Aktionspotentials von Arbeitskräften* bezeichnen möchte: Da ja eine (Um-)Gestaltung des Arbeitsprozesses im Hinblick auf Arbeitskräfteinteressen in aller Regel mehr oder minder harte Verhandlungen oder sogar Auseinandersetzungen mit den Betriebsleitungen voraussetzt, sind für die Aktionen und Reaktionen von Arbeitskräften ebenso wichtig wie bestimmte Qualifikationen doch z.B. Aktivitätsbereitschaft, Entschlossenheit, Kampfkraft, Durchhaltevermögen etc., also subjektive Qualitäten, die die *Intensität* eventueller Aktivitäten wesentlich bestimmen. Diese subjektiven Qualitäten sind natürlich *auch* beeinflußt durch spezifische Qualifika-

---

2 Vgl. Kern, H., Schumann, M.: Rationalisierung und Arbeiterverhalten. Ansatz und erste Befunde einer Folgestudie zu „Industriearbeit und Arbeiterbewußtsein". In: KZfSS, Sonderheft 24/1982.

3 Vgl. insbesondere Drexel, I.: Belegschaftsstrukturen zwischen Veränderungsdruck und Beharrung. Zur Durchsetzung neuer Ausbildungsberufe gegen bestehende Qualifikations- und Lohnstrukturen, Frankfurt a. Main 1982.

tionen und haben ihrerseits bestimmte Konsequenzen für diese – jedoch sind sie nicht voll auf diese zu reduzieren. Es erscheint mir deshalb sinnvoll, sie gesondert zu thematisieren. Ich bezeichne sie – wiederum tentativ und sprachlich leider recht unschön – als *Aktionskräfte,* um sie analytisch von *interessenbezogenen Qualifikationen* zu unterscheiden: von Kenntnissen und Fähigkeiten also, die auf bestimmte Interessen und daraus abgeleitete Aktionsziele und Aktionsformen bezogen sind. (Innovatorische Qualifikationen, wie E. und W. Fricke sie untersuchen, gehören zu diesen Qualifikationen, aber nicht nur diese.)

(3) Ich benutze bewußt den nicht-normativen Oberbegriff „*interessenbezogene Qualifikationen*", da er es erlaubt, den Bezugspunkt dieser Qualifikationen näher zu bestimmen. Mit einem solchen nichtnormativen Oberbegriff will ich vor allem darauf hinweisen, daß ein Fehlen von Qualifikationen, die für aktive Intervention in die Gestaltung des Arbeitsprozesses notwendig wären, nicht immer dadurch verursacht ist, daß solche Qualifikationen nicht erzeugt oder verschüttet worden sind, sondern auch dadurch, daß hier andere, politisch vielleicht weniger positiv zu sehende Qualifikationen erzeugt/erworben wurden (z.B. Konkurrenzverhalten zur Bewährung in einer konkurrenziell angelegten Struktur; Duldsamkeit gegenüber belastenden Arbeitsbedingungen, die absehbarerweise nicht geändert werden können, usw.). Das Fehlen von Qualifikationen, die zur Intervention in die Gestaltung des Arbeitsprozesses notwendig sind, verweist also oft nicht auf ein Vakuum, das es durch Weiterbildung zu füllen gilt, sondern auf entgegenstehende, objektive Bedingungen, die andere Verhaltensweisen und Qualifikationen im konkreten Interesse der Arbeitskraft nahelegen oder erzwingen. Dies darf aber in empirischen und theoretischen Analysen nicht ausgeblendet bleiben, sondern muß in ihre Begrifflichkeit mit aufgenommen werden.

(4) Außerdem gehe ich davon aus, daß sowohl Aktionskräfte wie auch interessenbezogene Qualifikationen ganz wesentlich – wenn auch nicht ausschließlich! – abhängig sind von den jeweiligen *objektiven Reproduktionsinteressen der Arbeitskräfte;* von den Interessen also, die durch das Erfordernis, die Existenzgrundlage durch Entfaltung und laufende Reproduktion der eigenen Arbeitskraft zu sichern, in allgemeinster Form vorgegeben, aber durch die unterschiedlichen Reproduktionsbedingungen der verschiedenen Arbeitskräftegruppen in je ganz spezifischer Weise konkret ausgeformt sind[4]: Es sind konkrete objektive Reproduktionsinteressen, die

---

4 Vgl. dazu Asendorf, I., Drexel, I., Nuber, Ch.: Reproduktionsvermögen und die Interessen von Kapital und Arbeit. Ein Beitrag zur theoretischen Bestimmung von Qualifikation. In: ISF (Hrsg.), Betrieb-Arbeitsmarkt-Qualifikation I, Frankfurt a. Main 1976. In dieser Arbeit haben wir versucht, das, was Reproduktion von Arbeitskraft ist und worauf sich entsprechende „Lohnarbeiter-Qualifikationen" beziehen (müssen), in umfassender Weise gesellschaftstheoretisch zu begründen und kategorial zu entfalten. Auf allgemeinster Ebene haben wir dabei unterschieden zwischen Interessen, die sich auf die Erzeugung und Erhaltung von Arbeitskraft, Interessen, die sich auf die Vermarktung von Arbeitskraft und solchen, die sich auf die Aufrechterhaltung der gesellschaftlichen und politischen Rahmenbedingungen für solche Prozesse beziehen.

sowohl generelle Aktionskräfte wie auch — über die in Interessenlagen eingebetteten konkreten Aktionsziele und -formen vermittelt — die darauf bezogenen Qualifikationen wesentlich beeinflussen.

Dabei geht es wohlgemerkt um Beeinflussung, nicht um Determination. Die Umsetzung von objektiven in subjektive Interessen durch das Subjekt bleibt natürlich prinzipiell ungesichert, ihre Brechung durch dessen sozialisatorische und biographische Prägungen bleibt ein wissenschaftliches (und politisches) Problem. Doch macht die Unsicherheit des konkreten Zusammenhangs zwischen objektiven und subjektiven Interessen im einzelnen die Unterstellung eines solch mehr oder minder starken Zusammenhangs ja nicht sinnlos. Es geht also um Tendenzen oder Potentiale der Bestimmung subjektiven Denkens und Verhaltens durch objektive Reproduktionsinteressen.

(5) Hier setzt nun der Beitrag des *Konzepts der Reproduktionsverlaufsmuster* an: Gesellschaftlich verfestigte Verlaufsmuster von Reproduktionsbedingungen (empirisches Stichwort: typische Arbeitsplatz-, Lohn-, Qualifizierungs- und Verschleißkarrieren bestimmter Arbeitskräftegruppen) scheinen mir strukturell besondere Bedeutung zu haben für die konkrete Ausprägung objektiver und auch subjektiver Interessen. Solche Verlaufsmuster spezifizieren und differenzieren (je nach Arbeitskräftegruppe) die für Lohnabhängige ja immer nur im Prinzip gleichartigen Reproduktionsinteressen, und — besonders wichtig — sie spezifizieren sie in dynamischer Perspektive: Auf solche ansatzweise gesellschaftlich standardisierten Muster des Reproduktionsverlaufs hin sind, so die Annahme, in einer bestimmten historischen Periode nicht nur die objektiven, sondern auch — darüber in mehrfacher Weise vermittelt — die subjektiven Interessen von Arbeitskräften ausgerichtet, und zwar nicht statisch, sondern perspektivisch.

Auf diesen Ausschnit will ich mich im folgenden konzentrieren: darauf, wie die typischen Reproduktionsverläufe bestimmter Arbeitskräftegruppen ihre Aktivitätspotentiale beeinflussen. Hierzu ist zunächst ein kurzes Ausholen notwendig, um das Konzept der Reproduktionsverlaufsmuster zu skizzieren. Dann folgen einige Thesen (oder auch nur Hypothesen), die sich aus diesem Konzept für die Frage nach Interventionen in Technologie und Arbeitsorganisation ableiten lassen; dabei werde ich mich auf den Spezialfall von Interventionen in betrieblich initiierte Rationalisierung beschränken, da ich dies für den (derzeit noch?) relevantesten Fall möglicher Intervention von Arbeitskräften halte. In einem letzten Schritt werde ich dann versuchen, auf einer generelleren Ebene die theoretischen Implikationen des Konzepts, seine besonderen Akzente (und die darin implizierten Grenzen) wie auch seine politischen Voraussetzungen näher zu bestimmen.

2. Das Konzept der Qualifikationstypen und ihrer Reproduktionsverlaufsmuster

Das Konzept geht von zwei zentralen Begriffen und damit bezeichneten Sachverhalten aus: dem Begriff des Qualifikationstyps und dem Begriff des Reproduktionsverlaufsmusters. Als Qualifikationstypen werden bestimmte gesellschaftliche Schneidungen des Gesamtarbeiters bezeichnet, also gesellschaftlich standardisierte Bündel von Kenntnissen, Fähigkeiten und Fertigkeiten (z.B. Facharbeiter, Ingenieur usw.). Jedem Qualifikationstyp ist ein jeweils ganz spezifisches, gesellschaftlich relativ stark standardisiertes Muster des Erwerbsverlaufs zugeordnet, d.h. ein ganz bestimmtes Verlaufsmuster der Qualifikations- und Lohnentwicklung, der Entwicklung von Beschäftigungssicherheit bzw. Wiederbeschäftigungschancen, der Entwicklung von Belastung und Verschleiß sowie von Absicherung gegen die Folgen dieser und anderer Risiken des Erwerbslebens. Auf theoretischer Ebene sind diese Muster des Erwerbslebenslaufs zu interpretieren als Verläufe der Reproduktion von Arbeitskraft: als integrierte Strukturen der Entfaltung und Bornierung der Arbeitskraft, ihrer laufenden Regeneration und ihres Verschleißes sowie der Erweiterung oder Einengung der Chancen ihres Verkaufs auf dem Arbeitsmarkt über das gesamte Arbeitsleben hinweg.

Im folgenden nun zunächst *zwei empirische Beispiele* von solchen Erwerbsverlaufsmustern, bevor ich dann etwas ausführlicher auf ihre Funktionen für betriebliche Interessen und auf ihre Bedeutung für Arbeitskräfte eingehe.

(1) *Qualifizierte Angelernte*, wie sie insbesondere in den Produktionsabteilungen von Großbetrieben der Prozeßindustrie eingesetzt sind, beginnen ihre innerbetriebliche „Erwerbskarriere" — meist nach einer vorherigen fachfremden handwerklichen Ausbildung und anschließendem erzwungenem Übergang in die Industrie — auf dem untersten Arbeitsplatz- und Entlohnungsniveau des Betriebs, mit Tätigkeiten, welche keine fachlichen Kenntnisse, aber hohe körperliche Belastbarkeit erfordern. Begleitet von vielfältigen, weitgehend selbsttätigen Qualifizierungs- und damit verbundenen Bewährungsprozessen folgen allmähliche Aufstiege auf höhere Arbeitsplatz- und Entlohnungsniveaus. Diese Aufstiege bringen in der Regel auch Chancen bzw. Zwänge zum Erwerb höherer Qualifikationen und einen Rückgang der Belastungen. Dieser Typ von Erwerbsverlauf endet vielfach mit frühzeitigem gesundheitlichem Verschleiß und/oder Entwertung der erworbenen Anlernqualifikation und damit verbunden mit Abstieg, wenn nicht gar mit vorzeitiger Ausgliederung aus Betrieb und Erwerbstätigkeit.

Demgegenüber beginnt das Erwerbsverlaufsmuster von *(Reparatur-)Facharbeitern* in solchen Großbetrieben nach der Ausbildung von vornherein auf einem höheren Niveau von Arbeitsplatzqualität, Entlohnung und Qualifikation, steigt in den ersten Berufsjahren mit größerer Regelhaftigkeit, aber flacher, an („Quasi-Regelaufstiege", fast keine Selektivität) und beinhaltet später — neben einzelnen vertikalen Aufstiegen in Führungspositionen — vielfältige horizontale Bewegungen. Dieser Typ von Erwerbsverlauf endet im Regelfall weder mit vorzeitigem Verschleiß von Gesundheit oder Qualifikation, noch mit Abstieg bzw. vorzeitiger Ausgliederung aus Betrieb und Erwerbsleben.

(2) Solche grob standardisierten Muster des Erwerbsverlaufs und die darin implizierten Reproduktionsverlaufsstrukturen haben sich in der BRD insbesondere seit dem Zweiten Weltkrieg zunehmend verfestigt; nicht nur in Großbetrieben, wenn auch natürlich hier besonders deutlich ausgeprägt. Ob diese merkwürdige Strukturierung des Prozesses der Reproduktion von Arbeitskraft auch in Zukunft stabil bleiben wird, also dem Druck von wirtschaftlicher Krise, von Veränderungen der Qualifikationsstruktur des Arbeitskräftenachwuchses und insbesondere dem Druck des Rationalisierungsprozesses standhalten wird, ist bislang offen. Es ist jedoch zu vermuten, daß sie sich zwar in ihren konkreten Formen verändert, aber als solche doch dauerhaft existiert.

Diese Vermutung gründet sich vor allem auf die *hohe Funktionalität,* die Reproduktionsverlaufsmuster sowohl *für den Einzelbetrieb* wie auch für die *Gesamtheit der Betriebe* haben. Dazu nur ein paar kurze, unvollständige Hinweise. Standardisierte Reproduktionsverlaufsmuster helfen zum einen dem Einzelbetrieb, vielfältige Probleme zu lösen: Probleme der Rekrutierung eines bestimmten Typs von Arbeitskräften, ihrer Bindung an den Betrieb, ihrer Qualifizierung, Motivierung und Integration; Probleme ihrer innerbetrieblichen Allokation; Probleme der Sicherung von gewünschten Entwicklungen betrieblicher Arbeitskräftestrukturen ohne das Erfordernis häufiger ad hoc-Intervention; Probleme der Akzeptanz oder zumindest resignativen Hinnahme der Folgen von vorzeitigem Verschleiß usw.

Aber auch der Prozeß der Sicherung eines qualitativ und quantitativ adäquaten Arbeitskräfteangebots für die Gesamtheit der Betriebe kann sich auf standardisierte Reproduktionsverlaufsstrukturen stützen: Sie konkretisieren den allgemeinen Zwang zur Lohnarbeit dadurch, daß sie bestimmte Sozialmilieus und die in ihnen erzeugten Vorqualifikationen und Verhaltenspotentiale in bestimmte Qualifikations- und Tätigkeitsniveaus und in bestimmte Tätigkeitsfelder einsteuern. Dadurch, daß sie die Erträge bestimmter Qualifizierungsinvestitionen abschätzbar machen (ebenso wie die „Bestrafungen" für nicht getätigte Investitionen!), sichern sie ja überhaupt erst, daß bestimmte Vorleistungen in Qualifizierung und Selbstselektion, die vom „freien Lohnarbeiter" selbst zu erbringen sind, tatsächlich auch erbracht werden, usw.[5].

Für alle diese Funktionen von Erwerbsverlaufsmustern ist eine gewisse *Stabilität und Verläßlichkeit* dieser Muster *Voraussetzung.* Würden sie sich häufig ändern, könnten sie die hierfür notwendige Orientierung und Steuerung des Arbeitskräfteverhaltens — Ausbildungsentscheidungen, Berufs- und Betriebswahl, dauerhafte Motivierung und Bindung an betriebliche Zwecke usw. — nicht leisten.

(3) Was bedeutet dies alles nun für *Arbeitskräfte,* für den Bezugspunkt unserer Analyse? Dreierlei läßt sich hierzu festhalten:
— Erstens münden Arbeitskräfte mit dem Eintritt in einen bestimmten Qualifizie-

---

[5] Ausführlicher vgl. Drexel, I., a.a.O.

rungsgang und eine ganz bestimmte Erwerbstätigkeit zugleich auch in eine bestimmte „Laufbahn" der Erzeugung, Erhaltung und des Verkaufs ihrer Arbeitskraft ein und damit zugleich in eine Bahn, die unter stabilen Bedingungen die zukünftige Entwicklung ihrer Existenzgrundlagen weitgehend festlegt (natürlich nur in einer bestimmten Bandbreite).
— Zweitens sind diese Reproduktionsverlaufsstrukturen im Regelfall einigermaßen „verläßlich". Sie machen Beanspruchungen und Erträge bestimmter Erwerbsverläufe für Arbeitskräfte ansatzweise kalkulierbar. Damit erleichtern sie zum einen — soweit Wahlen möglich sind — eine über viele Aspekte integrierende Ausbildungs- und Berufswahlentscheidung sowie später weitere berufliche Entscheidungen, und zum anderen eine Abstimmung von Planungen im sog. privaten Bereich (Familiengründung, Konsum etc.) mit dem Arbeitsleben. Gesellschaftlich standardisierte Reproduktionsverlaufsmuster erlauben den Arbeitskräften also, trotz der Anarchie des kapitalistischen Produktionsprozesses, von dem sie im Prinzip ja auch in ihrer privaten Lebensführung voll abhängig sind, eine gewisse eigene Lebensplanung zu realisieren.
— Und drittens weisen die Erwerbsverlaufsmuster der verschiedenen Qualifikationstypen große Unterschiede auf, selbst diejenigen von einander recht nahestehenden Qualifikationstypen. (Ich erinnere an die erheblichen Unterschiede der aufgeführten Beispiele qualifizierter Angelernter/Facharbeiter, insbesondere im Hinblick auf die Entwicklung von Arbeitsbedingungen, Entlohnung und Verschleiß.) Sie differenzieren also die durchschnittlichen Reproduktionsbedingungen wie auch die darauf bezogenen Reproduktionserwartungen und subjektiven Reproduktionsinteressen der Lohnarbeiterschaft je nach Zugehörigkeit zu einem Qualifikationstyp.

Diese drei Charakteristika von Reproduktionsverlaufsstrukturen — zentrale Bedeutung zu haben für die Erzeugung und Erhaltung der Arbeitskraft und damit für die Existenzgrundlagen über den gesamten Lebenslauf hinweg; einigermaßen stabil und verläßlich zu sein und damit eine Grundlage für Lebensplanungen auch im privaten Bereich abzugeben; und je nach Qualifikationstyp sehr unterschiedlich gestaltet zu sein — diese drei Charakteristika also dürften, so die Grundthese des Referats, für mögliche Auseinandersetzungen von Arbeitskräften mit dem vom Betrieb gestalteten Arbeitsprozeß bzw. mit Rationalisierung, für das Fehlen oder Vorhandensein von Aktivitätspotentialen wie auch für deren konkrete Ausrichtung von erheblicher — wenn auch natürlich nicht ausschließlicher! — Bedeutung sein. Dazu seien nun im folgenden acht Thesen zur Diskussion gestellt.

3. Thesen zur Bedeutung von Reproduktionsverlaufsmustern für subjektive Aktionspotentiale gegenüber Rationalisierung

1. These: Durch Rationalisierungsprozesse werden Aktionskräfte vor allem dann geschaffen, wenn sie zu einer eindeutigen negativen Abweichung gegenüber den bisherigen Reproduktionsverlaufsmustern der betroffenen Arbeitskräfte führen. Mit anderen Worten: Ich nehme an, daß Verschlechterungen, die *innerhalb* der Bandbreite dieser Muster verbleiben, mehr oder minder laufend hingenommen werden, daß aber, was an Verschlechterungen darüber hinausgeht, gewissermaßen die Alarmglocke auslöst. Das Feld zumindest von naturwüchsigen Aktionspotentialen dürfte, wenn diese Annahme richtig ist, damit in bestimmter Weise vorstrukturiert und kanalisiert sein.

Diese Vermutung, daß solche Abweichungen gegenüber bisherigen Reproduktionsverlaufsmustern eine besondere subjektive Relevanz haben und deshalb größere Aktionskräfte mobilisieren, ist mehrfach zu begründen: Zum einen werden damit Reproduktionsinteressen *in erkennbar zentralen Aspekten verletzt.* Zum anderen stellen standardisierte Erwerbsverlaufsmuster ja gewissermaßen *„stillschweigende Verträge"* zwischen Betrieben und Arbeitskräften über den Austausch von Reproduktionsbedingungen und Arbeitsleistungen über eine lange Periode, tendenziell über die volle Dauer des Erwerbslebens, dar. Diesen impliziten Verträgen wird langfristige Gültigkeit unterstellt, da nur eine solche Stabilität ihre konkrete Ausgestaltung — vielfach hohe Vorleistungen der Arbeitskräfte und/oder schlechtere Reproduktionsbedingungen zu Beginn, „Erträge" und Verbesserungen in späteren Phasen des Erwerbslebens — überhaupt akzeptabel und damit funktional macht. Werden nun durch Rationalisierungsprozesse reale Erwerbsverläufe gegenüber dem traditionellen Muster verschlechtert, so wird damit erstens den halbwegs gesichert geglaubten beruflichen und den darauf bezogenen privaten *Lebensplanungen die Grundlage entzogen.* Und zweitens wird das *Rechtsempfinden* der Arbeitskräfte *verletzt:* ihre Orientierung am „gerechten Tausch" und an der Verläßlichkeit auch impliziter Verträge. Damit aber werden Arbeitskräfte an einem zentralen, „wunden Punkt" berührt, der vielleicht durch die Jahre der scheinbar gesicherten Beschäftigung und durch die bisherige weitgehende „Verläßlichkeit" solcher Erwerbsverlaufsmuster zeitweise verdeckt war: Sie werden sehr konkret daran erinnert, daß sie letztlich in einer fundamental schwachen Position und in ihrer gesamten Existenz vom Kapital abhängig sind. (These der Strukturierung von Relevanzen der Interessenverletzung.)

2. These: Die verschiedenen Reproduktionsaspekte, die in einem Reproduktionsverlaufsmuster zusammengebunden sind (Lohn, Qualifikation, Belastungen etc.), werden als Block gesehen. Bessere und schlechtere Ausgestaltung einzelner Elemente scheinen bis zu einem gewissen Grad gegeneinander *kompensierbar.* Das bedeutet, daß rationalisierungsbedingte Veränderungen von Reproduktionsverläufen, die einerseits Verschlechterung, andererseits aber Verbesserungen gegenüber dem traditionellen Muster beinhalten, tendenziell eher konfliktfrei akzeptiert werden, also Aktionskräfte reduzieren. Dies gilt natürlich insbesondere für Rationalisierungsprozesse, die naturwüchsig ablaufen, also nicht politisch thematisiert sind. (These der partiellen Kompensation von Reproduktionsaspekten.)

3. These: Da die in einem Betrieb realisierten Erwerbsverlaufsmuster eng integriert sind und sein müssen mit den gegebenen betrieblichen Arbeitsplatz- und Lohnstrukturen[6], weist die Gesamtheit der in einem Betrieb bestehenden Reproduktionsverlaufsmuster einen gewissen *Systemcharakter* auf (zumindest kurzfristig, im Rahmen von gegebenen Arbeitsplatz- und Lohnstrukturen). Infolgedessen können sich Aktionspotentiale von Arbeitskräften nicht nur an Veränderungen der jeweils *eigenen* Arbeits- und Entlohnungsbedingungen festmachen, sondern auch an Veränderungen in anderen Bereichen des Betriebes. Denn Veränderungen in anderen Bereichen haben ja vielfach Rückwirkungen auch auf den eigenen Reproduktionsverlauf. Zum Beispiel kann die Einführung neuer Qualifizierungsgänge (und damit einer neuen qualifikatorischen Zwischenebene) oder auch die Schaffung neuer Führungspositionen als für den eigenen Reproduktionsverlauf bedrohlich wahrgenommen und Ausgangspunkt für Widerstand bzw. Mobilisierung werden. Solche Interdependenzen zu erkennen und zu antizipieren, ist eine wichtige, auf die individuellen Interessen bezogene Qualifikation; ob sie zur Abwehr von oder zur sinnvollen Reaktion auf betrieblich initiierte Rationalisierung beiträgt, ist damit natürlich noch nicht entschieden (Interdependenzthese).

4. These: Bestehende Erwerbsverlaufsmuster dürften vielfach die *interessenbezogenen Qualifikationen* und die *Form der Auseinandersetzung* mit betrieblichen Rationalisierungsprozessen wesentlich mitbestimmen, insbesondere soweit diese Auseinandersetzungen ohne kollektive Organisation und Schulung, also naturwüchsig, erfolgen: Facharbeiter mit kaum auf Aufstieg bezogenen, in ihrer Gleichartigkeit weitgehend gesicherten Erwerbsverlaufsmustern dürften, so läßt sich diese Annahme veranschaulichen, zu solidarischer Abwehr von betrieblich initiierten Verschlechterungen tendieren; soweit dagegen in den vergangenen zwei Jahrzehnten Aufstiege von Facharbeitern in die sog. Technischen Dienste häufiger (wenn auch natürlich nicht genereller) Bestandteil von Facharbeiterkarrieren geworden sind, dürfte mit verstärkten Versuchen zur „Flucht" vor den Rationalisierungsfolgen in diese Technischen Dienste zu rechnen sein — und damit mit einem potentiellen Ausbrechen aus solidarischer Abwehr. Noch einmal anders die qualifizierten Angelernten: Für sie ist ja individualistisch-konkurrenzielles „Bewährungsverhalten" immer schon Voraussetzung für die erfolgreiche Absolvierung ihres Erwerbsverlaufsmusters — dies dürfte auch im Fall von rationalisierungsbedingten Verschlechterungen zunächst individualistische und konkurrenzielle Formen der Bewältigung bzw. der ‚Flucht nach oben' nahelegen. (These einer Prägung der naturwüchsigen Interessenwahrnehmung durch Reproduktionsverlaufsmuster.)

5. These: Von der Existenz von Erwerbsverlaufsmustern gehen tendenziell „*konservative*" *Tendenzen* aus. Es ist zu vermuten, daß bestehende Erwerbsverlaufsmu-

---

[6] Vgl. dazu ausführlicher Drexel, I., a.a.O.

ster die konkrete Zielsetzung und — darüber vermittelt — naturwüchsige interessenbezogene Qualifikationen beeinflussen: im Sinne einer Verteidigung des bestehenden Reproduktionsverlaufsmusters. (These eines strukturell vorgegebenen Konservativismus der Interessenwahrnehmung.)

6. *These:* Der daraus resultierende tendenziell defensive Charakter von Aktivitäten gegen Rationalisierungsprozesse bedingt vielfach ihr weitgehendes oder vollständiges Scheitern; dies insbesondere dann, wenn vom Betrieb gesetzte neue Bedingungen eine solche Konservierung des Bisherigen nicht mehr erlauben. In vielen Fällen dürfte deshalb das Vorhandensein von Aktionspotentialen *auch* davon abhängen, ob ein attraktives und einleuchtendes, realisierbar erscheinendes *Gegenkonzept* zum betrieblichen Rationalisierungskonzept existiert, auf das hin Aktionspotentiale ausgerichtet werden können. Hier setzt die Aufgabe von Arbeitnehmer-Organisationen und von Schulung ein, die naturwüchsige Orientierung am Bisherigen zu problematisieren und ein eigenes alternatives Konzept zu entwickeln bzw. zu seiner Entwicklung beizutragen[7]. (These von der Notwendigkeit eines Gegenkonzepts.)

7. *These:* Die Verteidigung bestehender Reproduktionsbedingungen gegen Verschlechterungen wie auch die Schaffung alternativer Konzepte wird erschwert durch die Unterschiedlichkeit der Erwerbsverlaufsmuster der verschiedenen Qualifikationstypen. Diese Unterschiede bedeuten ja eine *Differenzierung der konkreten Interessenlagen* und damit die Gefahr von Partikularismen, zentrifugalen Kräften und Spaltung. Aufgabe von Arbeitnehmerorganisationen ist es, hier *„Einheit in der Verschiedenheit"* herzustellen: Zugleich mit der immer zu leistenden Berücksichtigung der einzelnen Erwerbsverlaufsmuster und ihrer jeweiligen Sicherungs- bzw. Verbesserungserfordernisse muß immer auch nach Formen einer *Zusammenführung von Interessenlagen* gesucht werden. Nur auf diese Weise sind Aktionskräfte und interessenbezogene Qualifikationen *aller* Arbeitskräfte für die Auseinandersetzung mit den betrieblichen Rationalisierungsplänen zu mobilisieren. Arbeitnehmerorganisationen müssen dabei besonders darauf achten, daß sich in den Prozessen der Erarbeitung eines solchen neuen Konzepts nicht partikularistische Interessen bestimmter Arbeitskräfte-Gruppen auf Kosten anderer durchsetzen. Dies würde ja nicht nur deren Reproduktionsverläufe verschlechtern, sondern auch die durch die Umstellungsprozesse mobilisierbaren bzw. mobilisierten Aktionspotentiale beschränken oder sogar auf konkurrenzielle Auseinandersetzungen ablenken und dadurch insgesamt schwächen. Nur auf der Basis eines solchen alternativen Konzepts, das perspektivisch die Interessen der verschiedenen Arbeitskräftegruppen zusammenführt und integriert — und zwar möglichst auf höherem Niveau — ist eine nicht-voluntaristische Solidarität möglich, können partikularistische Interessendurchsetzungs-

---

[7] Es liegt auf der Hand, daß bei solchen Prozessen der Erarbeitung eines eigenen, den Interessen der Arbeitskräfte in höherem Maße Rechnung tragenden Konzepts von Arbeitsorganisation, Qualifikationsstruktur, Lohnstruktur und darin einzulagernden „Erwerbskarrieren" auch innovatorische Qualifikationen im Fricke'schen Sinne erforderlich sind.

Gewohnheiten und darauf bezogene Qualifikationen überwunden werden. Man könnte also sagen, daß zentrales Ziel eines Qualifizierungsprozesses gerade die gemeinsame Erarbeitung eines solchen, die verschiedenen (Verbesserungs-)Interessen integrierenden Konzepts wäre. (These von der notwendigen Herstellung von Einheit in der Verschiedenheit.)

8. These: In diesem Rahmen ist die *Bedeutung von beruflicher Bildung und Weiterbildung* zu sehen: Ihre Relevanz liegt wohl nicht nur oder sogar nicht so sehr darin, daß durch sie gezielt bestimmte einschlägige Qualifikationen und Bewußtseinsinhalte erzeugt werden; dafür sind wohl vielfach die Kräfteverhältnisse nicht gegeben. Ebenso wichtig scheint mir, daß durch Qualifizierungsgänge Erwerbsverlaufsmuster und damit konkrete Interessenlagen sowohl von einzelnen Arbeitskräften wie auch des betrieblichen Gesamtarbeiters ganz wesentlich mitkonstituiert werden: Die Gesamtheit und die Struktur der von einem Betrieb genutzten *Qualifizierungsgänge und Qualifikationstypen* trägt ja wesentlich zur *Stratifizierung der Interessenlagen* des betrieblichen Gesamtarbeiters bei; und sie beeinflußt damit – in der skizzierten Weise vermittelt – auch die in einem Betrieb verfügbaren Aktionspotentiale. Z.B. erwerben Jugendliche, die eine (Facharbeiter-)Ausbildung durchlaufen, allein schon damit subjektive Ansprüche auf eine „Facharbeiterkarriere", also bessere Arbeits- und Entlohnungsbedingungen etc., – zunächst ganz unabhängig von den in dieser Ausbildung vermittelten politischen Qualifikationen (obwohl natürlich solche Ansprüche durch entsprechende – in der Regel wohl eher gewerkschaftliche – Schulungsmaßnahmen verstärkt werden können). Diese Ansprüche sind subjektiv hoch besetzt und beinhalten damit erhebliche Aktionspotentiale. Solche Potentiale können zudem (unter sonst gleichen Bedingungen) umso stärker zum Tragen kommen, je höher in einem Betrieb der Anteil der Facharbeiter ist. Hierin, in einer egalitären Strukturierung betrieblicher Gesamtarbeiter auf der Arbeiter- und Angestelltenebene, in einer Angleichung ihrer Interessenlagen und damit ihrer Aktionspotentiale und deren konkreter Ausrichtung sehe ich also – überspitzt formuliert – die zentrale Bedeutung der Berufsausbildung für die diskutierte Frage.

Demgegenüber ist die Rolle von *betrieblicher Weiterbildung,* solange sie nur bestimmte kleinere Gruppen von Arbeitskräften erfaßt, höchst ambivalent: Zwar vermittelt sie bestimmten Arbeitskräften bessere Qualifikationen und damit zum Teil auch die Chance von aktuell und vielleicht sogar längerfristig besseren Reproduktionsverläufen. Jedoch können betriebliche Qualifizierungsmaßnahmen damit zugleich eine weitere Differenzierung von Interessenlagen, Verschlechterungen der Erwerbsverläufe anderer Arbeitskräftegruppen und daraus resultierende Probleme der Konkurrenz und Spaltung begründen. Ein Beispiel zu letzterem: Werden in einem Betrieb mit Angelerntenbelegschaft, in der Aufstiege traditionell nur durch Selbstqualifizierung und Bewährung am Arbeitsplatz und nach dem Senioritätsprinzip erfolgen, im Zusammenhang mit Rationalisierungsprozessen irgendwelche Lehrgänge eingeführt, dann sind es in aller Regel jüngere Arbeitskräfte, die diese Lehrgänge durchlaufen. Sie „überrunden" damit ihre älteren Kollegen; dies aber unterminiert deren „Unersetzbarkeit" – die Grundlage ihrer bisherigen relativen Beschäftigungssicherheit auch bei reduzierten körperlichen Kräften – oder zumindest ihre Aufstiegschancen. Die Folge ist Konkurrenzverhalten und möglicherweise Entsolidarisierung auch an anderen Punkten. (These von der die Interessen der Arbeitskräfte stratifizierenden Funktion beruflicher Bildung.)

4. *Einige spezifische Akzente des Konzepts und seine Grenzen*

Der Erklärungsversuch des hier vorgestellten Konzepts ist ein begrenzter. Es ist zwar gesellschaftstheoretisch begründet[8], beansprucht aber nicht, die diskutierte Problematik in ihrer ganzen Komplexität beantworten zu können. Diese enthält ja — wenn dies auch meist nicht explizit wird — weitreichende politisch-strategische Fragen, die Art ihrer Beantwortung impliziert politisch-strategische Vorentscheidungen.

Ich skizziere im folgenden zunächst kurz zusammenfassend einige der spezifischen Akzente wie auch die von mir gesehenen offenen Fragen, Probleme und Grenzen dieses Konzepts, um es damit auf einer etwas generelleren Ebene zu präzisieren. Abschließend folgen einige politische Überlegungen zur Strategie einer Einflußnahme auf den Arbeitsprozeß, die bestimmte dieser Akzente verdeutlichen mögen.

(1) Das skizzierte Konzept gibt *Interessen größeres Gewicht als Qualifikationen.* Dahinter steht zunächst die Sorge vor der Gefahr einer Pädagogisierung der hier in Frage stehenden Sachverhalte und sozialen Dynamik: Natürlich müssen bestimmte politische Qualifikationen vermittelt werden, natürlich müssen dabei manchmal auch Interessenwahrnehmung und Solidaritätsfähigkeit geschaffen oder reaktiviert werden. Aber fehlende Qualifizierung (Vermittlung von Qualifikationen, die für erfolgreiche Interventionen notwendig sind) ist sicher nur *ein* Problem in diesem Kontext, und vermutlich nicht das gravierendste. Mir scheint es besonders wichtig, darauf hinzuweisen, daß ein Mangel an den gewünschten Qualifikationen sehr oft dadurch bedingt ist, daß es den Betrieben gelingt, die konkreten subjektiv wahrgenommenen Interessen der Arbeitskräfte in einer Weise auszurichten, die die Entstehung bzw. Aufrechterhaltung solcher Qualifikationen verhindert.

Im übrigen schließt das von mir vorgetragene Konzept auf Intervention bezogene Qualifikationen auch nicht aus, sondern macht spezifische Qualifikationen überhaupt erst theoretisch und empirisch verortbar, indem es sie auf die — durch Reproduktionsanforderungen und Reproduktionsverlaufsmuster weitgehend vorgegebenen — konkreten Interessenlagen und -perspektiven bezieht. Ich vermute, daß diese Möglichkeit über meine vorläufigen Andeutungen und Beispiele hinausgeht. Dies, ebenso wie die Frage, welche relevanten Qualifikationen durch ein solches Konzept ausgeblendet bleiben, wäre weiter zu verfolgen. Ausgeblendet bleiben meines Erachtens insbesondere politische Qualifikationen im engeren Sinne, welche den prinzipiell begrenzten Charakter solcher Auseinandersetzungen um Rationalisierung in der gegebenen Gesellschaft einzuschätzen erlauben; Qualifikationen also, die für

---

8 Vgl. Asendorf, I., Drexel, I., Nuber, Chr., a.a.O., sowie Drexel, a.a.O.

(nicht-voluntaristische) Prozesse der Auseinandersetzung, für die politische Verarbeitung von Niederlagen, für die Integration solcher Interventionen in politische Auseinandersetzungen jenseits der Ebene des Einzelbetriebs notwendig sind, usw.

(2) Reproduktion bzw. Reproduktionsverlaufsmuster als Bezugspunkt von Interessen und Interessenverletzung haben in diesem Konzept einen besonders hohen Stellenwert, höher insbesondere als *Interessen an Arbeitsinhalten*[9]. Zwar sind in diesem Konzept Arbeitsinhalte, soweit sie Arbeitskraft entfalten oder bornieren (d.h. Qualifikation verändern) und soweit sie Arbeitskraft verschleißen (d.h. die Gesundheit tangieren), durchaus mitenthalten. Jedoch werden sie eben auf diese Aspekte reduziert, nicht in dem ganzen Reichtum ihrer stofflichen Gestaltung und in ihrer vollen Bedeutung für das „Subjekt" bzw. den „Produzenten" zu erfassen gesucht. Wieweit dies eine Verkürzung des Analyserahmens darstellt und was das für Folgen hat, wäre zu klären. Es ist sicher wichtig, in der Frage nach dem Verhältnis zwischen Reproduktions- und arbeitsinhaltlichen Interessen zu weiterreichenden theoretischen und analytischen Klärungen zu kommen[10].

Auf der anderen Seite erschließt das vorgetragene Konzept aber die Dynamik, die aus der *dreifachen, in sich oft widersprüchlichen Anforderung an Arbeitspersonen,* ihre Arbeitskraft zu reproduzieren, resultiert: aus der Notwendigkeit, zum einen abhängiger „Produktionsfaktor" in der Produktionssphäre zu sein, zum anderen als selbstverantwortlicher und damit notwendigerweise die eigene Reproduktion planender Teilhaber an der Konsumtionssphäre, und zum dritten als scheinbar gleichberechtigter Teilnehmer an der Zirkulationssphäre (Arbeitsmarkt) zu fungieren.

(3) Das Konzept benennt klar die Dimensionen, auf denen zwischen den verschiedenen Reproduktionsaspekten, d.h. den verschiedenen Teilinteressen von Arbeitskräften, *Kompensationen* erfolgen können. Von daher scheint es mir geeignet als Instrument zur Identifizierung von Kompromißlinien: sowohl zur vorherigen Einschätzung von Kompromißlinien, die sich möglicherweise ungewollt im Verlauf einer Auseinandersetzung durchsetzen und bestimmte Arbeitskräftegruppen aus der gemeinsamen Front ausbrechen lassen; wie auch von Kompromißlinien, die politisch bewußt eingeplant werden müssen.

(4) Das Konzept setzt für die Frage nach der Auseinandersetzung mit Rationalisierung an *Gruppeninteressen* und an der *Strukturierung der Interessen des betrieb-*

---

[9] Dies ist die Perspektive, die von Wilgart Schuchardt – im Gefolge von Kern/Schumann – als „Subjektperspektive" bzw. als Perspektive der „subjektiv-inhaltlichen Ansprüche an Arbeit" angesprochen wird. Ich frage mich, ob es nicht sinnvoller wäre, hier von „Produzenten"-Interessen zu sprechen, denn auch Reproduktionsinteressen sind ja wohl Interessen des Subjekts, vom Subjekt inhaltlich gefüllte Ansprüche und als solche offensiv durchzusetzen.

[10] Wünschenswert schiene es mir insbesondere, theoretische und analytische Bestimmungen zu finden, die es erlauben, zu klären, ob und unter welchen Bedingungen arbeitsinhaltliche Interessen *unabhängig* von oder sogar *gegen* Reproduktionsinteressen verfolgt werden.

lichen Gesamtarbeiters an, also nicht an denen von individuellen Arbeitskräften. Die Aggregierung von Interessenlagen auf der Ebene von Qualifikationstypen mit gleichartigen Erwerbskarrieren wie auch die Aggregierung auf der Ebene des betrieblichen Gesamtarbeiters erfolgt sowohl in bezug auf die Einschätzung von subjektiv relevanten Interessenverletzungen und der daraus resultierenden Aktionspotentiale wie auch im Hinblick auf alternative Lösungskonzepte der organisierten Arbeitnehmerschaft und auf den Prozeß ihrer Durchsetzung.

Das Konzept lenkt also die Aufmerksamkeit sowohl auf die *systematischen Wirkungen* von durch Rationalisierung ausgelösten *größeren Umbrüchen* als auch auf den *Systemcharakter neuer, besserer Lösungen.* Umgekehrt bedeutet dies, daß kleiner dimensionierte Rationalisierungsprozesse bzw. Interessenverletzungen, welche unter der Schwelle einer Veränderung von Reproduktionsverlaufsmustern bleiben, ausgeblendet bleiben.

(5) Und schließlich ist dieses Konzept durch seinen Bezug auf historisch-spezifische Reproduktionsverlaufsstrukturen natürlich historisch (und auf jeweilige nationale Gesellschaften) begrenzt, oder etwas vorsichtiger formuliert: seine Gültigkeit für die Zukunft und für andere Gesellschaften ist offen. Genau die *historische Spezifik* dieses Ansatzes bedeutet aber umgekehrt, daß er sich als *Folie für die aggregierte Erfassung* von betrieblichen und darüber vermittelt gesellschaftlichen Umstrukturierungen von Reproduktionsbedingungen eignet, die unter bestimmten wirtschaftlichen und politischen Bedingungen ablaufen: also etwa zur Erfassung dessen, was während des wirtschaftlichen Booms im Zusammenhang mit der Automatisierung an Reproduktionsveränderungen erfolgt ist und wie, mit welchen Forderungen und Aktivitäten Arbeitskräfte und ihre Organisationen dazu beigetragen haben; wie auch zum anderen, welche Veränderungen Betriebe mit dem eingeleiteten Rationalisierungsprozeß jetzt – in einer Phase der Beschäftigungskrise und der massiv veränderten Struktur des Arbeitsmarktangebots – durchzusetzen versuchen und an welchen Punkten mit welchen Forderungen, Arbeitskräfte und ihre Organisationen hier eingreifen können.

5. *Einige allgemeine politisch-strategische Überlegungen*

Meine bisherigen Aussagen waren *analytischer* Natur, instrumentell bezogen auf das – nicht weiter präzisierte oder hinterfragte – Ziel der Intervention von Arbeitskräften in die Gestaltung des Arbeitsprozesses, auf die Voraussetzungen wie auch die Hindernisse von solchen Interventionen und auf (Bedingungen für) spezifische Ausformungen von Interventionen. Abschließend nun ganz kurz einige politisch-strategische Überlegungen, die über diese eingeengte Perspektive hinausgehen, also den Stellenwert von Intervention selbst betreffen, und damit vielleicht auch bestimmte Akzente meiner analytischen Aussagen besser verständlich machen.

Auch mir erscheinen, dies dürfte deutlich geworden sein, Versuche von Arbeitskräften, die Gestaltung des Arbeitsprozesses in ihrem Interesse zu beeinflussen, im

Prinzip außerordentlich wichtig, gerade angesichts der vor uns liegenden Rationalisierungsphase, deren konkrete Resultate für den Arbeitsprozeß und die darin arbeitenden Menschen ja noch keineswegs festliegen[11].

Bei dieser Einschätzung der grundsätzlichen Bedeutung von „Arbeitspolitik" stellen sich allerdings Fragen, die nach meinem Eindruck in der bisherigen Diskussion nur unzureichend behandelt worden sind: Wie, im Hinblick auf welche Zielkonzepte und über welche objektiven Prozesse sollen solche Interventionen erfolgen? Und, mindestens ebenso wichtig: Welche Gefahren bestehen hier? Sind sie zu vermeiden, und gegebenenfalls wie?

Dazu einige – sicher sehr rudimentäre – Anmerkungen:

Es erscheint mir dringend notwendig, sich in politischen Überlegungen wie auch in wissenschaftlichen Arbeiten nicht auf die neuerdings ja zunehmend vertretene Feststellung zu beschränken, Arbeitsprozesse seien gestaltbar und Arbeitskräfte könnten hierauf Einfluß nehmen; und auch die – meines Wissens bislang weitgehend fehlende – Auslotung dessen, was an Gestaltungsmöglichkeiten tatsächlich existiert und wo ihre Grenzen sind, wird in der diskutierten Perspektive nicht ausreichen. Mindestens ebenso wichtig scheint es mir, konkreter als bisher zu klären, welche *möglichen Zielkonzepte*[12] eine (Um-)Gestaltung von Arbeitsprozessen im Interesse der Arbeitskräfte anstreben kann bzw. muß: Wie sehen „Modelle eines besseren Arbeitsprozesses", einer den Interessen der Arbeitskräfte wirklich gerecht werdenden Technologie und Arbeitsorganisation aus?

Gleichzeitig mit dieser Frage nach Alternativen zu den bestehenden Typen von Arbeitsprozeß müßte man sich mit der – damit ja nicht identischen – Frage auseinandersetzen, welche Umgestaltungen und darauf bezogenen Interventionsprozesse *nicht* im Interesse der Arbeitskräfte liegen. Es ist evident, daß es für beide Fragen nicht (nur) darum gehen kann, Einzelfallanalysen durchzuführen, sondern daß – natürlich auf deren Grundlage – *allgemeinere Prinzipien und Kriterien* erarbeitet werden müssen, mit deren Hilfe Neugestaltungen von Arbeitsprozessen zu konzipieren bzw. zu bewerten sind.

Dies scheint mir gerade angesichts der „Partizipations-Angebote" von Betrieben, wie sie (in bornierter Form) in den quality circles aber (in deutlich weiterreichender Form) auch in verschiedenen Beteiligungsmodellen bekannt geworden sind und sich derzeit zu verbreiten scheinen, von außerordentlicher Bedeutung zu sein. Auf bestimmte *Gefahren dieser Tendenzen* ist – insbesondere im Zusammenhang mit quality circles – schon verschiedentlich hingewiesen worden; ich erwähne nur stichwortartig die wichtigsten dieser Gefahren, die m.E. auch weiterreichenden Beteili-

---

11 Die Bedeutung solcher Interventionen ist für mich im übrigen nicht nur in der Notwendigkeit begründet, bestehende Reproduktionsbedingungen zu sichern oder zu verbessern, auch nicht nur in der Notwendigkeit, die Voraussetzungen für Selbstrealisierung zu schaffen/zu verbessern, sondern auch – mit beidem natürlich eng zusammenhängend – in unmittelbar politischen Gefahren, die von einer Verletzung von Reproduktionsinteressen wie auch von Interessen an Selbstrealisierung und Selbstachtung erfahrungsgemäß ausgehen.

12 Nur in bezug auf solche – geprüften – Zielkonzepte und Durchsetzungsprozesse ist ja zu präzisieren, welche konkreten Qualifikationen überhaupt sinnvoll bzw. notwendig sind!

gungsmodellen – diesen vielleicht sogar noch mehr – inhärent sind: „Enteignung" von Produktionswissen der unmittelbaren Produzenten durch den Betrieb; Abteilungs-, ja Arbeitsgruppen-Partikularismus, soweit die Integration von Veränderungsvorschlägen in den Händen der Betriebsleitung bleibt; arbeitsmäßige Einbindung gerade der aktivsten Kräfte der Belegschaft einschließlich Betriebsräten und Vertrauensleuten und damit mögliche Ablenkung von anderen Aufgaben soweit Betriebsräte und Vertrauensleute nicht eingeschaltet sind, Schwächung ihrer Position als Vertreter *aller* Arbeitskräfteinteressen und relative Aufwertung der einbezogenen betrieblichen Führungskräfte; Beschränkung auf „kleine Verbesserungen", die in keinem Verhältnis zur Absorption der Kräfte und den „entgangenen Alternativen" stehen, die bei einem anderweitigen Einsatz dieser Kräfte durchzusetzen gewesen wären; politische Einbindung der beteiligten Arbeitskräfte auch in die negativen Folgen des Umgestaltungsprozesses, die sie nicht nur akzeptieren, sondern auch gegenüber anderen Arbeitskräften vertreten müssen; massiver Druck der Betriebsleitungen auf „Gegenleistungen" der Arbeitskräfte im Sinne eines Verzichts auf bestimmte Reproduktionsleistungen; Betriebspartikularisierung, d.h. fehlender Zusammenhang mit allgemeineren Kämpfen der Arbeiterbewegung usw.

Alle diese Gefahren sind real, alle stellen zunächst in Frage, ob sich die Ergebnisse von Interventionen insbesondere längerfristig auch als Erfolge für Arbeitnehmerinteressen erweisen werden. Alle diese Gefahren (und mögliche weitere) machen aber andererseits eine auf Interventionen in den Arbeitsprozeß setzende Strategie keineswegs völlig sinnlos! Dies allein schon deshalb nicht, weil von einer nur durch die Betriebsleitungen bestimmten Gestaltung des Arbeitsprozesses große Gefahren für die zukünftigen Arbeits- und Lebensbedingungen der Arbeitskräfte drohen; aber auch deshalb nicht, weil die erwähnten neueren betrieblichen Strategien ja auch Ausdruck bestimmter objektiver Bedingungen sind und Chancen bieten, – wenn sie richtig genutzt werden!

Dafür aber kommt es m.E darauf an, sich aus der derzeit noch dominierenden *Ambivalenz zu befreien,* bei der formal sowohl Chancen wie auch Gefahren konzediert, aber dann faktisch doch entweder die Gefahren oder aber die Chancen residualisiert werden. Sich aus dieser (derzeit unvermeidlichen) Ambivalenz zu befreien, setzt nach meiner Einschätzung zwei sehr mühsame und arbeitsreiche Klärungsprozesse voraus: Zum einen muß präziser bestimmt werden, *welchen Stellenwert* Interventionen in den Arbeitsprozeß – sinnvollerweise unterschieden nach partizipativen und konfliktorischen Interventionen – *in einem politisch-strategischen Konzept* haben können, das Arbeitskräfteinteressen auf Dauer und prinzipiell besser zur Geltung bringt als es derzeit der Fall ist. Es muß also geklärt werden, wo die möglichen Resultate von Interventionen einerseits und solchen weiterreichenden gesellschaftspolitischen Strategien andererseits zusammenlaufen und wo sie in Widerspruch geraten können, und dies sowohl in bezug auf stoffliche als auch auf politische Gesichtspunkte.

Zum anderen müssen, davon abgeleitet, die oben bereits angesprochenen *Prinzipien und Kriterien* entwickelt werden, die es erlauben, „bessere Modelle" der Gestaltung von Arbeitsprozessen konstruktiv zu erarbeiten wie auch, den saldierten Nutzen oder Schaden von Interventionsprozessen in konkreten Fällen zu prüfen.

Es liegt auf der Hand, daß hier sehr differenzierte, vieldimensionale Konzepte geschaffen und publik gemacht werden müssen, damit Arbeitskräfte und ihre Interessenvertreter hierfür komplexe Sensibilitäten entwickeln und wirklich fundierte Überprüfungen und gegebenenfalls Abwägungen von Vor- und Nachteilen vornehmen können. Es liegt ebenfalls auf der Hand, daß dies ein sehr weitreichendes Programm politischer und wissenschaftlicher Arbeit ist, das in einem Wechselspiel von empirischen und konzeptuellen, von industriesoziologischen, gesellschaftstheoretischen und politisch-theoretischen Arbeitsschritten erfolgen müssen wird.

Solange wir uns, wie nach meinem Eindruck der Fall, erst im Vorfeld dieser Klärungsprozesse befinden, scheint mir aus den genannten Gründen Vorsicht angebracht. *Vorsicht, nicht unbedingt Abstinenz!* „Hilfsweise" lassen sich ja durchaus klassische Kriterien wie insbesondere die Sicherung/Verbesserung der bestehenden Reproduktionsbedingungen wie auch der gegebenen politischen Kräfteverhältnisse im Betrieb heranziehen, um einzuschätzen, ob eine bestimmte — partizipatorische oder konfliktuelle — Einflußnahme auf die Gestaltung des Arbeitsprozesses sinnvoll ist oder nicht.

Damit aber sind wir relativ nahe bei der Haltung, die offenbar — ob nun bewußt oder unbewußt — viele Betriebsräte und Gewerkschaftsvertreter diesen neuen Entwicklungen gegenüber an den Tag legen: eine Skepsis, hier ihre Kräfte zu verausgaben, die sie für Anderes brauchen, um damit einen Prozeß zu unterstützen, dessen Ergebnisse mindestens im Hinblick auf das zweite Kriterium unsicher, wenn nicht problematisch sind.

Man sollte, meine ich, bei aller möglichen Kritik an solchen Haltungen im Einzelfall diese Skepsis *auch* als sedimentierte Erfahrung, als wichtige Qualifikation werten und sie — im vollen Bewußtsein von Umfang und Komplexität der noch nicht geklärten Fragen — als *vorläufig vielleicht beste Haltung ernst nehmen*, deren „Überwindung" ohne ein weitreichendes politisch-wissenschaftliches inhaltliches Angebot auch gar nicht sinnvoll wäre.

Else Fricke
Lernen und Gestalten. Möglichkeiten der Entwicklung und Anwendung innovatorischer Qualifikationen in der betrieblichen Berufsausbildung

1. *Arbeitnehmerinteressen zwischen Bildungs- und Beschäftigungssystem*

In den letzten 25 Jahren wurde die Diskussion über die Wechselbeziehungen zwischen Bildungs- und Beschäftigungssystem mit unterschiedlicher Akzentsetzung geführt. Aus der Sicht der Betriebe soll das Beschäftigungssystem die Inhalte und den Umfang des zu Lernenden im Bildungssystem definieren. Nur dann sei gewährleistet, daß die Abgänger aus dem Bildungssystem auch ihre Qualifikationen im Beschäftigungssystem verwerten können. Aus gewerkschaftlicher und bildungspolitischer Sicht wurde dagegen argumentiert, daß das Bildungssystem leisten müsse, neue und umfangreiche Qualifikationen so zu vermitteln, daß sie Anstöße zu Veränderungen im Beschäftigungssystem geben. Dies kann einmal über den Arbeitsmarkt erfolgen, indem Arbeitssuchende bestimmte Arbeitsbedingungen nicht akzeptieren, zum anderen über die Beschäftigten, die mit Hilfe ihrer Interessenvertretungen ihre Ansprüche innerhalb der Betriebe auf Grund der Voraussetzungen durchsetzen, die sie aus dem Bildungssystem mitgebracht haben, z.B. Verringerung der Arbeitsteilung, inhaltlich anspruchsvolle Arbeit, Entwicklung von Qualifikationen. Demnach fällt dem Bildungssystem die Aufgabe zu, soziale Veränderungen anzustoßen und interessenbezogene Normen ins Beschäftigungssystem zu vermitteln.

Einigkeit bestand darin, daß die betriebliche Berufsbildung diesen Aufgaben bisher nicht gerecht wird. Vielmehr war es den Unternehmern bisher gelungen, ihren Herrschaftsanspruch in der Bildungspolitik und speziell in der betrieblichen Berufsbildung durchzusetzen [1]. Andererseits beanspruchten Ausbildungsbetriebe und Ausbilder durchaus auch, Arbeitnehmerinteressen zu berücksichtigen. Empirische Untersuchungen zeigten jedoch, daß nur vereinzelt Arbeitnehmerinteressen Bezugspunkte für arbeitnehmerorientierte Ausbildungs- und Arbeitsinhalte und -methoden waren [2].

Als Ergebnis unseres Peiner Projekts [3] sowie der Bremer Werftstudie [4] läßt sich

---

[1] Baethge, M.: Ausbildung und Herrschaft. Unternehmerinteressen in der Bildungspolitik, Frankfurt a. Main 1970.
[2] Fricke, E., Fricke, W.: Berufsausbildung und Beschäftigungssystem. Eine empirische Analyse der Vermittlung und Verwendung von Qualifikationen in fünf Großbetrieben der Metallindustrie, Opladen 1976.
[3] Fricke, E., Fricke, W., Schönwälder, M., Stiegler, B.: Qualifikation und Beteiligung. Das Peiner Modell. Frankfurt a. Main 1981.
[4] Schumann, M , Einemann, E., Siebel-Rebell, C., Wittemann, K.P.: Rationalisierung, Krise, Arbeiter. Eine empirische Untersuchung der Industrialisierung auf der Werft, Frankfurt a. Main 1982.

zeigen, daß sich die zentralen Arbeitnehmerinteressen auf wenige Punkte konzentrieren. Dabei ist es nützlich, zwei Perspektiven zu unterscheiden, aus denen die Beschäftigten im Betrieb die Verletzung ihrer Interessen wahrnehmen[5]. Einmal registrieren sie die Ansprüche, die sie als Arbeitskraft an ihre Arbeitsbedingungen haben, aus der *Arbeitskraftperspektive:*
— sicherer Arbeitsplatz
— angemessenes Einkommen (Verhältnis Lohn/Leistung)
— Optimierung von Belastungen (weder Unter- noch Überbeanspruchung in physischer, psychischer und qualifikatorischer Hinsicht)
— angemessener Handlungsspielraum, um vorhandene Qualifikationen einzusetzen und das eigene Qualifikationspotential im Arbeitsprozeß weiterzuentwickeln sowie zur Entwicklung eigener Strategien der Belastungsoptimierung[6].

Zum anderen formulieren sie ihre Interessen als Subjekt im Arbeitsprozeß, das Selbstbewußtsein und Selbstbestätigung in der Arbeitssituation entwickelt, aus der *Subjektperspektive:*
— Anwendungs- und Entwicklungsmöglichkeiten für fachliche und innovatorische Qualifikationen und entsprechende Gestaltung von Arbeitsinhalt und Arbeitsorganisation
— Beteiligung an der Gestaltung der Arbeitsabläufe und der Arbeitsbedingungen
— Reduktion hierarchischer Arbeitsteilung und Zusammenlegung ausführender, planender und leitender Tätigkeiten, sowie Verminderung von Kontrolle
— angemessene soziale Beziehungen zu Kollegen und Vorgesetzten mit entsprechenden Kommunikationsmöglichkeiten und gegenseitiger Anerkennung[7].

Für die Berufstätigkeit hat sowohl aus der Arbeitskraft- wie aus der Subjektperspektive die Anwendung und Entwicklung des individuellen Qualifikationspotentials einen zentralen Stellenwert. „Angemessen" sind die Arbeitsbedingungen aus beiden Perspektiven dann, wenn auf Grund des eigenen Urteils individuell und kollektiv formulierte Normen erfüllt sind.

Ingrid Drexel[8] geht davon aus, daß der einzelne Arbeitnehmer die Bewertung seiner Interessen ganz oder hauptsächlich auf Normen stützt, die durch betrieblich und gesellschaftlich verfestigte Erwerbsverlaufsmuster entstanden sind, insofern also kollektive Normen für bestimmte Qualifikationstypen sind. Meines Ermessens sind die handlungsorientierten Normen damit jedoch nur unvollständig beschrieben, insofern in der aktuellen Arbeits- und Handlungssituation eine Ausdifferenzierung oder auch eine Überlagerung dieser Normen erfolgen kann und in der Regel auch erfolgen wird. Bewertungsmaßstäbe werden dann aus spezifischen individuellen und kollektiven Erfahrungen mit betrieblichen Rationalisierungs- und Veränderungsstrategien, mit persönlichen oder gemeinsamen Abwehr- und Verarbeitungsstrategien

---

5 Schumann, M. u.a.: Rationalisierung, Krise, Arbeiter, a.a.O., besonders. S. 92 ff.
6 Fricke, E. u.a.: Beteiligung und Qualifikation, a.a.O., S. 241.
7 Ebendort.
8 Vgl. in diesem Band den Beitrag von Drexel, I.: Wann werden Arbeitskräfte gegen Rationalisierung aktiv? Thesen zum Zusammenhang zwischen subjektiven Aktionspotentialen und Erwerbsverlaufsmustern.

bei Interessenverletzungen, auf Grund aktueller personalpolitischer Strategien und der Arbeitsmarktsituation sowie vermittelt über die persönliche Situation im außerbetrieblichen Bereich gewonnen.

Gleichzeitig geht in die Bewertung noch das Problem ein, daß Zielkonflikte bei der Erfüllung der verschiedenen Interessen der Arbeitskraft- und Subjektperspektive eher die Regel sind. Bewertungs- und Entscheidungsprozesse in bezug auf Prioritäten der Durchsetzung und Erfüllung von Interessen müssen sowohl für den einzelnen Arbeitnehmer wie für kleinere und größere Gruppen Kompromisse als Lösungen in Betracht ziehen. Bewertungen und Entscheidungen werden dann in der Regel durchaus im Bewußtsein getroffen, daß weitere Interessenverletzungen stattfinden. Insofern handelt es sich normalerweise nicht um Kompensationen von Interessen untereinander, wie Ingrid Drexel formuliert [9], sondern um Kompromißlösungen bei der Durchsetzung von Interessen, die häufig auch zu kurz greifen, wie z.B. bei Belastungszulagen. Die Schwierigkeiten bisheriger Gewerkschaftspolitik liegen gerade darin, daß diese Kompromißbildung bisher *für* die Mitglieder, jedoch nicht *mit* ihnen gemacht wurde. Diese Politik, „Einheit in der Verschiedenheit"[10] zentral über die gewerkschaftliche Organisation herzustellen, ist für die Durchsetzung konkreter Interessen in komplexen Situationen nur begrenzt erfolgreich. Ohne direkte Beteiligung der Mitglieder ist es nämlich nicht mehr möglich festzustellen, ab wann bei der Durchsetzung *eines* Interessenaspekts, z.B. höheres Einkommen, andere Interessen, z.B. Optimierung von Belastungen, soweit verletzt werden, daß am Ende die vertretenen Mitglieder in den Ergebnissen mehr Nachteile als Vorteile erkennen.

Der Arbeitsmarkt ist z.Zt. geprägt durch Massenarbeitslosigkeit auf Grund
- der allgemeinen weltweiten wirtschaftlichen Krise
- der verschärften organisatorischen und technischen Rationalisierung in den Betrieben bis hin zur Automatisierung
- von Strukturkrisen in den alten Industrien (Landwirtschaft, Bergbau, Stahl, Werften, Textil- und Bekleidungsindustrie) sowie
- bevölkerungspolitischer Determinanten: geburtenstarke Jahrgänge drängen auf den Ausbildungs- und Arbeitsmarkt, aber die Quote der ausscheidenden Älteren ist relativ niedrig; das durchschnittliche Rentenalter liegt heute schon bei 58 Jahren.

Diese Arbeitsmarktsituation erlaubt Strategien in der betrieblichen Personalpolitik, die zu geschlossenen betrieblichen Arbeitsmärkten führen. Weit verbreitet sind dabei:
- Einstellungssperre
- Kurzarbeit (eine Form unbezahlter Arbeitszeitverkürzung für die Betriebe)
- Sozialplanarbeitslosigkeit ab 55 Jahren mit Abfindungen bis hin zur Rentensicherung
- Selektion der Belegschaft nach Leistungsverhalten, also nach physischen und

---

9 Ebendort.
10 Ebendort.

psychischen Kriterien (olympiareife Mannschaften) sowie nach Wertorientierungen, also nach Kriterien wie Normkonformität und Betriebsloyalität [11]
— abgeschlossene Berufsausbildung als Voraussetzung für Einstellung
— Selbstrekrutierungsstrategien über Betriebsangehörige und den betriebsinternen Arbeitsmarkt: Betriebseintritt ist nur über die unternehmenseigene betriebliche Berufsbildung möglich, Zugehörigkeit zur Kernbelegschaft nur über lange Beobachtungs-, Bewertungs- und Bewährungszeiten, z.B. als Leiharbeiter, als Arbeiter im Arbeitskräftepool oder als nicht ausbildungsgerecht eingesetzter Produktionsarbeiter
— qualifikationsgerechter Arbeitseinsatz als Sanktionierungs-, Disziplinierungs- und Gratifikationsmittel
— betriebliche Weiterbildung als Gratifikations- und Selektionsinstrument
— Abbau von Randbelegschaften, Verkleinerung und Selektion von Stammbelegschaften auf Kernbelegschaften
— horizontal flexibler Arbeitseinsatz, Umwandlung von Arbeitsplätzen mit schmalen Tätigkeitsfeldern in Bereichsarbeitsplätze, vertikal flexibler Einsatz mit Hilfe von Weiterbildung
— Bildung von Qualifikationspuffern durch Ausbildung, Weiterbildung und durch arbeitsorganisatorische Maßnahmen sowie durch nicht ausbildungsgerechten Arbeitseinsatz und betriebliche Arbeitskräftepools
— Auflösung fixierter Erwerbsverlaufsmuster im Sinne von Ingrid Drexel [12] in individualisierte Erwerbsverläufe. Hierbei bleibt noch offen, in welcher Richtung in Zukunft neue Verfestigungen auf Grund personalpolitischer Strategien von Betriebsleitungen und Betriebsräten sowie betrieblicher und außerbetrieblicher Entwicklungen auftreten werden.

Betriebliche Berufsausbildung hat in diesen betrieblichen personalpolitischen Strategien die Funktion, Flexibilität auch dann für das Unternehmen zu sichern, wenn nur noch eine kleine Kernbelegschaft als Arbeitskraftressource zur Verfügung steht. Abwehrstrategien einzelner Beschäftigter sowie kollektive Abwehrmaßnahmen mit Hilfe der betrieblichen Interessenvertretung werden umso schwerer, je mehr die tradierten Erwerbsverlaufsmuster aufgelöst werden. Insofern ist Ingrid Drexel zuzustimmen, daß feststehende Erwerbsverlaufsmuster durchaus ein Aktivierungspotential dann enthalten, wenn Interessen aus der Arbeitskraftperspektive verletzt werden, die in diesen Erwerbsverlaufsmustern als garantiert angenommen worden sind. Dabei gilt nach unseren Befunden allgemein, daß innovatorische Qualifikationen dann mobilisiert und aktiviert werden, wenn Interessen aus der Arbeitskraft- oder aus der Subjektperspektive verletzt werden.

In der Praxis der betrieblichen Berufsbildung wurden die Interessen der Beschäftigten bisher nur sehr begrenzt als Maßstab der Qualität von Berufsausbildung berücksichtigt. Zwar sollen die erworbenen Qualifikationen auf dem Arbeitsmarkt ver-

---

11 Hohn, H.-W., Windolf, P.: Selektion und Qualifikation. Die betriebliche Personalauswahl in der Krise. I I M/L M P 82–28, Wissenschaftszentrum Berlin 1982.
12 Drexel, I.: Wann werden Arbeitskräfte gegen Rationalisierung aktiv?, a.a.O.

wertbar sein, also Beschäftigung und Einkommen sichern. Ausbildung wird aber im Betrieb in der Regel nicht so angelegt, daß die Jugendlichen lernen können, ihre Interessen zu formulieren und durchzusetzen, z.B. indem sie ihre Ausbildungsbedingungen mitzugestalten lernen.

2. Innovatorische Qualifikationen zur Sicherung von Arbeitnehmerinteressen

Fachliche Qualifikationen ermöglichen den Erwerbstätigen die Auseinandersetzung mit und Bewältigung von Arbeitsaufgaben. Innovatorische Qualifikationen erlauben die Auseinandersetzung mit komplexen Arbeits- und Lebensbedingungen und ihre Gestaltung nach den Interessen der Arbeitenden. Im Individuum sind beide Qualifikationsarten vielfach miteinander verschränkt und bedingen sich z.T. gegenseitig. Gemeinsam machen sie die Handlungskompetenz eines Individuums aus[13]. Ihre getrennte Betrachtung ist also aus subjektiver Sicht nur analytisch möglich[14]. In der Praxis der Qualifikationsvermittlung wird — angefangen von der Schule über die betriebliche Berufsausbildung bis hin zur Universität — jedoch eine scharfe Trennung vorgenommen. Fachliche Qualifikationen werden aus ihrem subjektiven Zusammenhang mit innovatorischen Qualifikationen herausgelöst und werden isoliert zum Gegenstand des Lehrens und Lernens gemacht. Die Beherrschung fachlicher Qualifikationen ist also Ziel systematischer Qualifikationsvermittlung. Dagegen werden innovatorische Qualifikationen nicht zum Gegenstand systematischen Lernens, sondern können nur eher zufällig und abhängig vom jeweiligen sozialen Umfeld vom Individuum gelernt werden[15].

Bis heute liegt nur im Peiner Projekt[16] eine ausführliche empirische Untersuchung vor, die sich gezielt mit Entwicklung und Anwendung innovatorischer Qualifikationen beschäftigt. Sicher enthält sie auf Grund der fünfjährigen Zusammenarbeit von Arbeitern und Wissenschaftlern den unabdingbaren Kern von Elementen, die zur interessenbezogenen Gestaltung von Arbeits- und Lebensbedingungen erfor-

---

13 Vgl. zur Vorstellung eines ganzheitlichen Kompetenzbegriffs den Diskussionsbeitrag von Felix Frei in diesem Band.
14 Die idealtypische Verschmelzung fachlicher und innovatorischer Qualifikationen könnte etwa dem von I. Drexel eingeführten Begriff „Interessenbezogene Qualifikationen" unter idealtypischen gesellschaftlichen Rahmenbedingungen entsprechen. Vgl. dazu Drexel, I.: Wann werden Arbeitskräfte gegen Rationalisierung aktiv?, a.a.O.
15 Wie weit Verwissenschaftlichung einerseits, Industriearbeit auf der anderen Seite diese Trennung von fachlichen Qualifikationen im Bildungs- und Beschäftigungssystem bedingen oder nur gefördert haben, kann an dieser Stelle nicht weiter untersucht werden. Zur gesellschaftspolitischen Funktion dieser Trennung vgl. den Diskussionsbeitrag von D. Görs in diesem Band.
16 Vgl. Fricke, E. u.a.: Qualifikation und Beteiligung, a.a.O. — Zur Einführung des Begriffs „Innovatorische Qualifikationen" vgl. Fricke, W.: Arbeitsorganisation und Qualifikation, Bonn 1975, S. 36 ff.

derlich sind. Das Handlungsfeld war im Rahmen des Projekts jedoch nach Teilnehmern, Arbeitsbereich und Zeithorizont beschränkt. Zwar wurden Veränderungen über den Rahmen der beteiligten Abteilung hinaus für das Unternehmen und den Tarifbereich diskutiert und angestrebt. Jedoch fehlte die Praxis, die betrieblichen Ressourcen der Beschäftigten (Kollegen anderer Abteilungen und Betriebe, Vertrauensleute und Betriebsrat) voll auszuschöpfen und um außerbetriebliche Unterstützung zu ergänzen, z.B. Anregung von, Anknüpfung an und Einbindung in gewerkschaftliche Aktivitäten. Wolfgang Hindrichs weist zu Recht auf die notwendige Ausweitung betriebsnaher gewerkschaftlicher Bildungsarbeit in den gesellschaftlichen Raum hin [17].

Darüber hinaus fehlte im Projekt eine umfassende systematische Anregung und Beobachtung der Anwendung innovatorischer Qualifikationen im außerbetrieblichen Lebenszusammenhang der Arbeiterinnen und Arbeiter.

Ohne im einzelnen die Prozesse der Entwicklung und Anwendung innovatorischer Qualifikationen im Prozeß des Lernens und Handelns, der Analyse und Veränderung hier beschreiben zu können, will ich nur die zentralen Elemente benennen, die den angelernten Arbeitern und Arbeiterinnen in Peine erlaubt haben, ihre Arbeitsbedingungen und sich selbst zu verändern:
— die Fähigkeit der gemeinsamen Formulierung von Interessen und der Vereinbarung von Handlungszielen
— die Überwindung von Vereinzelung und Konkurrenzverhalten
— die Überwindung der Mißerfolgsorientierung
— die Entwicklung solidarischen Handelns
— die Kenntnis und Wahrnehmung individueller und kollektiver Rechte
— die selbstbewußte Zusammenarbeit mit Vorgesetzten und Experten
— der Entwurf realistischer Handlungsstrategien [18].

Es handelt sich hier zwar um individuelle Qualifikationen, aber sie sind im Zusammenhang einer Gruppe entstanden und angewendet worden. Dabei war die Einbeziehung des sozialen Umfelds eine notwendige Bedingung dafür, daß innovatorische Qualifikationen aktiviert wurden und sich stabilisieren konnten. Beim Lernen und Handeln in der Gruppe, veränderten sich zugleich auch die oben erwähnten handlungsorientierten individuellen und kollektiven Normen, Ansprüche und Bewertungen, die wiederum die Anwendung innovatorischer Qualifikationen herausforderten. Das bedeutet, daß sich solche Normen auch unter Berücksichtigung der Handlungs- und Leistungsfähigkeit derjenigen entwickeln, die sie zur Grundlage ihres Handelns machen. Sie sind also abhängig vom Umfang und der Verfügbarkeit individueller Qualifikationen.

Das Kreativitätspotential, das bei der Entfaltung und Anwendung innovatorischer Qualifikationen freigesetzt wird, ist nicht nur für die Arbeitnehmer zur Ver-

---

17 Vgl. im vorliegenden Band den Beitrag von Hindrichs, W.: Historische Erfahrungen, gegenwärtige Probleme und Perspektiven betriebsnaher gewerkschaftlicher Bildungsarbeit in der Bundesrepublik Deutschland.
18 Fricke, E., u.a.: Qualifikation und Beteiligung, a.a.O., S. 214 ff.

wirklichung ihrer Interessen von Bedeutung, sondern findet auch große Aufmerksamkeit beim Management. Das betriebliche Vorschlagswesen, die neuerdings weitverbreiteten Qualitäts- und Werkstattzirkel sind betriebliche Strategien, das innovatorische Qualifikationspotential für betriebliche Zwecke, in der Regel zur Rationalisierung, auszuschöpfen. Daher ist es verständlich, daß die Arbeiter und Angestellten ihre innovatorischen Qualifikationen bewußt zurückhalten, wenn nicht sichergestellt werden kann, daß die Arbeitenden Einfluß und Kontrolle bei der Verwendung von Veränderungsvorschlägen haben. Ohne diesen Einfluß auf Anwendung und Ergebnis ihrer Veränderungsvorschläge sind sie meist nicht bereit, innovatorische Qualifikationen zur Veränderung ihrer Arbeitssituation betriebsöffentlich einzusetzen. Sie betreiben dann allenfalls informelle Veränderungen, die unter ihrer Kontrolle bleiben, soweit dies überhaupt aufgrund ihrer individuellen und kollektiven Handlungsspielräume möglich ist [19]. Die Bedingungen, um Einfluß und Kontrolle auf die Verwertung eigener Vorschläge ausüben zu können, müssen von den Arbeitenden und ihren Interessenvertretern erst selbst geschaffen werden, damit sie ihre innovatorischen Qualifikationen anwenden können. Paradoxerweise aber müssen innovatorische Qualifikationen auch schon vorhanden sein, um die Arbeitsbedingungen so zu verändern, daß innovatorische Qualifikationen nicht nur ausbeuterisch vom Unternehmen genutzt, sondern zur Interessenwahrnehmung eingesetzt werden können. Es ist nicht zu erwarten, daß unter normalen Arbeitsbedingungen, also anders als in den geschützten Zonen von Humanisierungsprojekten wie in Peine, beides gleichzeitig geleistet werden kann. Daher scheint es sinnvoll und notwendig, innovatorische Qualifikationen im Vorlauf zur Arbeitssituation während der Ausbildung oder auch in betriebsnaher gewerkschaftlicher Bildungsarbeit zu erproben und Bedingung und Grenzen ihrer Anwendung kennenzulernen. Dafür bietet sich die Phase beruflicher Ausbildung an, die vor dem Zugriff betrieblichen Verwertungsinteresses geschützt werden kann.

Eine solche Abschirmung der Auszubildenden vor betrieblichen Eingriffen ist bereits heute bei durchschnittlich guter Ausbildung in der betrieblichen Berufsbildung notwendig und üblich. Sie muß aber auch dann zur Verfügung stehen, wenn die Wechselwirkungen zwischen der zukünftigen Berufstätigkeit und ihren gesellschaftlichen Bedingungen und Folgen diskutiert werden, wie beim Vorschlag der IG Chemie zur Neugestaltung der Ausbildung von Chemie-Ingenieuren [20]. Bei Überprüfung der betrieblichen Realität kann es — gemessen an den Ansprüchen der Auszubildenden an ihre spätere Berufstätigkeit — durchaus zu vernichtenden Bewertungen der Arbeitsbedingungen im ausbildenden Betrieb kommen. In einem zweiten Projekt in Peine konnten wir feststellen, daß Auszubildende unter entsprechenden betrieblichen Bedingungen bereit und in der Lage sind, mit Hilfe ihrer innovatorischen Qualifikationen ihre Ausbildungsbedingungen zu verändern, wenn im Betrieb die Ver-

---

[19] Schumann u.a. nennen die Strategie der Beschäftigten arbeitspolitischen Konservativismus, vgl. Schumann, M. u.a.: Rationalisierung, Krise, Arbeiter, a.a.O., S. 466 ff.
[20] Industriegewerkschaft Chemie-Papier-Keramik Hauptvorstand (Hrsg.): Gewerkschaftlicher Vorschlag zur Reform des Chemie-Studiums, Hannover 1979.

wirklichung ihrer Vorschläge durch ein vom Betriebsrat gesteuertes und kontrolliertes Verfahren sichergestellt ist [21].

3. Elemente eines Modells zur Entwicklung und Anwendung innovatorischer Qualifikationen in der kaufmännisch-verwaltenden betrieblichen Berufsausbildung zum Industriekaufmann

Soll Berufsbildung die Entwicklung und Erprobung innovatorischer Qualifikationen ermöglichen, geschieht dies idealerweise nicht in Simulationsprozessen, sondern in der betrieblichen Realität. „Schonraum Berufsbildung" bedeutet deshalb nicht, daß Lernprozesse allein in der Lehrwerkstatt oder im Ausbildungsbüro (Übungsfirma) stattfinden, sondern daß gerade die Komplexität der betrieblichen Arbeitsbedingungen in die Ausbildung einbezogen wird, auf die auch die Arbeitnehmerinteressen in der Arbeitssituation bezogen sind. Dies stellt besondere Anforderungen an die Öffnung betrieblicher Bereiche, um sie für die Ausbildung nutzen zu können, aber auch an Ausbilder und Beschäftigte, die mit den Aktivitäten der Auszubildenden konfrontiert werden. Interessenbezogene Berufsbildung fordert zuallererst die aktive Unterstützung von Jugendvertretung und Betriebsrat. Die betrieblichen Interessenvertreter müssen prinzipiell bereit sein, ihre Interessenvertretungsfunktion nicht allein *für* die Beschäftigten, sondern *mit* ihnen wahrzunehmen.

3.1 *Didaktische Prinzipien*

Wenn innovatorische Qualifikationen in der Berufsbildung vermittelt werden sollen, halten wir aus der bis heute im Bereich der Berufsbildung erprobten Didaktik die gleichzeitige Berücksichtigung der folgenden Prinzipien für erforderlich, auch wenn sie unseres Wissens in dieser Kombination bisher nicht erprobt wurden:
— Einheit von Lernen und Handeln,
— Integration allgemeiner, politischer und beruflicher Bildung,
— forschendes Lernen,
— Lernen und Handeln in der Gruppe,
— Projektmethode,
— flexible Ausbildungssequenzen.
In der Praxis der Berufsbildung bedeutet die *Einheit von Lernen und Handeln* einen Lernprozeß in drei aufeinanderfolgenden und sich wiederholenden Phasen:
1. Lernsituation zur Vorbereitung der Handlungssituation.

---

[21] Fricke, E., Fricke, W.: Möglichkeiten arbeitsorientierter Berufsbildung unter den Bedingungen des technisch-organisatorischen Wandels, in: Gewerkschaftliche Bildungspolitik, Heft 1, 1981, S. 1–10.

2. Handlungssituation zur Erprobung der in der Lernsituation entwickelten Strategien zur Erreichung der angestrebten Ziele.
3. Lernsituation zur Überprüfung und Analyse der Handlungsbedingungen der vorausgegangenen Handlungssituation, zur Klärung der Widerstände, Schwierigkeiten und Folgewirkungen bei der Zielerreichung und zur Verbesserung des Grads der Zielerreichung in einer darauffolgenden Handlungssituation.

Nach Abschluß einer Phase beginnt ein neuer Zyklus auf neuem Niveau. Torbjörn Stockfelt beschreibt dies für das FASE-Modell des Alltagslernens als spiralförmigen Prozeß [22]. Die Reflexion der Handlungssituation durch eine erneute Lernsituation erlaubt zugleich die Erarbeitung des exemplarischen Charakters der Lernergebnisse. Dadurch werden sie auf andere, neuartige Handlungssituationen übertragbar und verlieren ihren durch den jeweiligen Lern- und Handlungsort bedingten spezifischen Charakter.

In Verbindung mit der Projektmethode und dem forschenden Lernen bietet diese Methode die Möglichkeit, selbsttätig zu lernen, um das Gelernte anzuwenden und zu erproben. Die im Ergebnis aufgetretenen Mängel werden analysiert und diskutiert. Zu ihrer Lösung muß zunächst ein weiterer Lernschritt vollzogen werden, bevor eine Lösung entwickelt, angewendet, erprobt und bewertet werden kann. Das Vorgehen in jeder neuen Phase entspricht völlig dem von Stockfelt beschriebenen FASE-Modell: *F*inden – *A*nalysieren – Lösen (*S*olve) – Bewerten (*E*valuate) [23].

Die Methodenkombination kann z.B. bei der Entwicklung eines interessenorientierten Software-Programms für bestimmte Aufgaben in der Verwaltung angewendet werden, um Datentechnik nicht nur als black box akzeptieren zu müssen, sondern nach eigenen Ansprüchen an Arbeitsbedingungen auch Mitgestalten zu lernen [24]. Gleichzeitig können dabei auch forschendes Lernen, die Projektmethode und die Integration allgemeiner, politischer und beruflicher Bildung verwirklicht werden.

Forschendes Lernen erlaubt den Zugang zu neuem Wissen individuell und kollektiv so zu erschließen, daß nicht immer nur vorgefertigte Lernergebnisse produziert werden, sondern auch alternative und bisher unbekannte Lösung entwickelt werden können (dynamisches Wissen) [25]. Dabei werden Technik, Arbeitsorganisation, Arbeitsinhalt, Arbeitsumwelt und die Arbeitsbeziehungen als vom Menschen formbar und veränderbar erlebt. Möglichkeitsanalysen erlauben den Entwurf realistischer Utopien.

---

22 Vgl. in diesem Band den Beitrag von Stockfelt, T.: Erwachsenenbildung – Alltagslernen.
23 Ebendort.
24 Die neuerdings gern gebrauchte Argumentation, zum Umgang mit der Informationstechnologie sei die Kenntnis der Software-Gestaltung ebenso wenig nötig wie für den Autofahrer die Kenntnis der Funktionsweise des Autos, ist falsch. Bleibt man im Bild, dann müßte die Funktionsweise des Autos mit der Funktionsweise eines Computers (Hardware), die Kenntnis und Beherrschung des Computerprogramms (Software) mit der Beherrschung des Autofahrens gleichgesetzt werden. Ohne diese Fähigkeit ist Autofahren aber schlicht nicht möglich.
25 Stockfelt, T.: Erwachsenenbildung–Alltagslernen, a.a.O.

Die Projektmethode erfordert ganzheitliches Denken und Handeln in komplexen Strukturen mit nicht zu kurzem Zeithorizont. Sie entspricht dem ganzheitlichen Ansatz der Arbeitenden bei der Abwägung und Bewertung ihrer Interessen in der Arbeitssituation und fördert die Entwicklung von Ansprüchen an inhaltliche Dimensionen von Arbeitstätigkeit.

Die Integration allgemeiner, politischer und beruflicher Bildung soll die sozialen Bezüge und Wechselwirkungen der eigenen Berufstätigkeit mit ihren gesellschaftlichen Voraussetzungen und Folgen in die Berufsbildung einbeziehen. Dies ist ein notwendiges Element nicht nur zur Entwicklung innovatorischer Qualifikationen, sondern auch zur Entwicklung interessenorientierter Handlungsnormen in der Berufstätigkeit.

Im oben angeführten Beispiel der Entwicklung und Anwendung eines arbeitnehmerorientierten Software-Programms ist diese Integration in mehrfacher Hinsicht erforderlich. Da die Jugendlichen nicht über genügend Betriebskenntnisse und Arbeitserfahrung verfügen, um die notwendigen Kriterien zur Berücksichtigung von Arbeitnehmerinteressen entwickeln zu können, müssen sie sich mit denjenigen über ihre Interessen unterhalten, die mit einem solchen Programm arbeiten müssen, aber auch mit allen anderen, deren Tätigkeiten Schnittstellen zum Programm beinhalten. Schließlich sind Arbeitsbereiche zu berücksichtigen, für die die Verwertung der Programmdaten interessenverletzende Folgen haben könnte. Es ist klar, daß ein solches Verfahren ein beträchtliches Maß an politischer Bildung beansprucht, aber auch, daß es nicht von einem Einzelnen bewältigt werden kann, sondern nur von einer Arbeitsgruppe.

Lernen und Handeln in der Gruppe erweist sich nach allen vorliegenden Erfahrungen als außerordentlich prägend für soziales Handeln. Die Jugendlichen entwickeln Ansprüche an kooperative Arbeitsformen, die ihnen im Arbeitsprozeß auf Grund der herrschenden Arbeitsteilung und der über Technik oder Informationssysteme vermittelten Kooperation verweigert werden. Diese neue Qualität von Kooperation ist zugleich die Basis für die Entwicklung von Solidarität. Auf dem Hintergrund dieser Erfahrungen können sich Durchsetzungserfolge bei der Wahrnehmung von Interessen gemeinsam mit Kollegen und Interessenvertretern entwickeln.

Um das begonnene Beispiel fortzusetzen: sollte es nicht gelingen, die zahlreichen und oft auch widersprüchlichen Ansprüche an das Programm zu berücksichtigen, ergibt sich die Frage, welche strukturellen Bedingungen hinter diesen Ansprüchen stehen. Ohne beispielsweise arbeitsorganisatorische Änderungen in Teilbereichen wird kaum eine optimale Lösung zu finden sein. Hierfür müssen die Auszubildenden jedoch die Hilfe des Betriebsrats in Anspruch nehmen, der sich der Interessen der verschiedenen betroffenen Kollegen und ihrer Veränderungsvorschläge annehmen muß, um sie im Unternehmen durchzusetzen.

Will man den anspruchsvollen Anforderungen eines solchen Verfahrens nachkommen, kann der Ausbildungsablauf nicht in zeitlich und inhaltlich starre Ausbil-

dungsabschnitte gegliedert sein. Vielmehr müssen *flexible Ausbildungssequenzen* sicherstellen,
a) daß das Lerntempo dem individuellen Lernfortschritt angepaßt werden kann (Pufferzeiten zur Erarbeitung fehlender Grundlagenkenntnisse bzw. Auswahl entsprechender zusätzlicher Ausbildungsabschnitte),
b) daß die Auszubildenden auf den Verlauf und den Inhalt der Ausbildung Einfluß nehmen können, z.B. durch Verkürzung oder Vertiefung bestimmter Ausbildungsphasen, durch Auswahl von Ausbildungsabschnitten aus mehreren möglichen Ausbildungsbausteinen bzw. durch Entwicklung von der Ausbildungsgruppe gestalteter Ausbildungsabschnitte,
c) daß begonnene komplexe Projekte trotz auftretender Schwierigkeiten erfolgreich zu Ende geführt werden können.

3.2 Zur Ausbildungspraxis

Die Ausbildung zum Industriekaufmann in Form der Beistellausbildung dient heute der Anpassung der Jugendlichen an vorhandene taylorisierte und spezialisierte Arbeitsvollzüge im Büro. Durch die Orientierung der Berufsausbildung an den gegebenen Bedingungen der Arbeit und der bestehenden Arbeitsteilung werden Entwicklung und Anwendung innovatorischer Qualifikationen systematisch behindert.

Nach unseren Vorstellungen kann Ausbildung so organisiert werden, daß komplexe Arbeitstätigkeiten im Gesamtzusammenhang betrieblicher Produktions- und Verwaltungsabläufe für Ausbildungszwecke zusammengestellt werden. Dabei ist es notwendig, abteilungsübergreifende Einzeltätigkeiten so zu bündeln, daß ihre inneren Zusammenhänge erkennbar, erlernbar und veränderbar werden. Mit zunehmender Automatisierung in Produktion und Verwaltung gehen Anschaulichkeit und schrittweise Verfolgung komplexer Betriebsabläufe verloren. Eine zunächst nur zu Lernzwecken neu zusammengestellte Arbeitstätigkeit, die auch die im Betrieb beschäftigten Kollegen einbezieht, öffnet die Ausbildung der Erkenntnis von Möglichkeiten alternativer Gestaltung der Arbeit, der Gestaltbarkeit von Technik, Arbeitsorganisation und Arbeit überhaupt.

Es entsteht kein borniertes Gruppendenken und keine Abschließung gegenüber anderen Berufsgruppen im Betrieb[26]. Die Nahtstellen der eigenen Tätigkeit zu denen anderer auch berufsfremder Kollegen, z.B. in der Produktion, erhalten keine trennende, sondern zusammenschließende, Kooperation ermöglichende und solidarisierende Funktion.

Zweifellos bieten solche Kooperations- und Arbeitsformen nicht nur Vorteile für gemeinsames Handeln, sondern auch Nutzen für den Betrieb. Reibungsverluste zwischen den Abteilungen sowie zwischen Produktion und Verwaltung werden

---

26 Die berufsspezifische Abschließung gegenüber anderen Berufsgruppen im Betrieb ist eine von mehreren Sozialisationsbedingungen zum Aufbau von individuellen und kollektiven Erwartungen stabiler Erwerbsverlaufsmuster. Zum Auftreten der Erwerbsverlaufsmuster vgl. Drexel, I.: Wann werden Arbeitskräfte gegen Rationalisierung aktiv? Thesen zum Zusammenhang zwischen subjektiven Aktionspotentialen und Erwerbsverlaufsmustern, a.a.O.

minimiert, der notwendige Arbeitsaufwand optimiert. Ökonomische Kriterien haben bei der Interessendurchsetzung heute auch in den Köpfen der Belegschaft und der Interessenvertretungen in der Regel die Funktion, von vornherein Ansprüche zu begrenzen und eigene Interessen nicht zu formulieren, da sie unter wirtschaftlichen Gesichtspunkten nicht durchsetzbar erscheinen. Verfügen die Arbeitenden aber über Kenntnisse, welchen Beitrag sie mit ihrem Arbeitsverhalten zur rationellen Betriebsführung leisten, stärkt das nicht nur ihr Selbstbewußtsein, sondern schafft ihnen auch die Möglichkeit, Forderungen zur Erfüllung ihrer Interessen im Bewußtsein ihrer nicht bewerteten Leistungen selbstbewußt und mit Hinweis auf die ökonomischen Ergebnisse ihrer Arbeiten zu vertreten.

Im Verlauf der Ausbildung werden die Jugendlichen in der Lage sein, Lernfelder selbst zu definieren und dabei sowohl Belegschaftsinteressen als auch Fachwissen zu berücksichtigen. Sie übernehmen dabei Steuerungsfunktionen für ihre eigene Ausbildung. Sie entwickeln ihre organisatorischen Fähigkeiten bei Analyse und Vergleich der eigenen Lernbedingungen mit den im Betrieb vorhandenen Arbeitsbedingungen. In Zusammenarbeit mit Jugendvertretung und Betriebsrat können sie Wege und Ziele der Veränderung vorhandener Arbeitsbedingungen erarbeiten, so daß die Interessenvertreter in Lernprozesse der Jugendlichen einbezogen werden können und selbst zu neuen Formen, Inhalten und Beteiligungsstrategien der Interessenvertretung finden. Ein Ergebnis dieser Lernprozesse der Interessenvertretung könnte sein, daß ihre Arbeit stärker als prozeßbezogene Mitbestimmung organisiert wird, die Belegschaft mit einbezieht und nicht erst dann beginnt, wenn Ergebnisse betrieblichen Handelns bereits vorliegen, sondern von Anfang an in allen Stadien der Planung, Entscheidung und Durchführung betrieblicher Veränderungen Arbeitnehmerinteressen reklamiert[27].

Eine Diffusion der nicht nur für die Jugendlichen, sondern oft auch für alle anderen Beschäftigten im Betrieb neuen Lernergebnisse kann durch Ausbildungsbeauftragte, Interessenvertretung und solche Kollegen im Betrieb erfolgen, mit denen die Auszubildenden in einzelnen Ausbildungsabschnitten zusammenarbeiten. Neben Steuerungsfunktionen übernehmen die Jugendlichen auch Bewertungsfunktionen für die eigene Ausbildung. In regelmäßigen Abständen bilanzieren sie ihre Lernfortschritte und formulieren neue Lernziele. Die Bilanzierung muß als Kriterium die vorgeschriebenen fachlichen Ausbildungsinhalte in der Ausbildungsordnung ebenso berücksichtigen, wie die Interessen der Beschäftigten aus der Arbeitskraft- und Subjektperspektive sowie die Lernbedingungen in Betrieb und Berufsschule.

Diese Ausbildungspraxis vermeidet den Realitätsschock beim Übergang von Ausbildung zur Arbeit nicht, wie es bisher geschieht, durch Anpassung an bestehende Arbeitsbedingungen während der Ausbildung, sondern durch Verarbeitung bestehender und Entwürfe zukünftig möglicher Arbeit und in Kenntnis der notwendigen Anstrengungen, von vorgefundenen zu wünschbaren Zuständen zu gelangen.

---

27 Zum Begriff ergebnis- und prozeßbezogener Mitbestimmung vgl. im vorliegenden Band den Beitrag von Schuchardt, W.: Technisch-organisatorischer Wandel, Beteiligung der Arbeitnehmer und gewerkschaftliche Arbeitspolitik. Notwendigkeit, Möglichkeit und Perspektiven für die Entwicklung und Anwendung innovatorischer Qualifikationen.

Dieter Görs
Entwicklungen und Konzepte im Bereich der beruflichen und betrieblichen Weiterbildung

1. *Zum Umfang der beruflichen und betrieblichen Weiterbildung*

Aus den bisher vorliegenden Berichten, Studien, amtlichen und verbandsoffiziellen Statistiken zur Weiterbildung in der Bundesrepublik läßt sich nur schwer ein genaues Gesamtbild über den Umfang und die Struktur dieses Teils des Bildungssystems gewinnen. Vor allem liegen keine ausreichend aufgeschlüsselten aussagekräftigen Daten über die Weiterbildungsteilnahme abhängig Beschäftigter vor. Im Berufsbildungsbericht 1981 wird aufgrund einer Hochrechnung davon ausgegangen, daß „. . . rund 5,4 Millionen Teilnahmen im Bereich der beruflichen Weiterbildung pro Jahr"[1] zu verzeichnen sind. Es wird angenommen, daß (1978/1979) 44% aller Erwerbstätigen überhaupt schon einmal an Veranstaltungen zur beruflichen Weiterbildung teilgenommen haben. „Darunter sind 8%, die sich nach eigener Aussage beruflich umschulen ließen und 14%, die an Aufstiegsfortbildung teilgenommen haben"[2]. In dem gemeinsamen Untersuchungsbericht „Qualifikation und Berufsverlauf" des Bundesinstituts für Berufsbildungsforschung und des Instituts für Arbeitsmarkt- und Berufsforschung wird die Quote der Teilnahme an der beruflichen Weiterbildung erheblich niedriger angesetzt. Danach hat „rund jeder Fünfte (20%) der insgesamt 22 Mio. deutscher Erwerbstätigen – das sind immerhin 4,3 Mio. – in den letzten fünf Jahren an mindestens einer Veranstaltung zur beruflichen Fortbildung oder Umschulung teilgenommen, wobei der Anteil der männlichen Erwerbstätigen mit 22% deutlich höher liegt, als der der weiblichen (14%)"[3].

Bezüglich der Trägerschaft der beruflichen Weiterbildung stimmen die Angaben im Berufsbildungsbericht mit dem eben genannten Untersuchungsbericht – wie auch mit anderen Datenangaben – weitgehend überein. *„Wichtigster Träger der beruflichen Weiterbildung ist der Betrieb".* Etwa 50% aller Maßnahmen im Bereich der beruflichen Weiterbildung wurden und werden betrieblich organisiert. „Dabei findet die Maßnahme in den meisten Fällen nicht unmittelbar im Beschäftigungsbetrieb statt, sondern in einer besonderen Ausbildungsstätte der Firma bzw. Behörde.

Das Gewicht betrieblicher Trägerschaft ist je nach Art der Weiterbildungsmaßnahme unterschiedlich. Bezogen auf die Teilnahmefälle, sind
a) Umschulung und Aufstiegsfortbildung zu etwa einem Drittel

---

1 Der Bundesminister für Bildung und Wissenschaft (Hrsg.): Berufsbildungsbericht 1981, Bonn 1981, S. 84.
2 Ebenda.
3 Bundesinstitut für Berufsbildungsforschung; Institut für Arbeitsmarkt- und Berufsforschung, Sonderveröffentlichung, Berlin 1981, S. 39.

b) Einarbeitungslehrgänge zu etwa einem Viertel
c) und die ‚sonstigen' Lehrgänge/Kurse etwa zur Hälfte
betrieblich organisiert"[4].

Die Betriebe bzw. die betrieblich organisierten Maßnahmen haben danach einen Anteil an der beruflichen Weiterbildung, der weit über dem der Volkshochschulen (4 %), der Kammern (4 %) und der Hochschulen (6 %) liegt.

2. Ausgaben für die berufliche und betriebliche Weiterbildung

In den letzten Jahren haben durchschnittlich ca. 1 % aller Arbeiter und Angestellten − also etwa 200.000 − an Maßnahmen, die durch die Bundesanstalt für Arbeit gefördert wurden (AFG-Mittel), teilgenommen. Die Ausgaben hierfür (Fortbildungs-, Umschulungs- und Rehabilitationsmaßnahmen) betrugen 1980 ca. 3 Mrd. DM.

Nach Angaben des Unternehmer-„Instituts der deutschen Wirtschaft" wurden von den Unternehmern 1975 insgesamt 17,35 Mrd. DM für *Bildungszwecke* ausgegeben. Davon sollen auf den *Bereich der betrieblichen Weiterbildung 3,05 Mrd. DM* entfallen sein. Von diesem Institut wurde in den vergangenen Jahren mehrfach darauf verwiesen, daß seit dem „Edding-Gutachten" (1974) die Ausgaben für betriebliche Bildungszwecke erheblich angestiegen sind. „Betriebe der privaten Wirtschaft haben im Jahr 1980 35,89 Milliarden DM Bruttokosten für Bildungszwecke aufgewandt. Nominal lagen damit die Bildungskosten mehr als dreimal so hoch wie im Jahr 1971. . . . Auf die *Berufsausbildung* entfielen 27,9 Milliarden DM Bruttokosten oder 20,2 Milliarden Nettokosten. Für die berufliche *Weiterbildung* entstanden den Betrieben Kosten in Höhe von 8 Milliarden DM im Jahr 1980. . . . *Das Gesamtvolumen der Weiterbildungskosten in Höhe von 8,0 Milliarden DM* betrug nominal das Vierfache dessen, was die Sachverständigenkommission 1971 errechnete. Die reale Zunahme lag damit, unter Berücksichtigung aller Einflußgrößen, bei 158 %. Die Weiterbildungsaufwendungen der privaten Wirtschaft sind damit viermal so hoch wie die von Bund, Ländern und Gemeinden zusammen"[5]. Aufgrund dieser Hochrechnung werden die Weiterbildungsausgaben in der Industrie, dem Handel und dem Handwerk auf z.Z. jährlich DM 459,− je Beschäftigten geschätzt. Für die Betriebe im Bereich der „Industrie- und Handelskammern werden die jährlichen Ausgaben für Weiterbildung je Beschäftigten mit durchschnittlichen DM 519,− und für Handwerksbetriebe mit DM 278,− angegeben"[6].

---

[4] Berufsbildungsbericht, a.a.O., S. 84.
[5] Göbel, U., Schlaffke, W. (Hrsg.): Berichte zur Bildungspolitik 1982/83, Köln 1982, S. 63 f.
[6] Ebenda, S. 154 ff; vgl. hierzu auch: Görs, D., Schlaffke, W.: Die gesellschaftliche Bedeutung der Weiterbildung − aus der Sicht der Unternehmen und der Arbeitnehmer, Berlin 1982, 594 ff., und: Berufsbildungs- und Qualifikationsplanung als integrierter Bestandteil der Personalplanung, Studien zur Mitbestimmungstheorie und Mitbestimmungspraxis, Bd. VIII, hrsg. v. d. Hans-Böckler-Stiftung, Köln 1979, S. 63 ff.

Nach den vorliegenden statistischen Angaben kann davon ausgegangen werden, daß der Bund, die Länder und Kommunen 1980 (neben den AFG-Mitteln) zusammen etwa 2,1 Mrd. DM für die Weiterbildung ausgegeben haben. Um die „staatlichen" Ausgaben für die Weiterbildung annäherungsweise mit denen der Unternehmen vergleichen zu können, müßten noch die Kosten berücksichtigt werden, die z.B. bei den Ländern, Kommunen und Zweckverbänden für Schulen der beruflichen Weiterbildung (z.B. Fachschulen), die außerschulische Jugendbildung und die Lehrerfortbildung angefallen sind.

3. Zur Zielsetzung betrieblicher Weiterbildung

In betrieblich-unternehmerischen Selbstdarstellungen wird die betrieblich organisierte Fort- und Weiterbildung als ökonomischer Hebel bzw. wichtiger „Schlüssel zum Unternehmererfolg" bezeichnet. Es wird als „sachlich richtig" hingestellt, auch den Weiterbildungsprozeß „eines Menschen (. . .) als einen *Investitionsprozeß* aufzufassen, der den ökonomischen Wert eines Menschen erhöht. Seine Produktivität steigt . . . Das Ergebnis dieses Investitionsprozesses kann . . . als *Kapitalgut* (. . .) aufgefaßt werden. Die Bildungs- und Ausbildungskomponente eines Menschen hat demnach einen Kapitalwert"[7]. „Aufwendungen für die Weiterbildung sind damit Investitionen, deren Nutzen langfristig dem Unternehmen zugute kommt"[8].

In einem ähnlichen Sinn äußert sich H. Burgard, im Vorstand der Deutschen Bank AG zuständig für das Personalressort, über die betriebswirtschaftliche Notwendigkeit der Weiterbildung. Seiner Auffassung nach, muß „. . . die firmeninterne Bildungsarbeit . . . einen entscheidenden Beitrag zur Erhaltung der Wettbewerbsfähigkeit des Unternehmens leisten, . . . d.h., eine Bildungsmaßnahme hat von konkreten Unternehmenszielen auszugehen . . .". Sie hat „ergebnisorientiert zu sein . . . Wie bei anderen Investitionen, müssen auch hier Aufwand und Ertrag in einem angemessenen Verhältnis zueinander stehen"[9]. „Kein Unternehmen kann sich heute aus Wettbewerbsgründen Bildungsarbeit als soziale Beigabe zum Gehalt . . . leisten"[10]. In der vom Unternehmen BASF herausgegebenen Veröffentlichung „Bildungsarbeit in Unternehmen" wird als primäres Ziel betrieblicher Bildung auch „die Erhaltung der Leistungs- und Konkurrenzfähigkeit"[11] des Unter-

---

7 Arlt, F. (Hrsg.): Rationalisierung betrieblicher Bildungsarbeit, Köln 1968, Materialien zu bildungs- und gesellschaftspolitischen Fragen, Folge 11, Veröffentlichung der Bildungsabteilung des Deutschen Industrieinstituts, S. 15 f.
8 Kuratorium der Deutschen Wirtschaft für Berufsbildung (Hrsg.): Grundposition der Wirtschaft zur beruflichen Weiterbildung, Bonn November 1980, S. 9.
9 Burgard, H.: Mehr Qualität durch mehr Wettbewerb – Privatwirtschaftliche Initiativen im Bildungswesen. In: Schlaffke, W., Zedler, R. (Hrsg.): a.a.O., S. 35–55 (S. 39).
10 Ebenda, S. 52.
11 Vgl. BASF, Abt. Öffentlichkeitsarbeit, Ludwigshafen (Hrsg.): Bildungsarbeit im Unternehmen, BASF-Symposium vom 6.4.1978 in Ludwigshafen, Köln 1978, S. 115.

nehmens herausgestellt. Während „früher" die „Weiterbildung fast ausschließlich dem einzelnen selbst überlassen"[12] werden konnte, sind jetzt — nach Auffassung des BASF-Personalressorts — im unternehmerischen Interesse „systematische Anstrengungen auf diesem Gebiet notwendig"[13]. Die „Systematisierung und Planung der Weiterbildungsaktivitäten in den Unternehmen (sind) . . . heute eine fachliche und personal-politische Notwendigkeit" und eine „Hilfe bei der Lösung betrieblicher Probleme"[14].

Aus den verschiedenen unternehmerischen Selbstdarstellungen über die „Praxis der betrieblichen Weiterbildung"[15], sowie aus den „Grundpositionen der Wirtschaft" zur „Weiterbildung im Betrieb"[16] und den diversen Beiträgen des Instituts der deutschen Wirtschaft zur „Betrieblichen Weiterbildung"[17] ergibt sich relativ eindeutig, daß die Funktion betrieblicher Weiterbildung aus dem Ziel und den Kriterien einzelbetrieblicher Rentabilität abgeleitet wird. Diese primär ökonomisch bedingte Funktion darf nicht verwundern, denn betriebliche Investitionen müssen sich rentieren. Mit Hilfe von Erziehungs- und Sozialwissenschaftler wird diese Bildungsarbeit (und natürlich auch ihre Funktion) dann pädagogisch und sozial „verpackt" und öffentlich als unternehmerischer Beitrag zur Selbstverwirklichung und Persönlichkeitsentfaltung der abhängig Beschäftigten dargestellt. Wittwer hat diesen Problemkomplex in seiner Darstellung und Analyse der „Weiterbildung im Betrieb"[18] ausführlich beschrieben. In dieser Studie wird zugleich auch deutlich gemacht, daß nicht nur beruflich-fachliche, z.B. auf die unmittelbaren Arbeitsplatzanforderungen ausgerichtete Weiterbildung von den Betrieben mit dem Ziel der direkten Produktivitätssteigerung organisiert und durchgeführt wird. „Bei ihren vorrangigen Ausrichtungen an diesen wirtschaftlichen Gesichtspunkten kann die betriebliche Bildungsarbeit allgemein gesellschafts- und bildungspolitische Zielsetzungen und Entwicklungen nicht außer acht lassen"[19]. Sie hat auch die Aufgabe gegensätzliche Interessen zu harmonisieren, indem Sozialverhalten trainiert wird und eine „soziale Pazifizierung der Betriebe"[20] angestrebt wird. Darum muß die betriebliche Weiterbildung auch unter dem Aspekt der Abwehr nicht-kapitalistischer Ziele gesehen werden. Sie ist daher auch Ausdruck des unternehmerischen Interesses, gewerkschafts- und ge-

---

12 BASF, Abt. Öffentlichkeitsarbeit, a.a.O., S. 128.
13 Ebenda, S. 128.
14 Ebenda, S. 218 f.
15 Fell, M.: Praxis der betrieblichen Weiterbildung, Köln 1981, vgl. auch Uebbing, H.: Berufliche Bildung bei der Thyssen AG, Duisburg 1979.
16 Vgl. Bundesvereinigung der Deutschen Arbeitgeberverbände (Hrsg.): Bildungsarbeit im Betrieb, Anregungen und Grundsätzliches, Empfehlungen des Ausschusses für Nachwuchs- und sozialpolitische Jugendarbeit der BDA, Köln im Juli 1972.
17 Vgl. Winter, H., Tholen, H.-H.: Betriebliche Weiterbildung, Daten, Strukturen, Trends, Beiträge zur Gesellschafts- und Bildungspolitik, Institut der Deutschen Wirtschaft, H. 44/8, Köln 1979.
18 Wittwer, W.: Weiterbildung im Betrieb, München 1982.
19 Burgard, H., a.a.O., S. 40.
20 Wittwer, W., a.a.O , S. 112 f.

sellschaftspolitische, externe Einflüsse zu neutralisieren oder bildungs- bzw. sozialpolitische Reformziele in der betrieblichen Praxis unwirksam werden zu lassen[21].

4. Weiterbildung ein Instrument innerbetrieblicher Personal- und Arbeitsmarktpolitik

Da die Erweiterung der betrieblichen Weiterbildung seit etwa 1960 in eine Phase der Vollbeschäftigung fällt, liegt es nahe von der Annahme auszugehen, daß die Steigerung des Umfangs von Weiterbildungsmaßnahmen durch die Betriebe im wesentlichen durch die Verknappung der überbetrieblichen Arbeitskräftereserven bedingt wurde. „Die Betriebe waren darauf angewiesen, die Qualifikationen, die sie auf dem überbetrieblichen Arbeitsmarkt nicht rekrutieren können, selber zu produzieren. In der ‚Erzeugung' dieser Qualifikationen nimmt nun die Weiterbildung eine zentrale Stellung ein"[22]. Daher ist „in erheblichem Umfang (. . .) an die Stelle des Einkaufs von Qualifikation vom externen Arbeitsmarkt die Eigenproduktion von fachlichem Wissen und Können getreten"[23].

Generell gesehen, scheint der „Weiterbildungsbedarf" der Betriebe in einem unmittelbaren Zusammenhang mit ihrer „Qualifizierungspolitik", also der Steuerung des innerbetrieblichen Arbeitsmarktes und der Personalbedarfs- bzw. -entwicklungsplanung zu stehen, die wiederum eine abhängige Variable des Gesamtkomplexes „Produktions- und Absatzpolitik" ist[24]. Die Ermittlung des betrieblichen Weiterbildungsbedarfs wird in den Betrieben sehr unterschiedlich gehandhabt[25]. Sie hängt u.a. von der Betriebsgröße, von typischen betrieblichen Problemkonstellationen und von der Existenz und „Hierarchieebene" der betrieblichen Fort- bzw. Weiterbildungsabteilung ab[26].

„Zur Identifizierung des mittelfristig entstehenden Weiterbildungsbedarfs und des . . . in konkrete Maßnahmen umzusetzenden Bildungsbedarfs steht ein umfangreiches Instrumentarium bereit"[27]. Es reicht von der „Experten-, Mitarbeiter- und Vorgesetztenbefragung" über die Auswertung von Prognosen der technologischen

---

21 Vgl. hierzu u.a. Binkelmann, P., Böhle, E., Schneller, L.: Industrielle Ausbildung und Berufsbildungsrecht, Frankfurt a. M./Köln 1975; ähnliche Überlegungen sind auch bei Schmitz, E.: Leistung und Loyalität, Stuttgart 1978 zu finden.
22 Maase, M. u.a.: Weiterbildung — Aktionsfeld für den Betriebsrat?, Köln/München 1975, S. 30.
23 Sengenberger, W.: Beschäftigungs- und arbeitsmarktpolitische Anforderungen. In: Beitr. AB 66, Nürnberg 1982, S. 253—278.
24 Vgl. u.a.: Kohl, H. (Hrsg.): Betriebliche Beschäftigungspolitik und Personalplanung, Köln 1978.
25 Seydt, H.: Betriebliche Weiterbildung, Alsbach/Bergstr. 1982, S. 108 ff.
26 Hesseler, M.; Weert-Frederick von, B.: Erfolgskontrolle beruflicher Fortbildungsmaßnahmen in Industriebetrieben, 2 Bde., Opladen 1982, S. 413 ff.
27 Weber, W. (Hrsg.): Betriebliche Aus- und Weiterbildung, Paderborn 1982.

Entwicklung bis zur „Systematischen Ableitung von Lernzielen" aus betriebsstatistischen Angaben[28].

Aus der Vielzahl von Konzepten, Stellungnahmen und Studien ist zu entnehmen, daß — von Ausnahmen abgesehen — die inhaltliche Gestaltung dieser Weiterbildung betriebsbezogen konzipiert wird. D.h. Betriebe sind in hohem Maße an der Erzeugung „betriebs- und/oder arbeitsplatzspezifischer Qualifikationen" interessiert. „Die vermittelten Qualifikationen richten sich mehr oder weniger stark auf die spezifischen Anforderungen bestimmter Arbeitsplätze oder Arbeitsplatzgruppen des Betriebes oder auf spezielle Produktionsverfahren und -techniken und sind darüber hinaus jeweils stark von der momentanen Bedarfslage des Betriebes geprägt, so daß die Einsetzbarkeit des Geförderten meist nur in engeren räumlichen und zeitlichen Grenzen erhöht wird ... In erheblichem Umfang ist an die Stelle des Einkaufs von Qualifikation vom externen Arbeitsmarkt die Eigenproduktion von fachlichem Wissen und Können getreten"[29].

Realiter gibt die betriebliche Weiterbildung eine Grundlage der Personalentwicklungsplanung ab, „weil sie Bildungsangebote entsprechend dem Bedarf des Betriebes ... plant, die Lernprozesse in die betriebliche Struktur und den Arbeitsprozeß integriert und den Lernprozeß so organisiert, daß dem wachsenden Qualifikationsbedarf des Betriebes ... angemessen entsprochen wird"[30]. Daher muß die betriebliche Weiterbildung auch „als Instrument, das in Ergänzung oder alternativ zu anderen Mitteln der Personalpolitik zur Wahrung betrieblicher Interessen eingesetzt wird"[31] verstanden werden.

5. Zur Angebotsstruktur betrieblicher Weiterbildung

Da eine umfassende Dokumentation über die betriebliche Weiterbildung nicht vorliegt, können hier *nur einige* Hinweise auf die Themenschwerpunkte bzw. Angebote dieses Teilbereichs gegeben werden. W. Weber zeigt in seinen Untersuchungsergebnissen auf, worauf sich die betrieblichen Veranstaltungen (von 222 Unternehmen) gerichtet haben:

---

28 Vgl. hierzu auch Münch, J. u.a.: Bildungsarbeit im Betrieb, Kaiserslautern 1975, Bd. 17 der Schriftenreihe der Georg Michael Pfaff Gedächtnisstiftung.
29 Sengenberger, W., a.a.O., S. 256 ff.
30 Sahm, A.: Weiterbildung, betriebliche. In: Gaugler, E. (Hrsg.): Handwörterbuch des Personalwesens, Stuttgart 1975, S. 2015–2017.
31 Sass, J. u.a.: Weiterbildung und betriebliche Arbeitskräftepolitik, Köln/Frankfurt a.M. 1974, S. 65.

- Anpassung an sich verändernde (Arbeits-, Betriebs-, Organisations- und Produktions-)Bedingungen 39 %
- Lösung konkreter Probleme im Betrieb 36 %
- Höherqualifizierung, Aufstieg 24 %
- Sonstiges (z.B. Auszeichnung bewährter Mitarbeiter) 1 %

Bezogen auf die Inhaltskategorien wurden von den Betrieben genannt (Mehrfachnennungen):

- Vermittlung beruflichen Fachwissens 61 %
- Verhaltenstraining, Führungsverhalten 25 %
- Sprachen 25 %
- Allgemeinbildung 4 %

In einer Untersuchung aus dem Bereich der „Stahl- und Eisenindustrie" werden bezogen auf die verschiedenen Beschäftigtengruppen folgende Themenschwerpunkte aufgeführt[32]:

Themenschwerpunkte der Weiterbildungsmaßnahmen
(Teilnehmer je Themengruppe)

Themengruppe	Teilnehmer Anzahl	%
1. Technische Lehrgänge	21 089	41,6
2. Arbeitssicherheit/Ergonomie	8 288	16,4
3. Personalführung/Management	6 092	12,0
4. Organisation/EDV	1 999	3,9
5. Gesellschaftspolitik	1 865	3,7
6. Sprachen	1 666	3,3
7. Recht	1 449	2,9
8. Rechnungs- u. Finanzwesen	891	1,8
9. Einkauf/Verkauf	518	1,0
10. Sonstige	6 822	13,4
	50 679	100,0

Der Themenkatalog der technischen Lehrgänge enthält u.a. folgende Einzelthemen:
- Elektrotechnik/Elektronik
- Meßtechnik
- Hydraulik
- Pneumatik
- Schweißen.

(Vgl. auch die beigefügten Anlagen zum Weiterbildungsangebot der Siemens AG)[33].

---

32 Berufsbildungs- und Qualifikationsplanung, a.a.O., S. 70.
33 Siemens AG (Hrsg.): Beiträge zur betrieblichen Bildungsarbeit, München, September 1979.

6. Zur Teilnehmerstruktur bzw. Zielgruppe

Nicht nur aus den Zielen und Inhalten, sondern auch aus den Zielgruppen und der Teilnehmerstruktur wird deutlich, daß die betriebliche Weiterbildung als personalpolitisches Instrument genutzt wird und auch in diesem Sinne zu werten ist.

„Als Zielgruppen betrieblicher Weiterbildung stehen meist die Führungs- und Führungsnachwuchskräfte im Mittelpunkt der Bildungsaktivität"[34], aber auch qualifizierte Fachangestellte und gewerblich-technische Fachkräfte der mittleren Hierarchieebene.

Frauen, Ausländer, ältere Arbeiter und Angestellte sowie Beschäftigte ohne abgeschlossene Berufsausbildung unterhalb des Facharbeiterniveaus sind im Durchschnitt nur sehr geringfügig in die betriebliche berufliche Weiterbildung einbezogen[35].

Angestellten eröffnen sich durch die betriebliche Weiterbildung nach wie vor unvergleichlich höhere Aufstiegschancen. Daß auch bei der betrieblichen Weiterbildung die Benachteiligung der Arbeiter noch sehr ausgeprägt ist, kann aus der folgenden Tabelle entnommen werden:

Anteil der Beschäftigtengruppen an Weiterbildungsmaßnahmen
(in Prozent der in der jeweiligen Gruppe beschäftigten Mitarbeiter)[36]

Mitarbeitergruppe	Anteil an Weiterbildungsmaßnahmen
ungelernte Arbeiter	7,0
angelernte Arbeiter	7,4
Facharbeiter	19,6
Arbeiter insgesamt	11,8
Kaufm. Tarifangestellte	17,5
Techn. Tarifangestellte	57,1
Kaufm. AT-Angestellte	55,6
Techn. AT-Angestellte	78,2
Angestellte insgesamt	41,4

---

34 Richter, H.: Bildung im Betrieb. In: v. Beckerath, P.G. u.a. (Hrsg.): Handwörterbuch der Betriebspsychologie und Betriebssoziologie, Stuttgart 1981, S. 128–131.
35 Vgl. hierzu ausführlicher u.a. Hesseler, M. u.a., a.a.O., S. 484 ff.; Sengerberger, W., a.a.O., S. 255 ff.; Winter, H., Tholen, H.-H., a.a.O., S. 15 ff.; Seydt, H., a.a.O., S. 94 ff.; Das Mitbestimmungsgespräch, Schwerpunktthema betriebliche Weiterbildung und Mitbestimmung, H. 11/1981, S. 363 ff., hrsg. v. d. Hans-Böckler-Stiftung, Düsseldorf.
36 Berufsbildungs- und Qualifikationsplanung, a.a.O., S. 70.

7. Gewerkschaftliche Interessenvertretung, Arbeitnehmerbeteiligung und betriebliche Weiterbildung

Im zeitlichen Zusammenhang mit der Zunahme der Arbeits(-platz-)losigkeit seit etwa 1974, der Veränderung der Qualifikationsanforderungen im Zusammenhang mit neuen Formen der Arbeitsorganisation und des Technikeinsatzes wird für die betriebliche Weiterbildung eine *zusätzliche,* qualitativ neue Zielsetzung ausgewiesen. Die beruflich-fachliche Weiterbildung wird ergänzt durch Bildungsmaßnahmen und Lernprozesse, die einen „Beitrag zur Begründung von Organisationszwecken und betrieblicher Autorität sowie zur Reproduktion von Arbeitsmotivation"[37] zu leisten haben. U.a. haben für die Betriebsleitungen bzw. das Management die Kritik an der Kapitalkonzentration, die öffentliche Diskussion der negativen sozialen Auswirkungen unternehmerischer Politik, die verstärkte Aktivität der Gewerkschaft zur Durchsetzung der Mitbestimmung sowie „das Akzeptanzproblem neuer Technologien zunehmende Bedeutung"[38] gewonnen. „Sie stellen eine Herausforderung an die Argumentationskraft und den Einfallsreichtum unserer Führungskräfte dar; Anforderungen, denen sie nur gerecht werden können, wenn sie in der Lage sind, ihren Standpunkt in der Diskussion mit verschiedenen Partner, die zum Teil Gegner sind, zu erläutern und zu vertreten."[39] Damit zeichnen sich in der betrieblichen „Weiterbildung neue Dimension einer politischen Bildung"[40] ab. „Betriebliche Weiterbildung deutet nun auf eine Politisierung der Kooperationsstrukturen insofern hin, als sich auch das Betriebsinteresse nicht mehr ausschließlich über ökonomische und organisatorische Anreiz- und Kontrollstrukturen durchsetzen kann, sondern über organisierte Bildungsprozesse auf die innerbetriebliche Meinungsbildung Einfluß zu nehmen sucht."[41] Durch diese betriebliche Weiterbildung sollen die reibungslosere betriebliche Kooperation gefördert, die Identifizierung mit der Unternehmenspolitik und deren Zielen ermöglicht sowie die konfliktlose Integration der Arbeitskräfte in den Betrieb und Arbeitsprozeß begünstigt werden. Es werden Aufstiegshoffnungen wachgehalten und Betriebstreue erzeugt ohne Honorierungsversprechen abgeben zu müssen.

In der Studie „Erfolgskontrolle beruflicher Fortbildungsmaßnahmen" werden Vor- und Nachteile der betrieblichen Weiterbildung für die Betriebe und für die abhängig Beschäftigten aufgezeigt und problematisiert[42]. Für die Arbeitskräfte scheinen die Nachteile — auch unter Berücksichtigung der zusätzlichen physischen und psychischen Belastungen — der betrieblichen Weiterbildung zu überwiegen. Eine Feststellung, die auch schon vor einigen Jahren in der Studie über den Zusammen-

---

[37] Schmitz, E., a.a.O., S. 23.
[38] Oswald, R.: Bildungsarbeit als wirtschaftliche und sozialpolitische Aufgabe des Unternehmens. In: Schlaffke, W., Zedler, R (Hrsg.): Betriebliche Bildungsarbeit, Köln 1982, S. 12–34.
[39] Ebenda, S. 31.
[40] Schmitz, E., a.a.O. S 237.
[41] Ebenda, S. 237.
[42] Hesseler, M. u.a., a.a.O., S. 269 f.

hang von „Weiterbildung und Arbeitskräftepolitik" zum Ausdruck gekommen ist. „Zumindest ein Teil der Vorteile, die für den Betrieb die Förderung der Weiterbildung attraktiv machen, basieren auf Nachteile für bestimmte Arbeitskräfte bzw. Arbeitskräftegruppen."[43]

Darauf zu verweisen ist, daß der Betriebsrat aufgrund des Betriebsverfassungsgesetzes (BetrVG) (§§ 95 bis 98) umfassende Beratungs- und Mitbestimmungsrechte in der betrieblichen Berufsbildung hat. Außer einem Beratungsrecht bei der Planung von betrieblichen Weiterbildungsstätten hat der Betriebsrat bei der Durchführung von Maßnahmen der betrieblichen Berufsbildung ein Mitbestimmungsrecht. Dieses Mitbestimmungsrecht bezieht sich nicht nur auf den Bereich der Berufsausbildung Jugendlicher (Erstausbildung), sondern auch auf die betriebliche Fort- und Weiterbildung und die betriebliche Umschulung. Das Mitbestimmungsrecht bezieht sich auf die Auswahl der Teilnehmer an einer geplanten Weiterbildungsmaßnahme, und es umfaßt alle Maßnahmen der Planung und Durchführung betrieblicher Bildung und Ausbildung: z.B. Auswahlverfahren des Ausbildungspersonals und die Bestimmung der Lernorte. Wenn der Betriebsrat seine Vorstellungen nicht durchsetzen kann, d.h. wenn eine Einigung zwischen Betriebsrat und Arbeitgeber nicht zustande kommt, besteht, wie bei allen anderen Mitbestimmungsrechten des Betriebsrates, die Möglichkeit, die Einigungsstelle anzurufen.

Diese auf die Berufsbildung bezogenen Beratungs- und Mitbestimmungsrechte nach den §§ 96 bis 98 BetrVG werden durch andere mittelbar wirkende Beratungs-, Mitwirkungs- und Mitbestimmungsrechte des Betriebsrates ergänzt, z.B. in personellen Angelegenheiten nach den §§ 92 bis 95 und §§ 99 bis 102 BetrVG.

Die Interessenwahrung der abhängig Beschäftigten im Kontext gewerkschaftlicher Politik und Ziele ist durch das BetrVG ermöglicht und weitgehend geregelt. In Praxisberichten und Studien wird aber darauf verwiesen, daß sich die Betriebsräte in der absoluten Mehrzahl der Fälle nicht konkret mit dem Problembereich der betrieblichen Weiterbildung beschäftigen. Die betriebliche Weiterbildung scheint für die Betriebsräte kein Handlungsfeld bzw. ein Aufgabenbereich von untergeordnetem Rang zu sein. Auch im Zusammenhang mit aktuellen Problemen von Arbeitslosigkeit, innerbetrieblichen Umsetzungen und Dequalifizierung wird der betrieblichen Weiterbildung von den Betriebsräten keine Priorität beigemessen. (Die Gründe für dieses geringe Problemverständnis sollten im Rahmen dieses Seminars ausführlicher diskutiert werden.)

Unmittelbare Einwirkungen oder Steuerungsmöglichkeiten von außen haben die Gewerkschaften nicht. Sie haben bisher aber auch noch kein schlüssiges Konzept zur betrieblichen Weiterbildung vorgelegt. Ihre programmatischen Aussagen beziehen sich vorwiegend auf die außerbetriebliche, öffentliche Weiterbildung.

Im Gegensatz zu den relativ umfassenden staatlichen Reglementierungen der Berufsausbildung haben die Betriebe bei der Gestaltung ihrer betrieblichen Weiterbildung einen sehr umfassenden Freiraum. Diese Gestaltungsfreiheit wird durch gesetzliche Regelungen nicht eingeengt. (Ausnahmen gibt es z.T. bei Maßnahmen, die durch das AFG bzw. AFKG finanziell gefördert werden.)

---

43 Sass, J. u.a., a.a.O., S. 113.

Ausschnitt aus dem Weiterbildungsangebot für gewerbliche Mitarbeiter des Bildungszentrums Erlangen

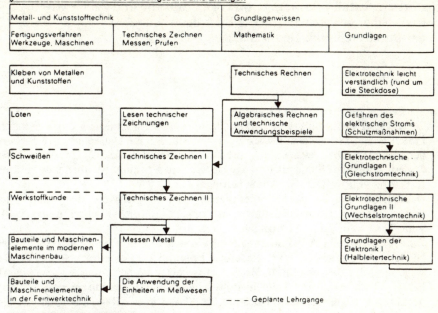

Weiterbildung von Führungskräften des gewerblichen Bereichs der Werke

Arbeitsplatzbezogene Themen – Grundwissen			Übergreifende Themen
1. Fertigungstechnik, Technik allgemein	2. Arbeitswirtschaft	3. Personal- und Sozialwesen	4. Betriebs-, Volkswirtschaft
1.1 Spanende Fertigungsverfahren	2.1 Arbeitsplatzgestaltung 8	3.1 Führen und Zusammenarbeit 12	4.1 Kostenzusammenhänge im Betrieb 4
1.2 Spanlose Fertigungsverfahren	2.2 Arbeitsunterweisung 8+ 0,75/ Tln*	3.2 Arbeitsrecht, Soziale Einr. 4	4.2 Der Weg eines Prod. v. d. Bestellung b. z. Auslief. 3
1.3 Fertigungsverf. Zusammenbau/ Montageabteilung	2.3 Zeitwirtschaft 9*	3.3 Verbesserungsvorschläge	4.3 Grundwissen Wirtschaft 9
1.4 Techn. Neuerung. (allg. u. i. Werk.)	2.4 Arbeitsbewertung 8*	3.4 Arbeitssicherheit	
1.5 Statistische Qualitätskontrolle	2.5 Entlohnung/ Lohnabrechnung 8*	3.5	Anmerkungen: * einschließlich praktischer Übungen
1.6	2.6	3.6	** primär in Verantwortung der örtlichen Gewerblichen Ausbildung
1.7	2.7	3.7 Betreuung von** Auszubildenden 10	Lfd Nr / Thema / Zeit (Std.)

Aus: Siemens AG (Hrsg.): Beiträge zur betrieblichen Bildungsarbeit, München 1979.

Wolfgang Hindrichs
Historische Erfahrungen, gegenwärtige Probleme und Perspektiven betriebsnaher gewerkschaftlicher Bildungsarbeit in der Bundesrepublik Deutschland

Dieser Beitrag beruht auf drei Einsichten:
— Gewerkschaftliche Bildungsarbeit erhält ihren Stellenwert jeweils durch den konkreten Bezug zur sozialen Bewegung der Arbeiterklasse. Daher hat gewerkschaftliche Bildungsarbeit zwangsläufig mit Strukturen und Politik der Gewerkschaften in dem doppelten Sinne zu tun, daß sie von ihnen bedingt ist, aber auch zu ihrer Reflexion und Weiterentwicklung beiträgt [1].
Daher sind aktuelle Herausforderungen — wie beispielsweise die gegenwärtige Krise — immer Herausforderungen an gewerkschaftliche Politik und gewerkschaftliche Bildungsarbeit zugleich.
— Die Geschichte der Arbeiterbewegung ist von Erfolgen, aber auch von schweren Niederlagen gezeichnet. Eine Niederlage bedeutet oft das Zurückbleiben der Bewegung hinter den objektiven Möglichkeiten einer Verbesserung der gesellschaftlichen Verhältnisse und kann in politischen Fehlentscheidungen und Fehlentwicklungen begründet sein. Versäumnisse führen in der Regel dazu, daß die gesellschaftlichen Widersprüche später umso schärfer hervortreten — und die Arbeiterbewegung mit umso größeren Problemen konfrontiert wird. Die Geschichte der Auseinandersetzungen um eine betriebsnahe Gewerkschaftspolitik ist ein Beispiel dafür. Auch das „Lernen aus der Geschichte" hätte in diesen Auseinandersetzungen einen exemplarischen Gegenstand.
— Daß gewerkschaftliche Bildungsarbeit neben ihrer generellen Funktion für die gewerkschaftliche Politik auch vielfältige Bedeutung für individuelle Bildungs- und Sozialisationsprozesse hat, soll nicht bestritten werden. Deren Summe ist nicht mit der politischen Wirkung der Bildungsarbeit identisch, jedoch von ihr nicht unbeeinflußt. In diesem Aufsatz wird nicht die Ebene persönlicher Bildungserfahrungen in der betriebsnahen Bildungsarbeit thematisiert [2], sondern eine historische Entwicklungsphase eines organisierten Bildungssystems.

---

1 Überlegungen zu den Funktionen gewerkschaftlicher Bildungsarbeit finden sich bei Thomssen, W.: Bildungsarbeit und gewerkschaftliches Bewußtsein. In: Bergmann, J. (Hrsg.): Beiträge zur Soziologie der Gewerkschaften. Frankfurt a. Main 1979, S. 240 ff. Für die Weimarer Zeit vgl. Graf, E.: Protokolle der 1. Reichsbetriebsrätekonferenz für die Metallindustrie, Stuttgart 1922 (auszugsweise abgedruckt in: Bildungsvereinigung Arbeit u. Leben Niedersachsen e.V. (Hrsg.): Geschichte der Arbeiterbildung, Hannover o.J. (1983), S. 207 ff. Fricke, F.: 10 Jahre gewerkschaftliche Bildungsarbeit in Berlin, Berlin 1932, S. 9 ff.
2 Zu diesem selten behandelten Thema ist neuerdings hinzuweisen auf Kruse, W.: Erfahrungen aus gewerkschaftlicher Bildungsarbeit mit Industriearbeitern. In: Görs, D. (Hrsg.): Arbeiten und Lernen. Zur Praxis arbeitsbezogener Weiterbildung, München 1983, S. 53 ff.

1. Betriebsnahe Bildungsarbeit in der „Bildungsobleutephase"[3]

1.1 Zum Begriff „Betriebsnahe Bildungsarbeit"

Der räumliche Bezug im Begriff der betriebsnahen Bildungsarbeit kommt nicht von ungefähr: Als wesentliche Voraussetzung für eine Verbreiterung der Bildungsbeteiligung wurde in den 60er Jahren, als man im Bereich der IG Metall eine umfassende Konzeption „betriebsnaher Bildungsarbeit"[4] entwickelte, die zeitliche und räumliche Nähe der Bildungsveranstaltung zur Arbeit im Betrieb angesehen. Möglichst sollte die Sitzung des Bildungsarbeitskreises im Anschluß an die Arbeitszeit stattfinden, im Sitzungszimmer des Betriebsrates oder Vertrauenskörpers auf dem Werksgelände oder wenigstens im Nebenzimmer einer Gaststätte nahe beim Fabriktor, weil die Erfahrung gezeigt hatte, daß Teilnehmer für Bildungsarbeit nicht zu gewinnen waren, wenn sie nach der Arbeit zuerst einmal nach Hause gefahren waren und sich dann abends erneut hätten aufraffen müssen, zu einer Bildungsveranstaltung zu kommen.

Aber im Kern bezeichnet betriebsnahe gewerkschaftliche Bildungsarbeit nicht nur eine raumzeitlich-organisatorische, sondern auch eine soziologisch-konzeptionelle und eine didaktische Ebene. Unternehmen und Betrieb (Unternehmen als wirtschaftliche Einheit und Betrieb als technisch-organisatorische Produktionseinheit sind mit dem Begriff der betriebsnahen Bildungsarbeit in gleicher Weise gemeint) als Ort der Kooperation von Kapital und Arbeit, aber auch der ständigen Konfrontation ihrer gegensätzlichen Interessen, sind gesellschaftliche Voraussetzung und zugleich zentrales Thema der gewerkschaftlichen Bildungsarbeit; Betriebsbelegschaften und ihre Interessenvertretungen sind die Adressaten. Unternehmen und Betrieb sind aber auch die Orte des praktischen Wirksamwerdens gewerkschaftlicher Bildungsarbeit. Begrifflich redet man dementsprechend oft auch von betriebsbezogener oder betrieblicher Bildungsarbeit der Gewerkschaft.

Der Begriff „betriebsnahe Bildungsarbeit" kann aber in dem Sinne mißverstanden werden, als ginge es primär oder gar ausschließlich um den Betrieb. Diese Konzeption hat den Betrieb nie isoliert als Gegenstand der Bildungsarbeit gesehen. Daher muß die betriebsnahe Bildungsarbeit in ihren Zusammenhängen und mit ihren Implikationen betrachtet werden: Es geht um die Belegschaften, d.h. um den Betrieb als Arbeitsstätte und Ort kollektiver Interessenbildung für die Arbeiter, die

---

3 Vgl. Brock, A.: Soziologische Phantasie und exemplarisches Lernen in der gewerkschaftlichen Bildungsarbeit, in: Brock/Müller/Negt (Hrsg.): Arbeiterbildung, Reinbek 1978, S. 25 ff. Hindrichs, W.: Betriebsnahe gewerkschaftliche Bildungsarbeit, in: Görs, D. (Hrsg.): Gewerkschaftliche Bildungsarbeit. Kontroversen und Konzepte, München–Wien–Baltimore 1982, S. 147 ff.
4 Einfluß und Bedeutung dieser Konzeption gehen weit über den Organisationsbereich der IG Metall hinaus, erstrecken sich aber keineswegs auf die gesamte Gewerkschaftsbewegung. Die für die IG Metall geltenden Aussagen können daher nicht umstandslos auf andere Gewerkschaften übertragen werden.

dort ihre Arbeitskraft verausgaben, ihren Lebensunterhalt verdienen, vielleicht eine gewisse Selbstverwirklichung in der Arbeit finden. Die Belegschaften stehen dabei aber in unaufhebbarem Interessengegensatz zu den Unternehmern, die im Betrieb Kapital investieren, Waren in Abhängigkeit von Markt und Konkurrenz produzieren lassen und maximale Nutzung lebendiger Arbeit anstreben. Die Konzeption richtet sich also auf Betrieb/Unternehmen als Ort der Interessenkonstitution und Interessendurchsetzung von Lohnabhängigen und insoweit auf den Ursprungsort gewerkschaftlicher Organisation und gewerkschaftlicher Mobilisierung.

Da Gewerkschaft immer, obwohl sie im Betrieb ihre Mitglieder organisiert, die Konkurrenz der Arbeitenden auf dem Arbeitsmarkt einschränken und möglichst weitgehende überbetriebliche Interessenvereinheitlichung anstreben muß, kann die Thematisierung von Belegschaftshandeln und Betrieb nicht auf die gesamtgesellschaftlichen, gesamtwirtschaftlichen, gesamtpolitischen und gesamtgewerkschaftlichen Bezüge verzichten, ebenso wie der Betrieb von außerbetrieblichen Bedingungen abhängt und gesellschaftliche Strukturen zugleich spiegelt und mitkonstituiert. Auch intendiert der Betriebsansatz nicht den Ausschluß außerbetrieblicher Dimensionen der Arbeiterexistenz aus der Bildungsarbeit, sondern schließt die Wechselwirkungen zwischen betrieblicher Arbeit und Lebenszusammenhang der Arbeiter ein.

1.2 Zur Entstehungsgeschichte der betriebsnahen Bildungsarbeit

Die betriebsnahe Bildungsarbeit, von der wir hier reden, ist um die Mitte der 60er Jahre entstanden mit Vorläufern schon zu Beginn des Jahrzehnts und mit der Hochphase dann in der zweiten Hälfte der 60er Jahre bis etwa 1972/73. Die Konzeption wird entwickelt in Reaktion auf eine politisch-gesellschaftliche Situation, die durch folgende Merkmale gekennzeichnet ist:

Nach Nationalsozialismus, 2. Weltkrieg und den Niederlagen der westdeutschen Arbeiterbewegung im Kampf um die Durchsetzung ihrer Vorstellungen von Mitbestimmung Anfang der 50er Jahre waren bei der westdeutschen Arbeiterschaft die Selbstverständlichkeit der klassenmäßigen Verortung in der Gesellschaft, die historisch-materialistische Erklärung gesellschaftlicher Verhältnisse, die emanzipatorische Perspektive gesellschaftlicher Veränderung und parallel dazu die Sozialisation im geschlossenen sozialen und politischen Milieu, die selbstverständliche Zugehörigkeit zu den Klassenorganisationen und die interessengesteuerten kollektiven Aktionen kaum noch vorhanden.

Der Kontinuitätsbruch in der Arbeiterbewegung wird nicht unmittelbar nach dem 2. Weltkrieg deutlich, sondern er setzt sich mit einem Generationenumbruch erst Mitte der 50er Jahre durch. In den ersten Jahren nach dem Krieg knüpft die Arbeiterbewegung noch unmittelbarer an Traditionen der Weimarer Zeit an. Man kann die Niederlagen der westdeutschen Arbeiterschaft zu Beginn der 50er Jahre in dem Kampf um die Ausgestaltung der Mitbestimmung als diejenige zeitliche Grenze sehen, jenseits derer die gesamtgesellschaftlichen und gesamtpolitischen Bezüge in der Politik der Gewerkschaften zurücktreten.⁵ Die Rückbesinnung auf die sogenannten klassischen Felder gewerkschaftlicher Politik wie Lohnpolitik, Arbeitsschutz, Arbeitszeitverkürzung, Sozialpolitik beginnt. Allmählich entsteht eine neue Generation gewerkschaftlicher Funktionäre, denen die politischen Traditionen der Arbeiterbewegung der Weimarer Zeit zum Teil fremd sind.

Zur gleichen Zeit stabilisierte sich allmählich die wirtschaftliche Situation in der Bundesrepublik. Es dauerte zwar bis 1960, ehe die Vollbeschäftigung erreicht wurde, aber nach dem sogenannten Koreaboom stellte sich ein langanhaltender Wirtschaftsaufschwung ein. Die sich langsam herstellende Arbeitsmarktstärke der Arbeiterschaft führte dazu, daß die Betriebe sich Konkurrenz machten um die Arbeitskraft, insbesondere die qualifizierte Arbeitskraft und daß vielen Arbeitern die Gewerkschaften als weniger notwendig erschienen. Eine Konsequenz war rapider relativer Mitgliederrückgang in der zweiten Hälfte der 50er Jahre. Im Bereich der betrieblichen Interessenvertretung, also der Betriebsräte, machten sich starke Verselbständigungstendenzen bemerkbar. Mit dem Mitgliederrückgang spätestens waren die Gewerkschaften in der Wurzel ihrer Existenz betroffen, und die aktiveren Funktionäre machten sich Gedanken darüber, mit welchen Mitteln der Politik man alte gewerkschaftliche Stärke wiederherstellen könne.

Hier liegt der Ursprung des Konzepts einer betriebsnahen Gewerkschaftsarbeit⁶, das Reformen auf mehreren Ebenen von Gewerkschaftspolitik vorsah.

Es ging einmal um den Ausbau und die Stärkung der gewerkschaftlichen Vertrauensleutearbeit im Betrieb, denn durch die gewerkschaftlichen Vertrauensleute war Gewerkschaft erst im Betrieb organisatorisch verankert. Die bloße unstrukturierte Mitgliedschaft allein reichte nicht aus, es mußten Möglichkeiten, Wege, Strukturen gefunden werden, wie man Belegschaften politisch durchdringen konnte. Es sollte also im Betrieb eine handlungsfähige gewerkschaftliche Betriebsorganisation geschaffen werden, die gleichzeitig auch in der Lage war, den betriebsegoistischen Verselbständigungstendenzen der Betriebsräte, die nach dem Betriebsverfassungsgesetz gewerkschaftspolitisch neutral sein sollten, zu begegnen.

Ein zweites Element dieser Konzeption war die Tarifpolitik. Die Tarifpolitik hatte sich überwiegend zu einer großflächigen Tarifpolitik entwickelt, in der Mindestbedingungen, insbesondere Mindesteinkommensbedingungen, festgelegt wurden, während die Konkurrenz der Betriebe um die Ware Arbeitskraft dazu führte, daß die Betriebe mit Einkommensleistungen und mit betrieblicher Sozialpolitik versuchten, sich gegenseitig die Arbeitskräfte abzuwerben. Das waren aber Einkommensspitzen und sozialpolitische Sonderleistungen, die nicht tarifpolitisch abgesichert,

---

5 Für die Darstellung der Geschichte der Gewerkschaften in der Bundesrepublik in dieser Zeit ist immer noch unübertroffen Pirker, Th.: Die blinde Macht, 2. Bde., München 1960.
6 Zu den Entstehungsursachen der Konzeption vgl. Oertzen, P. v.: Die Entwicklung der gewerkschaftlichen Bildungsarbeit seit dem 2. Weltkrieg, in: Kooperation. Mitteilungen der Kommission für die Durchführung des Kooperationsvertrages Universität/Arbeitskammer. Nr. 22/23, Bremen 1978, S. 8 ff. Die Konzeption ist u.a. dargestellt bei Schmidt, E.: Ordnungsfaktor oder Gegenmacht. Die politische Rolle der Gewerkschaften, Frankfurt a. Main 1971, S. 167 ff.

sondern auf betrieblicher Ebene vereinbart waren und daher auch nicht das Ausmaß an Absicherung hatten, das Tarifverträge mit sich bringen.

Der dritte Aspekt der Konzeption war die Mitbestimmung am Arbeitsplatz. Sie sollte den Einfluß der unmittelbaren Arbeitskollektive auf ihre Arbeitsbedingungen und auf die Gestaltung ihrer Kooperation ausweiten und damit auch das Gegenmachtpotential der Belegschaften stärken.

Das vierte war, daß man wieder stärker arbeitskampffähig werden wollte, wenn auch zunächst auf denjenigen Feldern gewerkschaftlicher Politik, die im Vordergrund des Interesses standen, vor allem der Lohnpolitik. Man war sich aber darüber im klaren, daß Arbeitskampffähigkeit eine gewerkschaftlich strukturierte Belegschaft und aktive Mitglieder voraussetzt, und erwartete sich eine verbesserte Arbeitskampffähigkeit von der Durchsetzung des Gesamtkonzepts.

Die betriebsnahe Bildungsarbeit sollte der Ort sein, an dem diese Konzeption betriebsnaher Gewerkschaftspolitik reflektiert werden, der Ort, an dem sie den Belegschaften, insbesondere den gewerkschaftlichen Funktionären, nahegebracht werden sollte.

Dieses ganze Konzept einer betriebsnahen Gewerkschaftspolitik hatte nicht primär das Ziel, die einzelbetriebliche Interessenvertretung zu stärken, obwohl natürlich das gerade das erste war, das angestrebt wurde, sondern die Bestrebungen gingen eigentlich dahin, die einzelbetriebliche Interessenvertretung zu vergewerkschaftlichen, d.h. stärker mit gewerkschaftlichen Vorstellungen zu durchdringen und damit dann natürlich auch in den Gesamtzusammenhang von Gewerkschaft einzubinden und auf diesem Weg die Gesamtgewerkschaft zu stärken. Betriebsnahe Gewerkschaftspolitik bedeutet also nicht primär die Konzentration auf einzelbetriebliche Interessenvertretung, sondern die Konzentration auf den gewerkschaftlichen Gesamtzusammenhang durch das Instrument der Mobilisierung der Belegschaften und ihrer Vergewerkschaftlichung.

Es gibt noch einen weiteren Traditionsstrang und auch ein zweites konzeptionelles Element der betriebsnahen Bildungsarbeit, nämlich die Wiederentdeckung und Veröffentlichung der konflikthaltigen Realität der Arbeitswelt und eine entsprechende Verarbeitung der öffentlich nicht thematisierten Erfahrungen der Beschäftigten. 7

Es ist aus heutiger Sicht nur noch schwer nachvollziehbar, in welchem Maße die Probleme der Arbeitswelt und des Betriebes in den Medien und der Öffentlichkeit damals tabuisiert waren. Andererseits war denen, die in der betrieblich-gewerkschaftlichen Praxis standen, klar, daß es eine ununterbrochene Kontinuität von Konflikten um Einkommens- und Arbeitsbedingungen in den Betrieben gab, einschließlich zahlreicher spontaner betriebs- und abteilungsbezogener Arbeitskämpfe. An den unveränderten Widerspruch von Kapital und Arbeit, der sich in diesen Formen

---

7 Nach dem 2. Weltkrieg findet sich eine frühe Form dieses Selbstverständnisses von Arbeiterbildung – übrigens in Anknüpfung an bestimmte Ansätze vor 1933 – innerhalb der Bildungsvereinigung „Arbeit und Leben" Niedersachsen. Vgl. Bildungsvereinigung Arbeit und Leben Niedersachsen e.V. (Hrsg.): 20 Jahre Arbeit und Leben Niedersachsen, Hannover 1968.

ausdrückte, sollte angeknüpft, die Erfahrungen, die die Beschäftigten mit solchen Konflikten machten, sollten aufgearbeitet werden. Durch vergleichende Herausarbeitung gemeinsamer Verläufe und Strukturen dieser Konflikte sollte Erfahrung erweitert, sollten gesamtgesellschaftliche Strukturen erkennbar, sollten gesellschaftliche Bedingungsdimensionen betrieblichen Geschehens analysierbar werden. Der „typische" betriebliche und gesellschaftliche Konflikt bildete das „Exemplarische", an dem vorzugsweise soziale Lage, soziale Interessen, soziales Handeln, soziale Perspektiven gelernt werden konnten.

Es ging dabei um nicht weniger als um ein Konzept allmählicher Rekonstruktion der Arbeiterbewegung mit den Mitteln veränderter Politik und Bildungsarbeit. Dieses ist auch die Intention der Konzeption von Oskar Negt[8], die mit dem Begriff „Erfahrungsansatz" nur unzureichend umschrieben ist.

1.3 Die Entwicklung der betriebsnahen Bildungsarbeit in der Bildungsobleutephase

In der zweiten Hälfte der 60er Jahre versuchte die IG Metall das Konzept betriebsnaher Bildungsarbeit in ihrer Organisation breit zu realisieren. Die Überlegungen gingen dahin, einen umfangreichen Stamm von sogenannten Bildungsobleuten auszubilden, die dann ihrerseits in ihren Betrieben betriebsnahe Bildungsarbeit initiieren und organisieren sollten[9]. Diese Bildungsobleute sollten für ihre Funktion möglichst in den gewerkschaftlichen Vertrauenskörpern der Betriebe gewählt werden, so daß sie in ihrer Arbeit mit der organisatorischen Basiseinheit der Gewerkschaft, also der betrieblichen Gewerkschaftsebene verbunden waren.

Die Gewerkschaft hat zur Ausbildung dieser Bildungsobleute ein Angebot von zentralen Internatslehrgängen eingerichtet. Es hat sich sehr bald herausgestellt, daß eine hinreichende Qualifizierung der Bildungsobleute nicht durch einen oder nur wenige Lehrgänge zu erreichen sein würde. Daher wurde ein mehrstufiges System von Grund-, Aufbau- und weiterführenden Lehrgängen entwickelt (1-, 2- und 6wöchige Kurse), das schließlich in jährlich oder zweijährlich wiederkehrenden Erfahrungsaustauschlehrgängen gipfeln sollte, in denen sowohl die Erfahrungen gemeinsam aufgearbeitet als auch weiterführende Arbeitsprogramme und Durchsetzungsstrategien entwickelt werden sollten. Insgesamt sollte so eine langfristige Kontinuität der Verknüpfung von pädagogischer und politischer Arbeit für einen wachsenden Stamm von Funktionären erreicht werden.

Neben den Prinzipien der Kontinuität, der Langfristigkeit, des Erfahrungsbezugs und des Erfahrungsaustauschs war auch das der gleichzeitigen Entfaltung von Konzeption und Praxis bestimmend. Zum einen drückte sich das darin aus, daß in je-

---

[8] Negt, O.: Soziologische Phantasie und exemplarisches Lernen, 6. überarb. Aufl., Frankfurt a. Main 1971.
[9] Vgl. hierzu auch Brock, A.: Arbeiterbildung im Kapitalismus, 2. überarb. Aufl., Universität Bremen 1980, S. 82 ff.

dem Jahr Funktionäre aus den wichtigsten Betrieben großer Verwaltungsstellen in einem Lehrgang zusammenkamen, um für das kommende Jahr ein örtliches Bildungsprogramm zu entwickeln, das in den Betrieben umzusetzen war.
Mit diesen Lehrgängen sollte auch gesichert werden, daß in den Betrieben der Verwaltungsstelle akut anstehende Probleme in die Bildungsarbeit einbezogen wurden.

Zum anderen wurden didaktische Materialien und Lehrgangsunterlagen unter Aufnahme der von Lehrgangsteilnehmern eingebrachten Erfahrungen entwickelt und in den Lehrgängen erprobt. Die Autoren dieser Arbeitsmaterialien, die selber Lehrgänge durchführten, verdankten das Wesentliche dem, was die Teilnehmer dort an Erfahrungen aus ihrer betrieblichen Arbeit einbrachten.

Eine dritte Form des Praxisbezuges hat sich mehr beiläufig eingestellt, als daß sie von vornherein bewußt angestrebt war, nämlich, daß die Teilnehmer der Bildungsobleutelehrgänge diese dazu genutzt haben, im Zuge der Entwicklung der Arbeit sich auch Arbeitsprogramme für ihre Betriebsratstätigkeit und ihre örtliche Gewerkschaftspolitik zusammenzustellen. Da es über ein paar Jahre gelungen ist, die Erfahrungsaustauschlehrgänge mit einiger Regelmäßigkeit durchzuführen, ergab sich die Möglichkeit zu überprüfen, was von diesen Arbeitsprogrammen realisiert werden konnte und was nicht und woran es gelegen hat, daß bestimmte Dinge nicht realisiert werden konnten.

Welche Thematik wurde in den Bildungsobleutelehrgängen behandelt? Die Bildungskonzeption umfaßte von vornherein die Synopse der Dimensionen Betrieb–Industrie/Wirtschaft/Gesellschaft. Zwar bezog sich der *Ansatz* auf den Betrieb als wichtigstes Erfahrungs- und Handlungsfeld der Teilnehmer, aber über- und außerbetriebliche Felder wurden sowohl unter dem Aspekt ihrer Bedeutung als Erfahrungsbereiche im Lebenszusammenhang der Teilnehmer als auch unter dem Aspekt von Bedingungen ihrer Arbeits- und Lebenssituation und ihres Handelns einbezogen. Die Behandlung der wissenschaftlichen Dimensionen der Thematik bewegte sich naturgemäß in den Horizonten, die damals von kritischen Vertretern der einschlägigen Wissenschaftsdisziplinen, wie der Arbeits- und Industriesoziologie, der Arbeits-, Wirtschafts- und Politikwissenschaft bestimmt wurden.

In bezug auf die betriebliche Ebene standen folgende Themen [10] im Mittelpunkt:
— Das Verhältnis zwischen Arbeit, technischer Entwicklung und betrieblicher Herrschaft;
— Betrieb als Herrschaftssystem (formale Organisation und informelle Gegenmachtorganisation durch Belegschaftsgruppen, Vertrauensleute, Betriebsrat);
— das Verhältnis von Lohn bzw. Einkommen und Arbeitsmühe/Leistungsverausgabung;
— negative Arbeitsbedingungen;

---

10 Vgl. dazu die vier Arbeitshefte zum Themenkreis Betrieb: Brock/Hindrichs/Hoffmann/Pöhler/Sund: Industriearbeit und Herrschaft; dies.: Der Konflikt um Lohn und Leistung; dies.: Die Interessenvertretung der Arbeitnehmer im Betrieb; dies.: Die Würde des Menschen in der Arbeitswelt. 1. Aufl. 1969; 2. überarb. Fassung: Frankfurt a. Main 1975.

— die Veränderung der betrieblichen Arbeit unter dem Einfluß technischen und arbeitsorganisatorischen Wandels (hier wurde insbesondere die Veränderung der Kooperationsbeziehungen und -formen in der Produktions- und Verwaltungsarbeit behandelt).

Ziel war bei diesen Themen, die Lage der Arbeitenden im betrieblichen Arbeitsprozeß und die sich daraus ergebenden Interessen auf die Ebene des Erfahrungsaustauschs und bewußter Reflexion zu heben.

Da es sich bei den Teilnehmern der Lehrgänge zunächst und auf absehbare Zeit um gewerkschaftliche Funktionäre im Betrieb handelte, die Breitenarbeit und Mitgliederbeteiligung erst in Gang bringen sollten, mußten Handlungsanforderungen und Handlungsbedingungen dieser Funktionäre innerhalb des „Themenkreises Betrieb" einen wichtigen Platz einnehmen. Behandelt wurden in diesem Zusammenhang folgende Fragen:
— die strukturelle Position des Betriebsrates zwischen Belegschaft, Arbeitgebern und Gewerkschaft;
— die strukturelle Position des Betriebsrats zwischen Professionalisierung, Bürokratisierung und demokratischem Auftrag;
— das Verhältnis zwischen gewerkschaftlichen Vertrauensleuten und Betriebsräten;
— Bedingungen und Möglichkeiten organisatorischer und politischer Arbeit der Vertrauensleute im Betrieb.

Innerhalb des Themenkreises Betrieb wurden die Grenzen gewerkschaftlicher Betriebsarbeit in mehrfacher Hinsicht überschritten. Zum einen mußte die Verzahnung der betrieblichen mit den überbetrieblichen Ebenen von Gewerkschaftspolitik thematisiert werden, besonders, wenn diese wieder näher an den Betrieb herangeführt werden sollte. Hier sind zu nennen die Bearbeitung
— tarifpolitischer Konzeptionen und tarifpolitischer Praxis;
— des gewerkschaftlichen Gesamtkonzepts von Mitbestimmung, von Arbeitsplatz/ Abteilung über Betrieb und Unternehmen zur gesamtwirtschaftlichen Mitbestimmung.

Zum anderen hat es die damalige Phase der Bildungsarbeit gekennzeichnet, daß die Suche nach gesellschaftlichen Entwicklungsperspektiven und auch -alternativen durchgängige Dimension war. Dem entsprach nicht nur die Behandlung von Konzeptionen überbetrieblicher Mitbestimmung, sondern auch von theoretischen und praktischen Ansätzen von Arbeiterselbstverwaltung (z.B. das jugoslawische Modell). Einen beträchtlichen Einfluß in der Bildungsarbeit hatten damals auch die Bücher von André Gorz, vor allem die „Strategie der Arbeiterbewegung im Neokapitalismus"[11].

Der 6-Wochen-Kurs war so angelegt, daß die ersten drei Wochen stärker betrieblichen, die zweite Hälfte dagegen ökonomischen und gesellschaftlichen Problemen vorbehalten war. Auch 2-Wochen-Kurse zu wirtschaftlichen und gesellschaftlichen Themen wurden in den letzten Jahren, in denen das Konzept weiterentwickelt wer-

---
11 Gorz, A.: Zur Strategie der Arbeiterbewegung im Neokapitalismus, Frankfurt a. Main 1967; ders.: Der schwierige Sozialismus, Frankfurt a. Main 1968.

den konnte, durchgeführt, die Erarbeitung entsprechender Arbeitshefte konnte nicht mehr abgeschlossen werden. Im Zuge einer längerfristigen Realisierung der Konzeption war eine stärkere Verlagerung der Bildungsinhalte für „Fortgeschrittene" auf wirtschaftliche und gesellschaftliche Themen vorgesehen.

Bei den wirtschaftlichen Themen wurden sowohl aktuelle wirtschaftspolitische Probleme als auch theoretische Erklärungsansätze zu umfassenderen ökonomischen Zusammenhängen und Prozessen bearbeitet.

Wirtschaftspolitische Themen waren z.B.
— der Konzentrationsprozeß des Kapitals;
— Einkommensverteilung und Lohnpolitik;
— staatliche Wirtschafts- und Sozialpolitik (Investitions-, Subventions-, Steuerpolitik);
— regionale und sektorale Strukturpolitik;
— Beschäftigungs- und Arbeitsmarktpolitik.

Grundsätzlichere, stärker perspektivisch und theoretisch orientierte Themen waren
— Formen ökonomischer Krisen und ihre Ursachen;
— Wirtschaftsplanung.

Innerhalb des Themenbereichs „Gesellschaft" wurden vier thematische Ebenen zusammengefaßt:
— Probleme des außerbetrieblichen Lebenszusammenhanges der Arbeitenden (z.B. Schul- und Bildungssituation);
— sozialstrukturelle Bedingungen und Verhältnisse einschließlich soziologischer Erklärungsversuche (z.B. die Kontroverse um Klassengesellschaft oder nivellierte Mittelstandsgesellschaft; Bestimmungsgründe des Sozialverhaltens von Arbeitern und Angestellten; Probleme gesellschaftlicher Mobilität);
— die Ebene des Politischen im engeren Sinne (z.B. das Verhältnis von Gewerkschaft und Parteien/Parlament);
— Geschichte der deutschen Arbeiterbewegung (insbesondere Knotenpunkte ihrer Entwicklung, z.B. Novemberrevolution 1918/Rätebewegung; Weltwirtschaftskrise 1929 ff. und Sieg des Nationalsozialismus).

Die drei Themenkreise Betrieb, Wirtschaft und Gesellschaft wurden zusammengebunden in einer umfassenden Reflexion über Stand, Bedingungen und Perspektiven gewerkschaftlicher Gegenmachtorganisation auf allen gesellschaftlichen Ebenen.

Auf folgende Verfahrensweisen wurde in den Bildungsobleutelehrgängen besonderer Wert gelegt:
— Offene, auch nicht durch organisationspolitische Rücksichten eingeschränkte Darstellung und Diskussion eigener betrieblicher und gewerkschaftspolitischer Erfahrungen war ein wichtiges Prinzip.
— Die Anknüpfung an betriebliche Konflikte und ihre Analyse schien besonders geeignet zu sein, von unterschiedlichen Interessen bestimmtes Handeln und seine strukturellen Bedingungen bewußt zu machen, vor allem, wenn solche Konflikte als komplexe Geschehenseinheiten („Fälle") analysiert, aus Handlungssträngen unterschiedlicher Akteure in der zeitlichen Entwicklung rekonstruiert und rückblickend auf Handlungsalternativen untersucht wurden.
— Neben der historischen Dimension wurde das Denken in gesellschaftlichen Alter-

nativen und alternativen Entwicklungsperspektiven geübt, – ein wesentliches Element der Erweiterung der sozialen „Phantasie".
- Die Selbsttätigkeit der Teilnehmer wurde planmäßig entwickelt. Das begann mit der Behandlung von „Technik der geistigen Arbeit" im Lehrgang und führte über die Erarbeitung exemplarischer Fälle in Arbeitsgruppen und die Erarbeitung von Referaten in Gruppen- und Einzelarbeit aus Literaturquellen und die Übung von Referieren und Diskussionsleitung bis zur selbständigen Erarbeitung örtlicher oder betrieblicher Bildungsprogramme.

1.4 *Erfolge und Mißerfolge in der betrieblichen Bildungsarbeit*

Bei den folgenden Bemerkungen über einige Qualifikationen, die mit dem Konzept betriebsnaher Bildungsarbeit in der Bildungsobleuteausbildung erreicht bzw. nicht erreicht worden sind, ist zu bedenken, daß es in bezug auf die Bildungsobleutephase ebensowenig wie in bezug auf andere Entwicklungsphasen gewerkschaftlicher Bildungsarbeit eine systematische Wirkungsforschung gegeben hat. Daher stützen sich die Bemerkungen auf die – notwendigerweise selektive und nichtrepräsentative – Beobachtung biographischer Entwicklungen und politischen Handelns bei einer Reihe von Teilnehmern der damaligen Bildungsarbeit. Im übrigen ist eine auf Feststellung einzelner Kausalketten orientierte Erforschung der Wirksamkeit von Bildungsprozessen ohnehin zum Scheitern verurteilt. Soweit die Ausbildung der Bildungsobleute auf der gewerkschaftlichen wie auf der individuellen Ebene Erfolge gehabt hat, sind sie stark dem Umstand zuzuschreiben, daß ein Prozeß wechselseitiger Förderung zwischen Bildung und betrieblich-gewerkschaftlicher Praxis im Rahmen einer innergewerkschaftlichen Reformströmung möglich war. Die über mehrere Jahre hinweg durchgehaltene Abfolge und inhaltliche Verknüpfung von Praxis in Betrieb und Gewerkschaft und Reflexionsphasen in den Lehrgängen ist eine wichtige politische Erfolgsbedingung gewesen.

Eine Reihe von Vertrauensleuten und Betriebsräten hat damals relativ schnell gelernt, sich mit Autonomie, Kreativität, Intelligenz und strategischem Geschick in der Auseinandersetzung mit dem Unternehmer zu bewegen, aber auch gewerkschaftspolitisch aktiv zu werden und bestimmte Vorstellungen im innergewerkschaftlichen Willensbildungsprozeß durchzusetzen. Oft waren solche „Aktivierungen" mit der Übernahme „höherer" Interessenvertretungsfunktionen (Betriebsratsvorsitzender, Leiter des Vertrauenskörpers) verbunden, oft auch kam es zu Auseinandersetzungen im Betriebsrat, in der betrieblichen oder örtlichen Gewerkschaftsorganisation um Inhalte der Politik und eine Aktivierung der Interessenvertretung. Die mit der Durchsetzung politischer Reformziele verknüpften „Karrieren" in den betrieblichen und gewerkschaftlichen Interessenvertretungsorganen sind höher zu bewerten als Karrieren auf instrumentell-professioneller Grundlage (der „Arbeitsrechtsspezialist"), die es als Ergebnis der betriebsnahen Bildungsarbeit auch gab.

Wollte man formale Qualifikationen aus diesem Lernprozeß herausfiltern, so könnte man vielleicht von einem gelungenen „Erlernen des Lernens" sprechen, der Fähigkeit, fremde Erkenntnisse (einschließlich wissenschaftlicher Ergebnisse) aufzunehmen, für eigene Handlungsanforderungen und -bedingungen zu verwerten und eigene Strategien zu entwerfen und methodisch zu begründen. Allerdings erhält die Formalqualifikation in der politischen Bildung nur im Zusammenhang einer bestimmten inhaltlichen Qualifizierung ihre Bedeutung.

Ein wichtiges Ergebnis jener Lern-Praxisprozesse war für viele Teilnehmer die Klärung, Bestätigung oder Vertiefung sozialstruktureller Verortung und Identitätsbildung („wissen, wo man steht und wohin man gehört"). Hiermit sind Erkenntnisse gemeint wie
- die eindeutige — individuelle wie kollektive — Verortung in der Sozialstruktur der Gesellschaft;
- die Bedeutung der Arbeit und der Arbeitsbedingungen für gesellschaftliche Stellung wie individuelle Sozialisation der Beschäftigten;
- die Identifizierung kollektiver — und antagonistischer — Interessen in ihrer bestimmenden Funktion für Handeln und Strategien in Betrieb und Gesellschaft (einschließlich der Möglichkeit ideologischer Überformung objektiver Interessen);
- die bedingende Kraft (durch kollektives interessengeleitetes Handeln reproduzierter) gesellschaftlicher Strukturen für fremdes und eigenes Handeln einschließlich der Notwendigkeit, über die Veränderbarkeit solcher Strukturen durch gesellschaftliches Handeln nachzudenken.

Impliziert in dieser Form strukturierten Bewußtseins, hier aber doch noch einmal eigens hervorzuheben, ist die Erkenntnis des uneingelösten historischen Anspruchs der Arbeiterbewegung. Hierzu gehört die Fähigkeit, sozialen Wandel in größeren historischen Dimensionen zu begreifen, gesellschaftsformationsbezogen zu denken, soziale Bewegungen als die Träger gesellschaftlicher Veränderung zu erkennen. Diese Qualifikationen sind mit dem identifikatorischen Moment der eigenen Verortung in der Arbeiterbewegung verbunden. Dabei wurde die Geschichte der Arbeiterbewegung mit ihrem uneingelösten Anspruch auf Befreiung der *ganzen* Gesellschaft zur autonomen, herrschaftsfreien kollektiven Selbstregulation und damit zur Emanzipation auch jedes einzelnen Mitglieds der Gesellschaft kritisch behandelt. Nur am Rande sei hier erwähnt, daß durch die Vermittlung solcher historischer Maßstäbe auch die Grundlage für eine kritische Einschätzung der Strukturen und Politik der Organisationen der gegenwärtigen Arbeiterbewegung gelegt wurde.

Ein weiteres Lernergebnis soll hier noch genannt werden, nämlich die Erkenntnis dominanter Bedingungen gesellschaftlicher Prozesse, insbesondere aber der Arbeiterexistenz. Auch hier konnte die Bildungsarbeit die Erfahrungen der Teilnehmer ins Bewußtsein heben:
- Arbeit und Betrieb sind trotz zurückgehender Arbeitszeit und sinkender Chancen zur Identifikation mit der eigenen Arbeit immer noch die Zentren der persönlichen Identitätsbildung und der Strukturierung des Lebenszusammenhangs.
- Wirtschaftliche Macht und die Krisenhaftigkeit der wirtschaftlichen Entwicklung bestimmen die Veränderungen in Arbeit und Betrieb ebenso wie politische und gesellschaftliche Vorgänge.
- Die Gewerkschaften (und nicht die Parteien oder andere Verbände) sind — zumindest potentiell — diejenigen Organisationen, die als Interessenorganisation

dem strukturierenden Erfahrungszentrum der Arbeitenden am nächsten stehen und in der Lage sind, die Interessen der Beschäftigten einheitlich zu vertreten. Über den genannten Qualifikationen dürfen die zahlreichen instrumentellen Qualifikationen, das „Handwerkszeug", nicht vergessen werden, die teils intentional, teils beiläufig in der Bildungsarbeit für die Bewältigung von Aufgaben im Betriebsrat oder als Vertrauensmann oder auch einfach als politisch bewußtes Gewerkschaftsmitglied vermittelt wurden.

Welche Ziele der Konzeption konnten nicht oder nur ganz begrenzt umgesetzt werden? Auch hier nur einige selektive Hinweise! Nicht erreicht wurde beispielsweise ein reflexives „Rollenverständnis" der Teilnehmer derart, daß die eigene Funktion im Interessenvertretungssystem, ja daß dieses selbst als Aushilfe bzw. als Übergangsform und Hilfsinstrument zur autonomen Interessenwahrnehmung der Arbeitenden begriffen worden wäre. Der „Rollenwechsel" vom „Vertretenen" zum „Vertretenden", den die meisten an der Bildungsarbeit teilnehmenden Funktionäre vollzogen hatten, konnte nicht so beeinflußt werden, daß die Vertretenden die ganzen Sichtweisen und Perspektiven der von aktiver Partizipation ausgeschlossenen Vertretenen (die ja meist einmal ihre eigenen Sichtweisen gewesen waren!) noch hätten nachvollziehen können. Ihre neuen politischen Einsichten wurden von den Kollegen eher als individuelle, aber jedem zumutbare Leistung denn als positionsabhängig interpretiert. Es ist nicht gelungen, vielleicht auch nicht genügend versucht worden, ihnen klar zu machen, daß auch die Reichweite politischer Einsichten abhängig ist von der Stellung im Arbeitsprozeß, in der Organisation, im Leben schlechthin, d.h. daß Erkenntnismöglichkeiten strukturell bedingt sind, und daß sie durch ihren Rollenwechsel in die Interessenvertretung unter andere strukturelle Bedingungen gekommen waren. Daher blieben auch viele „linke" Bildungsobleute beim Stereotyp der „unpolitischen Belegschaften" stehen.

Nicht erreicht werden konnte – trotz einiger Ansätze in der Tarifpolitik Ende der 60er und Anfang der 70er Jahre – eine kommunikative und organisatorische Kompetenz der Teilnehmer, die die Durchbrechung der Dominanz der Einzelkapitalstrukturen wie auch der traditionellen parzellierten gewerkschaftlichen Organisationsstrukturen ermöglicht hätte. Anders ausgedrückt: Die Funktionäre wurden qualifiziert, die Interessenvertretung in Betrieb und Unternehmen wesentlich professioneller und perspektivischer zugleich wahrzunehmen und auch die Grenzen solcher Interessenvertretung angesichts der Machtasymmetrie auf Einzelkapitalebene deutlich zu sehen. Aber innergewerkschaftliche Reformbewegung und Bildungsarbeit waren – trotz der oben erwähnten politischen „Karrieren" und partieller politischer Durchsetzungserfolge – zu schwach und konnten sich nicht lange genug entfalten, um koordiniertes und kombiniertes Handeln der Betriebsfunktionäre in der Durchsetzung ihrer tarifpolitischen Reformziele oder auch in einer vereinheitlichten und überbetrieblich abgestimmten Betriebspolitik zu erreichen.

Damit eng zusammenhängend: Nicht erreicht werden konnte eine hinreichende Breite der Bildungs- und Praxisprozesse, die eine „Wiederaneignung" der eigenen Organisation durch die Betriebsfunktionäre ermöglicht hätte (Forderungen waren damals u.a.: mehr Rechte der Vertrauensleute in der Organisation, Wahlen von Tarifkommissionsmitgliedern in den Delegiertenversammlungen oder Vertrauenskörpern, Wahl der Bezirksleiter statt Einsetzung durch den Vorstand). Überbetriebliche Organisationsstrukturen und -politiken erwiesen sich als letzten Endes resistent gegen die Umsetzungsversuche, die sich aus dem Demokratisierungsziel der Konzeption ergaben. Das aber führte dazu, daß diejenigen, die diese Bildungsobleutearbeit mit viel Erfolg durchlaufen haben, trotzdem auf die Ebene ihres Betriebes reduziert blieben und dann natürlich sehr schnell merkten, daß bestimmte Dinge nur hätten gemacht werden können, wenn man überbetriebliche Politik durchgesetzt hätte. Diese Regression auf den eigenen Betrieb, das Fixiertbleiben auf den betrieblichen Bereich, ist verhängnisvoll gewesen. Die wirklichen Auswirkungen merken wir erst heute in der Krise.

2. Gegenwärtige Probleme betriebsnaher Bildungsarbeit

2.1 Das Ende der Bildungsobleutephase

Wesentliche Teile der in der Bildungsobleutephase entwickelten Inhalte betriebsnaher Bildungsarbeit sind aus der heutigen gewerkschaftlichen Bildungsarbeit nicht mehr wegzudenken. Andere Elemente der Konzeption sind aber auch „abgebogen" und verändert worden.

Je stärker die betriebsnahe Bildungsarbeit nach der Bildungsobleutekonzeption ausgeweitet wurde und Praxis von Interessenvertretung zu bestimmen begann, desto mehr rief sie außerhalb und innerhalb der Gewerkschaften Widerstand hervor. Die Unternehmer lehnten das Gesamtkonzept einer betriebsnäheren Gewerkschaftspolitik und alle Versuche ab, mehr Einfluß der Interessenvertretungen und der Belegschaften im Betrieb durchzusetzen. Innerhalb der Gewerkschaft formierten sich Anhänger einer „autonomen", (d.h. gegenüber gewerkschaftlichem Einfluß verselbständigten) Betriebspolitik, Gegner der Vertrauensleutebewegung, Anhänger der traditionellen zentralisierten Einkommenstarifpolitik, Arbeitsdirektoren der Montanindustrie, gegen eine weitere Demokratisierung der Organisationsstrukturen eingestellte hauptamtliche Gewerkschaftsfunktionäre. Anträge zur Stärkung der Vertrauensleutebewegung, für eine betriebsnahe Tarifpolitik, für Mitbestimmung am Arbeitsplatz und Demokratisierung der Organisationsstrukturen fanden auf den Gewerkschaftstagen entweder keine Mehrheit, oder es fehlte später an Versuchen einer konkreten Realisierung der beschlossenen Anträge. Die Zuständigkeit im geschäftsführenden Vorstand für die Bildungsarbeit wechselte, hauptamtliche Sachbearbeiter und ehrenamtliche Teamer wurden nach dem Gewerkschaftstag 1971 ausgetauscht. In dem 1972 veröffentlichten Grundsatzpapier der IG Metall zur Bildungsarbeit, in den „17 Thesen"[12] wurden, neben Elementen inhaltlicher Kontinuität zur vorangegangenen Periode wie konfliktorientierte und betriebsnahe Bil-

---

12 17 Thesen zur Bildungsarbeit der IG Metall, in: Der Gewerkschafter, Monatsschrift für Funktionäre der IG Metall 11/1973.

dungsarbeit und Anspruch auf Mitgliederbildung, auch Elemente der Kontrolle und Umsteuerung wie „Transparenz" der Bildungsarbeit, ihre Abstinenz gegenüber Willensbildungsprozessen, Bindung an die Beschlußlage und Reduzierung der Kritik an der Gewerkschaft proklamiert. Der Bildungsarbeit wurde, mindestens zunächst, die Funktion abgesprochen, Beiträge zur Entwicklung politischer Vorstellungen der gewerkschaftlichen Basis zu leisten.

Die Konzeption wurde auch dadurch getroffen, daß gerade die Formen langfristiger und intensivierter Bildung (6-Wochen-Lehrgänge und Sonderlehrgänge für den Erfahrungsaustausch Fortgeschrittener) eliminiert wurden. Die Veränderung der Bildungsarbeit fand methodisch ihre Entsprechung darin, daß das Prinzip der breiten Einbeziehung von Teilnehmererfahrung zugunsten der Anwendung außerordentlich materialreicher und sehr detaillierter geschlossener Curricula („Leitfadenprinzip") eingeschränkt wurde [13].

Entscheidend aber ist: mit dem Verzicht der IG Metall auf Weiterentwicklung und Durchsetzung der Konzeption betriebsnäherer Gewerkschaftsarbeit erhielt die Bildungsarbeit − selbst da, wo die bisherigen Themen beibehalten wurden − einen anderen Stellenwert. Sie wurde an die dominanten Zielsetzungen und Formen gewerkschaftlicher Politik angepaßt, also z.B. an die Strukturen der üblichen Flächentarifpolitik mit ihren eingeschränkten Gegenstandsbereichen.

2.2 Neue Entwicklungen

Dennoch ergibt sich insgesamt in bezug auf die Entwicklung seit 1972 nicht ein eindeutiges, sondern ein widersprüchliches Bild. Dies liegt erstens daran, daß es eine Tradition gesellschaftlicher Analyse und politischer Bewertung gab, die auch von der Mehrheit in der IG Metall, zumindest verbal, nicht aufgegeben wurde.

Zweitens setzte um das Jahr 1973 zugleich mit sich vertiefenden konjunkturellen Krisenzyklen jene nicht zuletzt durch die Mikroelektronik bedingte Rationalisierungswelle ein, die einen ungeheuren Problemdruck auch und zuerst in den Betrieben der Metallindustrie erzeugte. Hier genügen die Stichworte Arbeitsplatzvernichtung, Leistungsintensivierung, Qualifikationsverlust, Abgruppierungen. Die Gewerkschaften mußten hier reagieren, mit Kämpfen um Rationalisierungsschutz, Arbeitszeitverkürzung, der Entwicklung neuer Elemente einer sogen. qualitativen Tarifpolitik.

Hier kann diesen gewerkschaftspolitischen Entwicklungen nicht weiter nachgegangen werden.

Am strukturierenden Prinzip des Interessengegensatzes von Kapital und Arbeit wurde festgehalten. Der thematische Betriebsansatz wurde beibehalten, ebenso die

---

13 Vgl. z.B. die Referentenleitfäden zu den Funktionsträgerlehrgängen, insbesondere zu dem „Seminar für Funktionsträger § 37, 7 BetrVG Bildungsurlaub" (das sog. Sprockhöveler Modellprojekt). Auf die nach 1972 sich ausweitende Diskussion in der Arbeiterbildung über „Leitfadenansatz" vs. „Erfahrungsansatz", die z.T. in unglücklichen Extrempositionen verlief, wird hier nicht weiter eingegangen.

Vermittlung von betrieblichen und gesellschaftlichen Strukturen als wichtiges Lernziel. Auch setzte sich in der Seminarwirklichkeit der Erfahrungsansatz wieder stärker durch.

Indirekte Gegenwirkungen gegen die Verengungen der gewerkschaftlichen Bildungsarbeit hatten in der ersten Hälfte der 70er Jahre wichtige, auch bildungspolitische Prozesse, die gewisse Chancen für weiterführende Entwicklungen in sich bargen:

1. 1972 trat die Novellierung des Betriebsverfassungsgesetzes in Kraft, die den gesetzlichen Bildungsurlaub für Betriebsräte einführte. Seitdem wurde die gewerkschaftliche Bildungsarbeit enorm ausgeweitet, in der IG Metall, aber auch in den anderen Gewerkschaften. Allerdings trat die Vertrauensleutebildung gegenüber der Betriebsrätebildung stark in den Hintergrund. Die Ausweitung hatte in der IG Metall sowohl eine Dezentralisierung/Regionalisierung der Grundkurse als auch den massenhaften Einsatz von Betriebsfunktionären als Referenten zur Folge. Insoweit wurde das Bildungsobleutekonzept angewandt, allerdings ohne Beibehaltung der ursprünglichen Konzeption intensiver und kontinuierlicher Ausbildung. Der Betriebsbezug in diesen Lehrgängen erhielt teilweise allerdings eine stärker professionalisierte Wende im Hinblick auf arbeitsrechtliches, arbeitswissenschaftliches usw. Wissen. Eine auch nur annähernd den Betriebsrätelehrgängen quantitativ proportionale Ausweitung betrieblicher Arbeitskreise (d.h. also Vertrauensleute- und Mitgliederbildung) ist hingegen nicht festzustellen.

2. Mitte der 70er Jahre traten zumindest in einigen Bundesländern (Bremen, Niedersachsen, Hessen, Berlin, Hamburg) Bildungsurlaubsgesetze in Kraft, die den Arbeitnehmern (in einigen Fällen nur jungen Arbeitnehmern) Anspruch auf Bildungsurlaub (in der Regel 14 Tage in 2 Jahren) einräumten. Damit wurde eine Arbeitnehmer-Breitenbildung ermöglicht, die – trotz insgesamt begrenzter Inanspruchnahme (bis zu höchstens 5 % der Anspruchsberechtigten pro Jahr) – zehntausende von Beschäftigten (und Arbeitslosen) auch an den Veranstaltungen der Gewerkschaften oder gewerkschaftsnaher Einrichtungen teilnehmen ließ. (Daß unter dem Einfluß der Wirtschaftskrise und der Finanzkrise des Staates die staatlichen Zuschüsse, der Umfang politischer Weiterbildung und die Teilnahme traditionell weiterbildungsbenachteiligter Arbeitnehmerschichten jüngst wieder rückläufig sind, kann hier nur am Rande erwähnt werden).

Auch hier wurde der betriebsnahe Ansatz vielfach erprobt und angewandt, und es liegen spezifische, mit der Funktionärsbildung nur bedingt vergleichbare, Erfahrungen vor. In letzter Zeit deuten thematische Differenzierungen auf eine gewisse „Ermüdung" der betriebsbezogenen Themen hin.[14] Dieses dürfte mit dem sich verstärkenden Eindruck der Vergeblichkeit betriebsindividueller Interessenvertretungsstrategien zusammenhängen.

Hinzu kommt, daß bei der Weiterbildung von Arbeitnehmern ohne Interessen-

---

14 Vgl. dazu die Angaben zu Themenstruktur und Themenentwicklung bei Weinberg, J. u.a.: Politische Erwachsenenbildung der Gewerkschaften in Nordrhein-Westfalen 1976–1980, Forschungsberichte des Landes Nordrhein-Westfalen Nr. 3164, Opladen 1983.

vertretungsfunktion der Handlungsbezug viel schwieriger ist als bei Funktionärsbildung. Der einzelne Arbeitnehmer, der in ein Bildungsurlaubsseminar nach dem Landesgesetz fährt, wird vielleicht Erfahrungsaustausch treiben können und auch Bewußtseinserweiterung erfahren, aber Handlungsbezug ist oft für ihn kaum herzustellen. Zumal wenn er in den Betrieb zurückkommt, gibt es für ihn keine Möglichkeit, das, was er gelernt hat, irgendwie in organisierten Formen von Interessenwahrnehmungshandeln anzuwenden. Er kommt genauso als isoliertes Individuum, das der betrieblichen, hierarchischen Arbeitsorganisation unterworfen ist, in den Betrieb zurück, wie er daraus hervorgegangen ist. Es gibt kaum Strukturen von Interessenwahrnehmung im Betrieb, innerhalb derer der einzelne handeln könnte.

3. Noch ausgehend von den Bedingungen der Hochkonjunktur und Vollbeschäftigung und von einem allmählich ansteigenden Niveau des Anspruchs der Beschäftigten an die Arbeitsbedingungen, entstand in der ersten Hälfte der 70er Jahre im betrieblichen, gewerkschaftlichen, politischen und wissenschaftlichen Raum eine Tendenz stärkerer Beachtung nicht-monetärer Arbeitsbedingungen in den Betrieben. Dies hatte auf allen genannten Ebenen Bemühungen um eine „Humanisierung des Arbeitslebens" zur Folge, die sich auf vielfältige Aspekte und Dimensionen erstreckte. Es kam nicht nur zu neuen Kooperationsformen zwischen Politik, Wissenschaft und Tarifvertragsparteien auf diesem Felde, sondern auch zu einer neuen innergewerkschaftlichen Zuwendung zu bisher vernachlässigten Aspekten von Arbeitsbedingungen. Nicht nur gab es eine stärkere Aufmerksamkeit gegenüber Problemen von Arbeitsbelastungen und Arbeitsverschleiß, sondern auch Fragen der Arbeitsorganisation, der Arbeitsstrukturierung. In diesem Kontext erhielt betriebsbezogene gewerkschaftliche Bildungsarbeit wichtige Impulse und eine qualitative und quantitative Steigerung.

Im Rahmen des von der Bundesregierung geförderten Aktionsprogramms „Humanisierung des Arbeitslebens" wurden Modellprojekte mehrerer Gewerkschaften zur Entwicklung von Curricula, Materialien und Methoden einer Bildungsarbeit zur Verbesserung der Arbeitsbedingungen gefördert. Diese Modellprojekte wirkten erheblich in die Bildungsarbeit dieser Gewerkschaften hinein (z.B. GTB, GHK). Darüber hinaus wurde im Rahmen dieses Programms eine Reihe von Projekten durchgeführt, die die Erprobung und Entwicklung der Beteiligung der Arbeitnehmer an der Verbesserung ihrer eigenen Arbeitsbedingungen zum Gegenstand hatten (u.a. das Peiner Projekt von W. Fricke, das Tübinger Projekt von W. Girschner u.a., das Flensburger Projekt von F. Weltz u.a.).[15] Diese Projekte bewiesen sowohl die Kompetenz der Beschäftigten zur Gestaltung ihrer Arbeitsbedingungen als auch die innovativen Potentiale und Reserven, die in den Beschäftigungskollektiven vorhanden

---

15 Vgl. auch das im Rahmen des Kooperationsvertrages Universität/Arbeiterkammer in Bremen durchgeführte Arbeitsforschungsprojekt „Belastungen und Gesundheitsgefahren am Arbeitsplatz" in einer norddeutschen Werft. Ergebnisse u.a. in Brock, A. u.a.: Betriebliche Gesundheit und gewerkschaftliche Arbeit in einer norddeutschen Werft — Ansätze einer Arbeitermedizin in der BRD, Argument-Sonderband 53, S. 49 ff.

sind. Deren Anwendung und Entfaltung erfordert Hand in Hand gehende Prozesse von realer Mitbestimmung und Weiterbildung.

2.3 Strukturelle Schwächen gewerkschaftlicher Politik

Nun wurden diese drei positiven Entwicklungen, deren Entstehung noch als Ergebnis der Ära des Wirtschaftswachstums, der Arbeitsmarktstärke der Arbeitnehmer und der Reformpolitik interpretiert werden kann, in der zweiten Hälfte der 70er Jahre von der schweren Wirtschaftskrise (und in ihrem Gefolge von der politischen „Trendwende") eingeholt.

Das bedeutet nicht nur neuartige Herausforderungen an die Gewerkschaften, sondern auch, daß die Krise schonungslos jene Schwächen der Gewerkschaften aufdeckt, die die Konzeption einer Vergewerkschaftlichung der Betriebspolitik durch betriebsnähere Gewerkschaftsarbeit frühzeitig hatte überwinden helfen wollen.

Auf folgende in langen Entwicklungen entstandene Probleme soll hier beispielhaft hingewiesen werden:

1. Die *betriebliche Sozialisation* der Beschäftigten ist bis auf den heutigen Tag zu wenig Gegenstand gewerkschaftlicher Gestaltung. Gerade auf den untersten Ebenen der betrieblichen Hierarchie, in der Abteilung und am Arbeitsplatz greifen Mitbestimmung und gewerkschaftliche Erziehung wenig[16], dominieren die von den Vorgesetzten gestaltete Arbeitsorganisation und Arbeitsdisziplin und vielfach auch konkurrenzhafte Beziehungsformen der Beschäftigten untereinander. Veränderungen von Arbeitsplatzbedingungen, Technik und Organisation, die es immer gegeben hat, wenn auch selten in solcher Rasanz wie heute, nehmen die Beschäftigten hin, sie passen sich daran an, aber es gibt keinen Ort gewerkschaftlicher Diskussion über die bewußte kollektive Bewältigung dieser Veränderungen und die Gestaltung der Arbeitsbedingungen. Eine Folge ist u.a., daß Widerstände gegen unzumutbare Arbeitsbedingungen oft zu spät kommen. Strategische Planung offensiven Einbringens eigener arbeitsbezogener Bedürfnisse der Beschäftigten hat keinen Ort.

2. Die breite *Durchsetzung neuer Technologien* trifft auf dieselben Strukturen des Interessenvertretungssystems. Die Diffusion dieser Technologien über einzelne Kapitale führt dazu, daß Betriebsdatenerfassung, Personalinformationssysteme, Vernetzung von Informationssystemen, flexible Fertigungssteuerung usw. in vielen Betrieben schon eingeführt sind, ehe Betriebsräte und Belegschaften anderer Betriebe beginnen, den Widerstand zu organisieren. Tarifpolitische Strukturen zur Kontrolle und Beeinflussung solcher Einführungsprozesse sind überwiegend nicht vorhanden. Das Widerstandspotential der Einzelbelegschaften ist zu schwach entwickelt.

---

16 In einigen betriebssoziologischen Untersuchungen wird dieser Sachverhalt indirekt deutlich. Vgl. z.B. Lichte, R.: Betriebsalltag von Industriearbeitern, Frankfurt a. Main/New York 1978.

3. Überwiegend zeigen sich bislang die Gewerkschaften strukturell nur in der Lage, die sozialen Auswirkungen der Krise (Arbeitsplatzvernichtung, Einkommensminderung, Belastungsverlagerungen, Arbeitsintensivierung, Dequalifizierung, Entsolidarisierung) auf *Einzelkapitalebene* (Betrieb, Unternehmen, Konzern) zu bekämpfen, nicht durch Tarifpolitik, durch koordinierte Mitbestimmung in den Branchen und durch gemeinsame, zwischenbetrieblich kombinierte Kampfformen. Gerade auf der Einzelkapitalebene aber schlägt die strukturelle Übermacht des Kapitals durch. Ergebnis: die Rationalisierungsstrategien der Unternehmer werden in Grenzen sozial abgefedert, aber weder gestoppt noch durchkreuzt. Die zu Desolidarisierung und Resignation führenden Auswirkungen sind enorm.
4. Gegen die Geschwindigkeit der *Kapitalbewegungen* geben weder der erreichte Ausbau des gesetzlichen Mitbestimmungssystems noch die praktizierten gewerkschaftlichen Politikformen Abwehrmöglichkeiten her. Produktionsverlagerungen ins Ausland, der Aufkauf von Klein-, Mittel- und Großbetrieben (oft genug zum Zwecke der Vernichtung oder Umstrukturierung von Produktionskapazitäten), die Stillegung oder Verlagerung von Betriebsstätten — alles dies ist hundertfache Alltäglichkeit in der Bundesrepublik in den letzten Jahren. Die Konsequenzen für die soziale Lage hunderttausender Beschäftigter in Branchen und Regionen ist bekannt, daß nur eine an Arbeitnehmerinteressen ausgerichtete Investitionslenkung etwas ändern könnte, ebenfalls. Wenig reflektiert wird der Umstand, daß die genannten Kapitalbewegungen oft genug erkämpfte Mitbestimmungsstrukturen der Arbeitnehmerseite und Belegschaften als soziale Einheiten, in denen die Kampfkraft der Gewerkschaften versammelt ist, zerstören.
5. Schon in den Zeiten der Hochkonjunktur ist die Politik der Gewerkschaften in der Bundesrepublik mehr durch Ausklammerung *divergierender Interessen von Arbeitnehmergruppen* gekennzeichnet gewesen als durch deren aktive Bewältigung. Zweifellos hat es wichtige Anläufe auf Teilgebieten gegeben, wie z.B. Versuche tarifpolitischer Verminderung der Einkommensschere. Aber die segmentierten betrieblichen Arbeitsmärkte, die unterschiedlichen Interessen hoch- und niedrig qualifizierter Beschäftigter, von Personengruppen (Frauen, Ausländer) und Berufsgruppen (Angestellte) konnten doch nur begrenzt thematisiert werden. Die Krise hat diese Problematik der Konkurrenz der Beschäftigten noch vielfältig verschärft, vor allem durch die Arbeitslosigkeit, aber auch durch die Konkurrenz von Teilkollektiven innerhalb von Betrieben, Unternehmen, Konzernen um Investitionen, Aufträge, Arbeitsplätze — ums Überleben! Erst allmählich und in noch zu geringem Umfang stellen die Gewerkschaften Formen der aktiven Integration der Arbeitslosen in ihre Organisationen bereit. Das Ringen um Vereinheitlichung der Interessen der Beschäftigten in bezug auf die Formen der Arbeitszeitverkürzung ist ein exemplarisches Beispiel sowohl für partiell objektiv divergierende Interessen von Beschäftigtengruppen als auch für eine breite innerorganisatorische Diskussion. Aber Arbeitszeitverkürzung ist *ein* zentrales Problem! Viele andere stehen an. Muß die Gewerkschaft an den in der Krise vervielfachten Konkurrenzen der Beschäftigten im Kapitalismus scheitern?
6. Schon in der Zeit der sozialliberalen Koalition (umso viel mehr heute) hat sich gezeigt, daß das gewerkschaftliche Potential zur *Beeinflussung staatlichen Han-*

delns nicht ausreicht. Weder in der regionalen noch sektoralen Strukturpolitik noch in bezug auf die technologiepolitischen Förderprogramme der Bundesregierung noch beispielsweise in der Arbeitsmarkt- oder Bildungspolitik haben die Gewerkschaften genug Druckpotential entwickeln können, um die wesentlichen Entscheidungen mitzubestimmen. Wo aber Entscheidungen und Mitbestimmungsstrukturen im Sinne der Gewerkschaften gegeben waren, wie beim HdA-Programm der Bundesregierung, konnten die Gewerkschaften die Umsetzungs- und Durchführungsprozesse nicht schnell und umfassend genug beeinflussen.

Faßt man die hier beispielhaft genannten sechs Problembereiche unter dem Aspekt ihrer Bewältigung durch die Gewerkschaften zusammen, so kann man von einer akuten Überlastung gewerkschaftlicher Organisationsstrukturen und Politikpotentiale sprechen, historisch betrachtet allerdings auch von einer mangelnden Ausdifferenzierung. Diese Diagnose umfaßt alle wesentlichen gewerkschaftlichen Politikebenen (Tarifpolitik, Betriebs- und Unternehmenspolitik, Beeinflussung staatlichen Handelns) als auch ihre Organisationsstrukturen (Mitgliederpartizipation, Nutzung internen und externen Sachverstandes) als auch ihr Selbstverständnis als umfassende Interessenorganisation der Arbeitnehmer in ihrem Lebenszusammenhang.

Die Überlastung der Politikpotentiale und Organisationsstrukturen kann nur vermindert werden durch Erweiterung und Öffnung für Beteiligungspotentiale und -interessen der abhängig Beschäftigten selbst, also der aktuellen und potentiellen Gewerkschaftsmitglieder.

3. *Perspektiven betriebsnaher Bildungsarbeit*

Auch wenn im folgenden in der Hauptsache von Bildungsarbeit geredet wird, darf nicht vergessen werden, daß die Perspektiven der Bildungsarbeit nicht über eine längere Zeit hinweg weiter reichen können als die der gewerkschaftlichen Politik. Gewerkschaftliche Bildungsarbeit zielt auf gewerkschaftliche Politik, ihre Intentionen müssen sich dort verwirklichen.

Ferner ist bei den folgenden Ausführungen zu bedenken, daß den dargestellten Perspektiven insofern ein „utopisches" Element innewohnt, als stärker objektive Erfordernisse als praktische Realisierungschancen diskutiert werden. Die Vermittlung der Perspektiven mit Anknüpfungspunkten in der gegenwärtigen Praxis gewerkschaftlicher Bildungsarbeit bedürfte einer eigenständigen ausführlichen Erörterung.

3.1 *Arbeit und Betrieb*

Zweifellos spielt in der gegenwärtig praktizierten gewerkschaftlichen Bildungsarbeit die ganze Breite der Arbeitsbedingungen bereits eine größere Rolle als früher. Insbesondere werden die vielfältigen Erscheinungsformen und sozialen Folgen von Rationalisierung thematisiert. Beispielsweise ist die Sensibilität für die verschiedensten Arten von Arbeitsbelastungen gestiegen, und die Probleme des Qualifikationswandels und der Dequalifizierung werden breiter diskutiert. Es überwiegt dabei – verständlicherweise – die Perspektive der Reproduktion von Arbeitskraft. Außerdem handelt es sich in der Bildungsarbeit noch hauptsächlich um Diskussionen unter Interessenvertretern, Funktionären.

Erforderlich wären gewerkschaftlich organisierte Bildungsprozesse, die die einzelnen Beschäftigten und die Arbeitsgruppen erfassen, und die mehrere Elemente miteinander verbinden müßten:

– die eigene Arbeit der Beschäftigten und ihre unmittelbaren, auch sinnlich wahrnehmbaren, *Bedingungen müßten diskutierbar werden*. Dabei würden zuerst sicher Reproduktionsaspekte wie z.B. Belastungen überwiegen. Es würden aber – vielfach zum ersten Mal – die Einwände und auch Alternativen in bezug auf die konkreten Arbeitsbedingungen des einzelnen und der Gruppe „veröffentlicht" und damit kollektiver Reflexion zugänglich, und das bei den einzelnen versammelte Produktionswissen würde ihnen selbst bewußt[17].

– Die Erörterung des Reproduktionsaspektes der Arbeitsbedingungen ließe sich in der Praxis nicht trennen von der der *Bedeutung der Arbeit* insgesamt für das Leben des Beschäftigten. Fragen des Inhalts der Arbeit, der sozialen Beziehungen im Arbeitsprozeß und andere Sinnfragen kämen hier zur Sprache. Arbeit, so zerstückelt und sinnentleert sie in weiten Teilen ist, verließe die Sphäre des automatischen unbewußten Vollzugs, und die Thematisierung würde sofort die unterdrückten Veränderungswünsche und -vorschläge freisetzen.

– Unvermeidlich würde diese Diskussion auch eine *historisch-biographische Dimension* erhalten. Thematisierung der eigenen Arbeit heißt für den einzelnen auch Thematisierung des Wandels der Arbeit, und zwar konkret: Was hat sich an meinem Arbeitsplatz, in meiner Arbeitsaufgabe, im letzten Jahr, in den letzten 10 Jahren, verändert? Was habe ich damals tun müssen oder können, was heute? Wie sieht eigentlich mein Berufs- oder Arbeitsleben aus? Die Frage nach der Biographie führt zur Frage nach der eigenen Identität – und ihren Bedingungen!

– Die Diskussion über die eigene Arbeit oder den Arbeitszusammenhang der Gruppe wird in der Regel schnell zu der Erkenntnis führen, daß die Gestaltungs- und Beeinflussungsmöglichkeiten des Beschäftigten oder der Gruppe eng begrenzt sind und zum Teil in den letzten Jahren durch die technisch-arbeitsorganisatorische Entwicklung immer geringer geworden sind. Externe Leistungsvorgaben und Leistungskontrollen werden dichter, integrierte Arbeitssteuerung beseitigt Dispositionschancen und verbliebene Freiräume. Daher muß sich die Diskussion auf die Verknüpfungen und Zusammenhänge der eigenen Arbeit, tendenziell auf den *betrieblichen Produktionsprozeß* als ganzen, seinen Wandel, die unternehmerischen Strategien seiner Gestaltung und die Interessen der Arbeitnehmer erstrecken. Nur so können Belegschaftsgruppen auch ein Verständnis für die Pro-

---

17 Vgl. Fricke, E. u.a.: Qualifikation und Beteiligung, Frankfurt a. Main, New York 1981; Fricke, W., Peter, G., Pöhler, W. (Hrsg.): Beteiligen, Mitgestalten, Mitbestimmen. Arbeitnehmer verändern ihre Arbeitsbedingungen, Köln 1982.

bleme einer auf den ganzen Betrieb bezogenen Mitbestimmungspolitik des Betriebsrats gewinnen. Dem Betriebsrat und dem gewerkschaftlichen Vertrauenskörper würde aus solchen betrieblichen Arbeitskreisen verbesserte Kenntnis von Problemen der Beschäftigten zuwachsen. Nur am Rande sei hier darauf hingewiesen, daß die aus verzweifelter Existenznot geborenen Überlegungen von Belegschaften oder Belegschaftsteilen über alternative Produktion die Überprüfung des gesamten betrieblichen Produktionsprozesses auf Potentiale und Alternativen geradezu erzwingen. Darüber hinaus aber lenken diese Diskussionen und Arbeitskreise zur „alternativen Produktion" (vor allem auch zur Rüstungskonversion) den Blick auf die soziale Nützlichkeit von Produkten selbst und führen damit eine wesentliche Dimension des Sinns von Arbeit schon jetzt in die gewerkschaftliche Konzeptionsbildung ein.

— Transparenz des betrieblichen Produktionsprozesses, und zwar in seiner stofflichen Seite als Arbeitsprozeß wie auch als Kapitalverwertungsprozeß, bedeutet zu einem Teil bereits seine Aneignung durch das *Kollektiv der Belegschaft*. Es liegt auf der Hand, daß hier Arbeitsplatz und Arbeitsgruppe als Thema wie auch als Organisationsgrundlage des Bildungsprozesses notwendigerweise überschritten werden. Betriebliche Arbeitskreise müssen die Diskussionen der Arbeitsgruppen zusammenführen. Die Belegschaft als soziale Einheit tritt ins Blickfeld. Letzten Endes ist *sie* auch der Akteur, der die Interessen der Arbeitnehmer in Betrieb und Unternehmen durchsetzt. Die gewerkschaftliche Bildungsarbeit kann nicht umhin, die Belegschaft als Gegenmachtorganisation zu thematisieren. Das impliziert die solidarische Bearbeitung von vielfach verschiedenen, z.T. in Konkurrenz zueinander stehenden, Gruppen- und auch Einzelinteressen innerhalb der Belegschaft, also den Versuch, aus der potentiellen eine aktuelle soziale Einheit zu machen. Es ist wohl für die Zukunft der Gewerkschaften eine entscheidende Frage, ob die Mitglieder in Bildungsprozessen und in gemeinsamem Handeln ihr soziales Verständnis und ihre Handlungsbereitschaft so entwickeln, daß sie die besonderen Arbeitsbedingungen und Arbeitsinteressen jeweils anderer Beschäftigtengruppen mitberücksichtigen und mit den eigenen Bedingungen und Interessen zu einem solidarischen Ausgleich bringen.
Es kann kein Zweifel sein, daß der Angriff auf die Barrieren gruppenbornierten Denkens und verselbständigter Partialinteressen erhebliche Probleme für den bestehenden gewerkschaftlichen Zusammenhalt bringen kann. Sie können aber durch eine neue Qualität von Vereinheitlichung überwunden werden.

— Schon früh werden in dem hier skizzierten Bildungsprozeß *Vergleiche zu Verhältnissen außerhalb des eigenen Betriebs* bzw. Unternehmens gezogen werden. Die Wahrnehmung der Beschäftigten bezieht solche Vergleiche zumindest auf lokaler Ebene immer schon ein. Hieran kann angeknüpft werden. Regionale und sektorale, gesamtwirtschaftliche und gesamtgewerkschaftliche Sachverhalte werden einbezogen, und der Arbeitsschritt von Vergleichen solcher Art zur Analyse gesellschaftlicher Bedingungen der betrieblichen Situation ist dann nicht mehr groß.

Dieser hier skizzierte Bildungsprozeß muß natürlich in gewerkschaftlicher Perspektive und gewerkschaftlich organisiert verlaufen. Nur dann kann er zur Identifizierung kollektiver Arbeiterinteressen führen, nur dann kann er dazu befähigen, die vielfältigen unternehmerischen Versuche, das Produktionswissen der Beschäftigten anzueignen und ihre Leistungsreserven zu mobilisieren, nicht passiv hinzunehmen, sondern aktiv umzudrehen in Richtung auf kollektive Verfügungskompetenz der Belegschaft.

Die gegenwärtig sich ausbreitende Welle von Werkstattkreisen, Qualitäts- und Produktivitätszirkeln und ähnlichen Formen unternehmerischer Ausbeutung des Erfahrungswissens und der Kreativitätspotentiale von Beschäftigten [18] sind für die Gewerkschaften gefährlich, weil die Unternehmer brachliegende Identifikationsbedürfnisse der Beschäftigten mit der eigenen Arbeit ansprechen und auf das Unternehmen umleiten. Nichts wäre für eine gewerkschaftliche Gegenwehr ungeeigneter als die abstrakte Ablehnung der Beteiligung, ohne die arbeitsbezogenen Bedürfnisse, Potentiale und Interessen der Beschäftigten aufzugreifen und ihre gewerkschaftliche Substanz zu profilieren. Dieses aber wird nur gelingen, wenn die Gewerkschaft die regelmäßige Arbeitsgruppenbesprechung als eigene Veranstaltung durchsetzt. Es muß während der Arbeitszeit Raum und Zeit für regelmäßige autonome (d.h. nicht von den Vorgesetzten bestimmte) arbeitsbezogende Kommunikationsprozesse geben.

Kommt das kollektive Produktionswissen und die immanente soziale Kompetenz von Belegschaften in längeren Entwicklungsprozessen durch eine Vielzahl von Diskussionen, Beratungen, Bildungsveranstaltungen „zu sich selbst", dann verbreitert sich das Bewußtsein von der Fähigkeit der Arbeitnehmer zur selbständigen kollektiven Leitung der Betriebe, zur Arbeiterselbstverwaltung.

Der hier beschriebene Bildungsprozeß, dies sei nebenbei bemerkt, steigert sowohl politische als auch „berufliche" als auch die soziokulturelle Kompetenz der Beschäftigten, er ist ein Stück „integrierter" Bildung. Wenn die gewerkschaftlich organisierte bzw. beeinflußte Arbeitsgruppenbesprechung in ihrer Doppelfunktion als Bildungsprozeß und praktische Mitbestimmung zur Regel geworden ist, wird dies zu einer Veränderung der traditionellen betrieblichen Sozialisation der Beschäftigten führen.

3.2 Mitgliederbeteiligung

Fragt man sich heute, welche Chancen zur Mitarbeit die Gewerkschaft dem einzelnen Mitglied bietet, dann kommt man bestenfalls auf Beteiligung an der Vertrauensleutewahl und gelegentliche Mitgliederversammlungen, schlimmstenfalls auf bloße Beitragszahlung und Lektüre der Mitgliederzeitung. Daß dann für den Betriebsalltag die hierarchiegesteuerte betriebliche Sozialisation durchschlägt, eine Entfremdung von der Interessenvertretung stattfindet und die Identifikation mit der Gewerkschaft die Form distanziert — passiver Loyalität annimmt, darf nicht verwundern.

---

18 Vgl. dazu und zu gewerkschaftlichen Antworten darauf: Die Mitbestimmung. Zeitschrift der Hans-Böckler-Stiftung, 5/83, unter dem Titel „Mitbestimmung am Arbeitsplatz".

Die soeben skizzierte arbeits- und betriebsbezogene gewerkschaftliche Bildung wäre Mitgliederbildung, und sie könnte auch noch nicht organisierte Beschäftigte einbeziehen. Diese Bildungsarbeit würde notwendigerweise auch Gewerkschaftspolitik thematisieren, soweit sie sich auf Arbeit und Betrieb bezieht, aber auch, soweit sie die Interessen der Beschäftigten überbetrieblich vereinheitlicht. Und nicht nur die gewerkschaftlichen Politiken, sondern auch die Organisationsstrukturen müßten sich befragen lassen, wie weit sie zur Durchsetzung von Arbeiterinteressen auf verschiedenen Handlungsebenen tauglich sind. Die zu entwickelnde Mitgliederpartizipation bezieht sich also nicht nur auf die unmittelbaren Arbeitsbedingungen und den betrieblichen Produktionsprozeß, sondern auch auf die eigene Interessenorganisation.

Ein erster Schritt zu mehr Mitgliederpartizipation könnte gerade in der betriebsnahen Bildungsarbeit getan werden, indem die Gewerkschaft im Betrieb verdeckte Bildungsbedürfnisse breit weckt und fördert. Vielfältige Arbeitskreise wären denkbar, in thematischer Differenzierung, unterschieden nach Arbeitsgruppen, Abteilungen, Personengruppen, Berufsgruppen. Ein systematischer Sach- und Qualifizierungsprozeß würde zu zahlreichen Multiplikatoren führen. Signale der Gewerkschaft, daß sie die Arbeit dieser Arbeitskreise für die Entwicklung ihrer Politik ernstnimmt, würden ein wichtiges Element des „Anwendungsbezuges" liefern.

Will man dies in der Breite realisieren, so wird es sich nicht immer um einen planmäßig gelenkten, von Funktionären betreuten und kontrollierten Prozeß handeln. Manches wird anfangs disparat sein, gewerkschaftliche Einheit wird sich erst „herausprozessieren". Aber das Gegenmachtpotential würde wachsen.

3.3 Betrieb und überbetriebliche Vereinheitlichung

Betriebsbezogene Bildungsarbeit wäre, wie schon gesagt, falsch verstanden, wenn man sie nur als auf die Probleme des eigenen Betriebs/Unternehmens bezogen sähe. Dann wäre der gelegentlich erhobene Vorwurf, sie fördere Tendenzen des „Betriebssyndikalismus', berechtigt. Die Ebene des Betriebs/Unternehmens wird zunächst dadurch überschritten, daß eine betriebs- und arbeitsplatznahe Bildungsarbeit im Betrieb/Unternehmen gegebene Verhältnisse und Veränderungen nur in engen Grenzen aus Einzelkapitalstrategien erklären kann. Dimensionen ökonomischer, politischer, sozialer, kultureller Bedingungen werden stets zur Erklärung betrieblichen Geschehens herangezogen werden müssen. In den betrieblichen Prozessen und Strukturen drücken sich gesellschaftliche Gesetzmäßigkeiten aus, spiegelt sich gesellschaftliche Totalität.

Konkret: Wie könnte eine Analyse betrieblicher Rationalisierungsmaßnahmen heute verzichten auf gesellschaftliche Prozesse der Einführung neuer Technologien, der Weltmarktbedingungen der Kapitalkonkurrenz, der Zielsetzungen und Reichweite staatlicher Interventionen! Allerdings orientiert die Analyse gesellschaftlicher Bedingungen betrieblicher Vorgänge das Handeln der Teilnehmer des Bildungsprozesses nicht, wenn nicht Möglichkeiten eines auch die gesellschaftlichen Bedingungen verändernden Handelns aufgezeigt und mitreflektiert werden.

Schon die Konzeption der Bildungsobleutebildung zielte dahin, die betriebsegoistische Politik gewerkschaftlich organisierter Betriebsratsmitglieder zu vergewerkschaftlichen, sie gewerkschaftlichen Zielsetzungen zu unterwerfen und auf einem gewerkschaftlich fortgeschrittenen Niveau zu vereinheitlichen. Daß sich solche Bestrebungen nicht breit durchsetzen konnten, zeitigt heute verheerende Auswirkungen. Jeder der zahlreichen Kämpfe gegen Betriebsschließungen, Teilstillegungen usw. zeigt, welches Widerstandspotential es in den Belegschaften und auch in der außerbetrieblichen Öffentlichkeit gibt. Demonstrationen, Öffentlichkeitsarbeit, Solidaritätsadressen, Spenden, Politikerbeeinflussung, bis hin zu Betriebsbesetzungen — dieses ganze Ritual ist wohl schon hundertmal und mehr in der Bundesrepublik zelebriert worden, mit dem Ergebnis, daß die Unternehmen fast immer — wenn nicht sofort, dann mittelfristig — ihre Strategien durchsetzen. Ihr schärfstes Schwert, den Arbeitskampf, setzen die Gewerkschaften im Kampf gegen die Rationalisierung allenfalls inoffiziell auf der Einzelkapitalebene ein. Durch den Verzicht auf die Koordination und Kumulation des einzelbetrieblichen Widerstandshandelns ermöglichen sie erst den Erfolg der Rationalisierungs- und Akkumulationsstrategien der einzelnen Kapitale auf Kosten der Beschäftigten.

Eine gewerkschaftliche Betriebspolitik, die bei gegebener Unternehmens- und Betriebsverfassung in einer Situation sich verschärfender Konflikte auf die Grenzen des eigenen Unternehmens verwiesen bleibt, regrediert und erliegt selbst bei optimaler Mobilisierung der eigenen Belegschaft dem strukturellen Machtgefälle (Vgl. als ein exemplarisches Beispiel aus jüngster Zeit Videocolor/Ulm [19]).

Betriebsbezogene Bildungsarbeit, die diesen Sachverhalt und die Notwendigkeit überbetrieblicher Aktion nicht thematisiert, stiehlt sich an der Realität vorbei. Eine Situation, in der ganze Branchen in schwere strukturelle Krisen geraten (Werften, Stahl), macht es für die Gewerkschaften unabweisbar, Branchenkonzeptionen, auch alternativer Art, zu entwickeln und durchzusetzen. Ihre Durchsetzung ist ohne aktive Mitgliederpartizipation nicht möglich.

3.4 *Gewerkschaften als umfassende Interessenorganisation*

Die Beschränkung auf die ökonomische und betriebliche Sphäre ist in der Geschichte der deutschen Gewerkschaften tief verankert. In der Politik befanden sich die Richtungsgewerkschaften im Schlepptau der jeweils ihnen nahestehenden Partei, und für die übrigen Sektoren des Lebenszusammenhangs im proletarischen Milieu gab es vielfältige Interessen- und Kulturorganisationen.

Das Feld der kulturellen Vor- und Umfeldorganisationen wurde von der Arbeiterbewegung nach dem 2. Weltkrieg weitgehend geräumt, und die Gründung der

---

19 Vgl. IG Metall, Verwaltungsstelle Ulm (Hrsg.): Der Kampf um die Arbeitsplätze bei Videocolor, o.O., o.J. (1983) sowie den diesen Arbeitskampf darstellenden Dokumentationsfilm „Wir saßen all' in einem Boot — der Käpt'n lebt, die Mannschaft tot" von Hörmann, G., Kooperationsbereich Universität/Arbeiterkammer der Universität Bremen, 1983.

weltanschaulichen Einheitsgewerkschaft hat eher zu Vorsicht und Zurückhaltung gegenüber dem parteipolitischen und parlamentarischen Bereich als zur Entwicklung eines eigenständigen und umfassenden politischen Profils der Einheitsgewerkschaft geführt. Dabei ist umfassende und kohärente Interessenorganisation für die Arbeitenden notwendiger denn je, einmal weil ökonomische und politische Rahmenbedingungen und staatliche Intervention die betriebliche Arbeit immer stärker beeinflussen, zum anderen, weil die zunächst die Arbeitssphäre berührenden – hauptsächlich krisenhaften – Entwicklungen den Lebenszusammenhang der Menschen mehr und mehr betreffen. Menschliches Wohnen, Bildungs- und Ausbildungschancen für die Kinder, Verringerung der Umweltbelastungen, Möglichkeiten kultureller Beteiligung, Erhaltung des Friedens – diese vielfältigen Interessen der Arbeitnehmer und Arbeitslosen und ihrer Familien, die mit der Arbeit die Einheit ihres Lebenszusammenhangs bilden, könnten gleichsam zusammenwachsen in einer einheitlichen Interessenorganisation.

Welche Organisation könnte die Interdependenz der Arbeitnehmerinteressen in verschiedenen Lebensbereichen besser ausdrücken und im Kontext verschiedener Politikebenen thematisieren, als die Gewerkschaft? Mehrere den Gewerkschaften nahestehende Wissenschaftler haben bereits darauf hingewiesen, daß die thematische Selbstbeschränkung der Gewerkschaften dazu geführt hat, daß wesentliche soziale Bedürfnisse sich andere organisatorische Formen gesucht haben. Dies hat nicht zur Einheit der aktuell oder potentiell lohnabhängig Arbeitenden beigetragen. Am stärksten ist die gewerkschaftliche Selbstbeschränkung wohl in der Jugendarbeit zum Problem geworden, dort, wo entlang von Generationengrenzen aufbrechende neue soziale Bedürfnisse mit den Erfahrungen und historischen Traditionen der Arbeiterbewegung zu vermitteln wären.

Eine Gewerkschaft, die sich den Anforderungen einer umfassenden Interessenorganisation öffnen würde, müßte eine Politik treiben, die die Erfahrungen, Kenntnisse und Kompetenzen ihrer Mitglieder in den verschiedensten Lebens- und Gesellschaftsbereichen mobilisiert und einsetzt. Der Fähigkeit der Mitglieder zur Selbstorganisation und zum Lernen durch Praxis müßte sie schon einiges zutrauen. Potentiale gibt es auf den verschiedensten Ebenen, im Wohnbereich, in der Kommunalpolitik, im Bildungs- und Kultursystem, in der Wissenschaft, um nur Beispiele zu nennen.

Für die gewerkschaftliche Bildungsarbeit würde dies bedeuten, daß spezifische Ansätze auch für gesellschaftliche Teilbereiche und Handlungsebenen entwickelt werden müßten. Dies hätte zweifellos eine starke thematische Differenzierung der gewerkschaftlichen Bildungsarbeit zur Folge. Keinesfalls würden Arbeit und Betrieb als Zentren gewerkschaftlichen Handelns aufgegeben. Sie bleiben wesentliche Erfahrungs- und Handlungsebenen der Mitglieder, und auch die gesellschaftlichen Ziele gewerkschaftlichen Handelns können letztlich nicht ohne die Beherrschung der Arbeitssphäre und die gewerkschaftliche Durchdringung der Belegschaften durchgesetzt werden.

Wolfram Wassermann
Arbeitsgestaltungspotentiale von Beschäftigten in der gewerkschaftlichen Bildungsarbeit

Beobachtungen und Erfahrungen aus der Textil- und Bekleidungsindustrie [1]

Vorbemerkung

Ich berichte hier über Erfahrungen aus einem Humanisierungsprojekt im Rahmen des staatlichen Humanisierungsprogramms, das in der Gewerkschaft Textil-Bekleidung in dem Zeitraum zwischen 1978 und 1981 durchgeführt worden ist. Es gehörte damals zu unseren Aufgaben – wir waren ein Team aus einem Gewerkschaftssekretär, einem Ingenieur/Arbeitswissenschaftler und einem Soziologen –, Betriebsräteschulungen zum Thema „menschengerechte Arbeitsgestaltung" durchzuführen. Wir haben in diesem Zeitraum von den 14.000 Betriebsräten, die es in der Textil- und Bekleidungsindustrie gibt, etwa 400 geschult. Der zweite Schwerpunkt war die Qualifizierung der Hauptamtlichen dieser Gewerkschaft. Wir haben von 180 Hauptamtlichen der Gewerkschaft etwa 120 in einwöchigen Weiterbildungskursen geschult und ihnen Beratungsmaterial zur Verfügung gestellt. Drittens war die Aufgabe, Betriebsräte direkt vor Ort in speziellen Fragen der Arbeitsgestaltung zu unterstützen und zu beraten. Erst an vierter Stelle kommt das, worüber ich berichte, die Erprobung von Methoden der betrieblichen Bildungsarbeit zum Thema „menschengerechte Arbeitsgestaltung". Ich muß hinzufügen, daß die Erfahrungen aus betriebsnahen Arbeitskreisen, über die ich berichte, sich auf einen sehr kleinen Kreis von Fällen – auf rund 10 Betriebe – stützen. Etwas größer ist der Kreis der Betriebe, die von einer Aktion erfaßt wurden, die ich noch erläutern werde [2].

Mein Vorschlag, die betriebliche Bildungsarbeit zu einem Ort und zu einer Methode der Entfaltung von Qualifikationen für Arbeitsgestaltung zu machen, ist ein Ergebnis meiner persönlichen Erfahrungen und Studien in der Textil- und Bekleidungsindustrie. Ich habe mich bei der Formulierung meiner Schlußfolgerungen aber nicht an die augenblicklichen Realisierungschancen in der Gewerkschaft gebunden gefühlt. Ich formuliere hier – wenigstens teilweise – nicht was ist, sondern was sein könnte.

---

[1] Es handelt sich um eine gekürzte Fassung des mündlichen Vortrags.
[2] Über die Ergebnisse des HdA-Umsetzungsprojekts der Gewerkschaft Textil-Bekleidung vgl. ausführlich: Pollen/Skrotzki/Wassermann: Umsetzung und Durchsetzen von Humanisierung, Forschungsergebnisse aus der Textil- und Bekleidungsindustrie, Band 33 der Schriftenreihe „Humanisierung des Arbeitslebens" des BMFT, Frankfurt a. Main, New York 1982.

1. *Arbeitskreise mit Näherinnen*

Wir haben in betriebsnahen gewerkschaftlichen Veranstaltungen das HdA-Projekt „Neue Arbeitsstrukturen in der Bekleidungsindustrie" begleitet[3].

Dieses Humanisierungsprojekt wurde von einer Projektgemeinschaft aus Soziologen, Arbeitswissenschaftlern und Ökonomen durchgeführt und hatte sich zum Ziel gesetzt, in fünf Bekleidungsbetrieben neue Arbeitsstrukturen zu erforschen, zu erproben und auch in die Praxis umzusetzen. Es geht in der Bekleidungsindustrie darum, daß die Arbeit außerordentlich weitgehend taylorisiert ist. Arbeitstakte von 30 Sekunden sind nicht außergewöhnlich. Es geht also darum, Arbeitszergliederung aufzuheben, Aufgaben zusammenzufügen, Arbeitsbereicherung zu ermöglichen. Man muß sagen, dies war ein Projekt, das sich auf die Arbeitstätigkeit der Beschäftigten bezog, aber die Beschäftigten selbst wurden in dieses Projekt nicht als Handelnde einbezogen.

Man kann – überspitzt ausgedrückt – sagen, daß eine antitayloristische Zielsetzung mit einer tayloristischen Methode verfolgt worden ist. Die antitayloristische Zielsetzung war die Arbeitsbereicherung, Arbeitserweiterung. Die Beschäftigten wurden aber mit tayloristischen Methoden befragt. Ansichten und Akzeptanz wurden ausgewertet und dann über den Umweg des Projektmanagements wieder in das Projekt eingegeben.

Wir haben es als unsere Aufgabe angesehen, begleitend und korrigierend gewerkschaftliche Veranstaltungen anzubieten, um die Beschäftigten und die beteiligten Betriebsräte auf die Risiken und die Perspektiven solcher Umstellungsmaßnahmen aufmerksam zu machen. Das sah so aus, daß wir in Wochenend- oder Abendveranstaltungen direkt am Betrieb die betroffenen Frauen zu gewerkschaftlichen Veranstaltungen eingeladen haben. Das war zunächst einmal sehr erfreulich, daß gegenüber allen Unkenrufen – insbesondere der Gewerkschaftssekretäre und Betriebsräte – die Beteiligung an diesen Arbeitskreisen außerordentlich hoch war. Wenn z.B. in einem Betrieb mit einer Belegschaft von 150 Frauen 30 Frauen zu einem Wochenendseminar kommen, ist das im Vergleich zu der Erfahrung im Großbetrieb enorm.

Es hat sich herausgestellt, daß in der Atmosphäre eines gewerkschaftlichen Seminars am Ort, wo ein bestimmtes Vertrauensverhältnis herrscht, wo keine Vorgesetzten da sind, die Frauen sehr schnell und intensiv in der Lage waren, sich den Kopf über ihre Arbeitsgestaltung zu zerbrechen.

Um das kurz zu erläutern: eine Aufgabenstellung war z.B. „Was belastet und bedrückt mich am meisten in meiner Arbeit?" Dies wurde selbständig auch in der Form von Wandzeitungen erarbeitet. Wir haben dann die Frage gestellt: „Wie stelle ich mir meinen idealen Arbeitsplatz vor?" Das war interessant, weil tatsächlich innerhalb der relativ kurzen Zeit eines Wochenendes praktisch aus dem Stand ganz

---

[3] Vgl. Neue Arbeitsstrukturen in der Bekleidungsindustrie, Band 39 der Schriftenreihe „Humanisierung des Arbeitslebens" des BMFT, Frankfurt a. Main, New York 1983.

komplexe und vor allem sehr viele Belastungsaspekte betreffende Gegenvorschläge entwickelt worden sind [4].

2. Vertrauensleute-Arbeitskreise in Textilbetrieben

Die GTB bemüht sich seit einigen Jahren, in den Betrieben die gewerkschaftliche Vertrauensleutearbeit unter anderem durch Bildungsmaßnahmen zu intensivieren. In diesem Rahmen führten wir spezielle Veranstaltungen für Vertrauensleute, Betriebsräte und andere aktive Gewerkschaftsmitglieder zum Thema „Arbeitsgestaltung in unserem Betrieb" durch.

Es hat sich herausgestellt, daß das Thema Arbeitsgestaltung besser als jedes andere dazu geeignet ist, so etwas wie einen Vermittlungszusammenhang zwischen Interessenvertretung und Beschäftigten „vor Ort" herzustellen. Wir haben vor Beginn der Bildungsveranstaltungen jeweils einen Betriebsrundgang gemacht und in einer Sitzung mit dem Betriebsrat eine Mängelliste der Arbeitsgestaltung erstellt. Wir haben dann die Liste in einer ersten Sitzung den Vertrauensleuten vorgetragen. Die haben ihrerseits die Liste verändert, vervollständigt und illustriert. Dann haben wir an einem Wochenende eine relativ komplexe Belastungstopographie dieser Betriebe zusammengestellt, wobei wir versucht haben, gleich die organisatorischen Aspekte von Vertrauensleutearbeit zu berücksichtigen. Wir haben den Betrieb in Bereiche eingeteilt, und jeder Vertrauensmann hatte die Aufgabe, aus seinem Bereich das Belastungsprofil beizusteuern. Der zweite Schritt war dann zu fragen: „Was können wir jetzt daran machen?" Das lief meist darauf hinaus, eine Art Prioritätenliste zu erstellen, welche Mängel zuerst abgestellt werden müssen, und eine Liste von Aktivitäten zu erstellen, wie man an bestimmte Probleme und Informationen herankommt.

Es ging z.B. darum, daß eine Unfallverhütungsvorschrift beschafft wurde, die noch nicht bekannt war. Es ging z.B. darum, sich Informationen über bestimmte Chemikalien zu besorgen, die man einfach nicht hatte. Die Vorschläge der Beschäftigten beschränkten sich niemals auf die Einhaltung von Bestimmungen der Arbeitsstättenverordnung (ArbStättV). Sie formulierten z.B. Forderungen, die einen leichten und reibungslosen Arbeitsablauf gewährleisten sollten (z.B. genug Bewegungsfreiheit am Arbeitsplatz) und Bedingungen, die den sozialen Kontakt der Beschäftigten während der Arbeit und in den Pausen erleichtern können (z.B. Anordnung der Arbeitsplätze, arbeitsplatznahe Pausenräume etc.).

Diese Bildungsarbeit hatte neben den konkreten – eher peripheren – Ansätzen zur Arbeitsgestaltung auch allgemeine Effekte. Erstens: die Kollegen haben gesagt: „Wir sehen unseren Betrieb jetzt mit anderen Augen!" Damit kommt zum Aus-

---

[4] Dokumente zu Ergebnissen dieser betriebsnahen Arbeitskreise finden sich unter anderem im Anhang zum Abschlußbericht des Projekts: Umsetzung und Durchführung von Humanisierung, Forschungsergebnisse aus der Textil- und Bekleidungsindustrie, a.a.O.

druck, daß sie ihren Arbeitsplatz sozusagen verfremdet sehen, d.h. sie sehen Dinge, über die sie sich jahrelang nicht beschwert haben.

Das zweite ist, daß sie überhaupt die Erfahrung kleiner Erfolgserlebnisse gemacht haben, daß man Arbeit gestalten kann. Sie haben innerhalb eines Winterhalbjahres erfahren, daß man z.b. eine bestimmte Lärmquelle abstellen kann, was jahrelang als unmöglich galt.

3. Die „Aktion bessere Arbeitsplätze"

Wir haben versucht, für einen kleinen Ausschnitt der Arbeitsgestaltungsproblematik, nämlich das Problem der Dauersitzplätze in der Bekleidungsindustrie, gezielte Beratungshilfen zusammenzustellen und eine Methode der Durchsetzung von Verbesserungen am Arbeitsplatz zu erproben. In betrieblichen Arbeitskreisen wurden die einzelnen Aktionsschritte jeweils vorbereitet.

Kernstück der Aktion war die Beschäftigung der Näherinnen mit ihren eigenen Arbeitsplätzen. Anhand einer Checkliste, auf der ihr Arbeitsplatz schematisch dargestellt wurde, konnten sie ihren Arbeitsplatz „unter die Lupe nehmen". Sie konnten Mängel der Beleuchtung, der Sitzhöhe, der sogenannten Höhenverstellbarkeit der Maschinentische, der räumlichen Enge bei der Arbeit oder auch störende Umgebungseinflüsse, wie Lärm, Staub etc. ankreuzen. Dies hat teilweise zu intensiven Diskussionen in den Pausen geführt. Der Betriebsrat konnte die Antworten dann auswerten und als Verhandlungsunterlagen in seinen Forderungen an die Unternehmensleitung verwenden. Nach Angaben der Gewerkschaft sind von 1981 bis Ende 1982 auf diese Art und Weise Verbesserungen von 10.000 Arbeitsplätzen erreicht worden [5].

4. Einige Strukturprobleme gewerkschaftlicher Interessenvertretung in Textil- und Bekleidungsbetrieben

a) *Kleine Betriebseinheiten und Traditionsbindung:*

Zu den wesentlichen Strukturmerkmalen der Textil- und Bekleidungsindustrie gehören kleine Unternehmens- und Betriebseinheiten. Mittelständische Unternehmenspolitik mit patriarchalisch-autoritären Führungsstrukturen ist in weiten Teilen kennzeichnend. Betriebliche Interessenvertretung findet unter schwierigsten Bedingungen statt: einer meist schwachen wirtschaftlichen Position der Unternehmen – sie sind gewissermaßen „eingeklemmt" zwischen monopolisierten Rohstoffmärkten und den Großkonzernen des Textilhandels –, unter autokrati-

---

[5] Vgl. Skrotzki, R.: Probleme der Arbeitsgestaltung an Sitzarbeitsplätzen, in: Hauß, F. (Hrsg.): Arbeitsmedizin und präventive Gesundheitspolitik, Frankfurt a. Main, New York 1982.

schen Leitungssystemen und einer gewissen Abschottung der Betriebe gegenüber allgemeinen gesellschaftlichen Entwicklungen.

b) *Verlagerung aufs Land:*
Restriktiv für gewerkschaftliche Arbeit ist die Tendenz der Verlagerung von Produktionsstätten aus den industriellen Zentren in ländliche, strukturschwache Gebiete. Dieser Prozeß stellt die Gewerkschaft (GTB) vor erhebliche organisatorische und kapazitätsmäßige Probleme bei der Betreuung von Betrieben ebenso wie beim Versuch der Vereinheitlichung von Lohn- und Arbeitsbedingungen. Soweit es sich um die Verlagerung von Produktion in Länder der Dritten Welt handelt, sind internationale Instrumente einer globalen Einflußnahme auf den Arbeitsmarkt bekanntlich bisher nicht entwickelt.

c) *Schrumpfende Industrie:*
Seit spätestens 1965 ist die Textil- und Bekleidungsindustrie in der BRD (wie in Westeuropa) von einer anhaltenden Strukturkrise geprägt. Die Hälfte der Beschäftigten hat in diesem Zeitraum ihre Arbeitsplätze eingebüßt. Die Gründe liegen in einem Wechselverhältnis von Auslandskonkurrenz, forcierter Rationalisierung im Inland und der Verlagerung von Produktion ins Ausland. Das Erlebnis zwanzigjährigen kontinuierlichen Arbeitsplatzverlustes fördert in der Gewerkschaftsarbeit eine defensive, teilweise resignative Einstellung über die Perspektiven gewerkschaftlicher Arbeit. Die Sorge um die Arbeitsplätze führt zu einer problematischen „Konzentration auf das Wesentliche": Arbeitsplatzsicherung, Lohnsicherung, Bestandssicherung der Organisation.

d) *Strukturelle Schwächen der betrieblichen Interessenvertretung:*
Nur eine Minderheit der Betriebe ist gewerkschaftlicher Politik mittelbar oder unmittelbar zugänglich. In den Betrieben mit Betriebsräten erschweren strukturelle Mängel die Arbeit: wenig Freistellungen und hohe Fluktuation in den Betriebskollektiven, ausgeprägtes Erfahrungs-, Qualifikations- und Informationsgefälle innerhalb der Gremien, Unterversorgung der Betriebe mit sicherheitstechnischen und arbeitsmedizinischen Diensten[6]. Eine nachhaltige Schwächung gewachsener Interessenvertretungsstrukturen geht auch vom Strukturwandel innerhalb der Belegschaften aus. Der traditionelle gewerkschaftliche Kern (z.B. Weber) schrumpft, in bestimmten textilen Fertigungsbereichen stellen die schutzlosesten Ausländergruppen (Türken, Pakistani) die Mehrzahl der Beschäftigten.

---

[6] Vgl. Wassermann, W.: Arbeitsmedizin in Mittel- und Kleinbetrieben am Beispiel der Textil- und Bekleidungsindustrie, in: Hauß, F. (Hrsg.): Arbeitsmedizin und präventive Gesundheitspolitik, a.a.O.

e) *Informelle Aspekte der Interessenvertretung:*
Ich möchte aber einen Punkt hervorheben, der in der Industriesoziologie bisher selten beachtet worden ist. Die Stärke vieler Betriebsräte in kleinen Betrieben liegt auf einer informellen Ebene der Auseinandersetzung mit den Firmenleitungen. Überschaubare räumliche und soziale Verhältnisse einerseits und eine in Eigentümerbetrieben oftmals anzutreffende geringe Sachkompetenz zur Leitung eines Industriebetriebs bilden dafür die Voraussetzungen. Mancher Betriebsrat erreicht außerhalb der Norm der Betriebsverfassung einen erheblichen realen Einfluß auf Unternehmensentscheidungen. Charakteristisch für solche Formen der „Beteiligung" ist unter anderem die große Bedeutung der Persönlichkeit der Protagonisten auf Firmen- und Betriebsratsseite sowie die Vermischung von Funktionen der Entscheidung, der Anweisung, der Ausführung und der Kontrolle, die nach dem Betriebsverfassungsgesetz eindeutig bestimmten Gruppen zugeordnet sind. Wenn man die Interessenvertretungssituation in diesen Betrieben nur nach den Kriterien der Betriebsverfassung beurteilen würde, würde man zu falschen Schlüssen kommen. Das reale Leben im Betrieb, das andere Wege geht, würde nicht erfaßt.

f) *Hohes Problempotential im Bereich Arbeitsgestaltung:*
Entgegen verbreiteten Auffassungen ist das Belastungs- und Gefährdungspotential in kleinen Betrieben nicht geringer als in Großbetrieben. Das professionelle Arbeits- und Gesundheitsschutzsystem spart allerdings kleinere Betriebe weitgehend aus. In der Bekleidungsindustrie arbeiten z.B. über 75 % der Beschäftigten in Betrieben, in denen aufgrund der Betriebsgröße eine betriebsärztliche Aufsicht nicht vorgeschrieben ist. Jüngere medizinische Untersuchungen weisen auf hohe latente Schädigungen der Gesundheit z.B. bei Näherinnen hin.
Alle Versuche der Krisenbewältigung durch die Unternehmen haben zur Verschärfung der Belastungssituation geführt. Die Eintönigkeit der Arbeit ist teilweise auf ein absurdes Niveau im physischen wie im psychisch-mentalen Bereich hat schlimme Ausmaße angenommen. Der Anwendungsbereich neuer technisch-organisatorischer Rationalisierungsmethoden (insbesondere EDV-Systeme) ist keineswegs auf Großproduktion und Großbetriebe beschränkt. Es sind große Anwendungsimpulse auch in Kleinbetrieben zu beobachten und in den nächsten Jahren zu erwarten.

Ich möchte noch einmal ganz pointert darauf hinweisen, daß oft die Auffassung vorherrscht, bestimmte „alte" Belastungen physischer Art wie Lärm, Staub, Hitze, Feuchtigkeit, Gifte gehörten tendenziell der Vergangenheit an, und man müsse sich jetzt auf die „neuen" Belastungen EDV und alles, was damit zusammenhängt, stürzen. Dies ist zumindest für die Textilindustrie verhängnisvoll. Tatsache ist, daß die Belastungen im traditionellen Bereich, also die Belastungskombinationen aus Lärm, Staub und Hitze in Verbindung mit Schichtarbeit ein völlig intolerables Niveau angenommen haben. Das muß bei aller nötigen Wachsamkeit gegenüber EDV-Systemen betont werden.

5. *Arbeitsgestaltung als gewerkschaftliche Zukunftsaufgabe*

Bisher gab es zwischen Gewerkschaften und Kapital einen relativ stabilen Pakt, der jahrelang der Wirtschaft stabile Wachstumsbedingungen und den Beschäftigten eine gewisse Sicherheit und eine Verbesserung ihrer materiellen Verhältnisse — wie nie zuvor in der Geschichte — garantierte. Die Gewerkschaften tasteten die Unternehmerentscheidungen nicht an, sie verzichteten auf Einfluß auf Investitionen, auf Art und Verwendung von Rationalisierung, sie verzichteten auf *Einfluß auf die Arbeit selbst*. (Dies übrigens nicht erst seit 1950, sondern mehr oder weniger seit Beginn der Gewerkschaftsarbeit überhaupt. Insofern liegt hier nicht nur ein Problem der Neuorientierung angesichts einer aktuellen Krisensituation vor, sondern es geht um die Überwindung eines hundert Jahre alten gewerkschaftlichen Tabus, das „tief in den Knochen" der Gewerkschaften, ihrer Programme und ihrer Zukunftsvorstellungen sitzt.)

Für den Verzicht auf den Einfluß auf die Arbeit selbst bekamen die Gewerkschaften zweierlei: erstens als Kompensation für gesteigerte Leistungsanforderungen gute Reallohnsteigerungen und mehr Freizeit; zweitens hatte das Kapital die Aufgabe übernommen, die Arbeitsplätze zu sichern — und zwar durch Expansion, Produktionssteigerung etc. —, was logischerweise von den Gewerkschaften unterstützend propagiert worden ist: „Wir leben in einer Leistungsgesellschaft!"

Seit ein paar Jahren ist dieser Pakt im Grunde genommen zerbrochen. Die Unternehmer kommen ihrer Pflicht zur Sicherung der Beschäftigung nicht mehr nach. Im Gegenteil, jeder ihrer Versuche, sich aus der Krise herauszumanövrieren — durch technisch-organisatorische Rationalisierung, durch Verlagerung von Produktion, durch Belegschaftsreduktion, Auslese, Disziplinierung usw. — schafft mehr Arbeitslose. Auch die bisher im großen und ganzen positive Haltung der Gewerkschaften gegenüber dem „technischen Fortschritt" (Modernisierung sichert Konkurrenzfähigkeit) hat einen Knacks bekommen, schließlich stellt jede technische Neuerung direkt die Frage nach Arbeitsplatzverlust.

Damit ist — zumindest objektiv — die Grundlage dafür verschwunden, daß sich die Gewerkschaften grundsätzlich aus den Unternehmensentscheidungen, aus der Arbeit selbst weiter raushalten. Nicht durch „soziales Abfedern" von Rationalisierungsfolgen, sondern nur durch die Beschäftigung mit der Arbeit selbst auf betrieblicher und tariflicher Ebene ist jetzt eigentlich noch was zu machen: Arbeitsbelastung, Arbeitsinhalte, Qualifikationsanforderungen, Art der Produkte, Gefährdungen, Umweltbelastungen durch die Produktion. Hinzu kämen solche „unmöglichen Fragen" danach, was die Beschäftigten eigentlich für Wünsche, Bedürfnisse mit ihrer Arbeit verbinden? Individuelle Unterschiede, die bisher immer als Gefährdung der „Solidarität" abgelehnt wurden, müßten anerkannt werden.

6. *Informelle Arbeitsgestaltung durch Beschäftigte*

Beschäftigte verfügen — auch unter tayloristischen Arbeitssystemen — grundsätzlich über Fähigkeiten und Interessen zur Gestaltung ihrer Arbeit. Das technisch-organisatorische System, das das Management seinen Arbeitern vorsetzt, um die Produktion zu realisieren, ist in der Regel unvollständig, lückenhaft und nur in begrenztem Umfang geplant und planbar. Das Management ist stets in hohem Maße auf das Improvisationsvermögen der Beschäftigten angewiesen. Der reale Arbeitsprozeß kann als ständige „Abweichung" vom idealtypisch gedachten „Normalablauf" verstanden werden. Das Ingangsetzen, Aufrechterhalten und Koordinieren verschiedener Teilarbeitsprozesse setzt voraus, daß die Beschäftigten ständig gestaltend in die Feinstruktur der Prozesse eingreifen. Ohne ihre Bereitschaft, immer wieder improvisierend, ausgleichend und „trickreich" dem mangelhaften System „unter die Arme zu greifen", würde die Arbeit stillstehen. Dies setzt eine subjektive „Aneignung" der Arbeit durch die Beschäftigten voraus. Im Prozeß dieser Auseinandersetzung mit dem technisch-organisatorischen Produktionssystem — einem informellen Lernprozeß — erwerben Beschäftigte bestimmte Qualifikationen zur Gestaltung und Veränderung ihrer Arbeit in einem umfassenden Sinne.

Die Möglichkeiten, diese Fähigkeiten im eigenen Interesse unter den gegebenen Herrschaftsbedingungen in den Betrieben zu entfalten, sind allerdings gering. Aus Erfahrung wissen die Beschäftigten, daß ihre technisch-organisatorischen Verbesserungsvorschläge vermittelt über Rationalisierungsziele des Unternehmens sich zu ihrem Nachteil auswirken, d.h. zu intensiverer Arbeit, zu Entlassungen usw. führen können. Sie halten ihre Ideen deshalb zurück oder realisieren sie nur in verdeckter Form. Auch innerhalb der Gewerkschaftsarbeit werden diese Talente seit 100 Jahren ignoriert. Arbeit und Technik sind bisher kein Thema von Gewerkschaftspolitik. Soweit unter diesen restriktiven Bedingungen doch hier und da Arbeitsgestaltungsaktivitäten der Beschäftigen zum Ausdruck kommen, führen sie so etwas wie eine „subversive Existenz". Ich will dafür einige Beispiele geben.

Erstes Beispiel:
Ein Eigentümerbetrieb der Bekleidungsindustrie, der seit Jahren mit einem eingeführten Markenimage Berufskleidung herstellt, ist nicht in der Lage, sich auf die geänderte Verbrauchsstruktur im Bereich Freizeitkleidung (Jeans) einzustellen. Der Absatz sinkt. Der Betriebsrat macht sich Gedanken darüber und entwickelt (auch über informelle Kanäle) einen alternativen Vorschlag für die Erweiterung der Produktpalette, für ein neues Vertriebssystem, für ein neues Markenimage — bis zu Details der Werbekampagne — wie man die neuen Produkte auf den Markt bringen kann. Die Betriebsratsvorsitzende besucht seit Jahren alle Messen und zwar Maschinenmessen sowie Modemessen. Sie ist gut informiert über die Marktlage und über das, was Mode ist. Sie hat sich Qualifikationen der Unternehmensführung angeeignet. Diese Position weiß sie auch für Forderungen als Interessenvertreterin der Beschäftigten zu nutzen. Es ist unsicher, ob dieser Betrieb ohne den Betriebsrat noch „am Markt" wäre.
Ein Beispiel für „informelle Beteiligung" an Firmenentscheidungen und — wenn

man den Begriff nicht allzu euphorisch gebraucht — auch ein Beispiel für „alternative Produktion".

Zweites Beispiel:
Ein Betriebsrat in einem Textilbetrieb unterhält kollegiale Beziehungen zu einem Ingenieur im Betrieb, der auch Gewerkschaftsmitglied ist. Eines Tages ging es um ein technisches Problem: an einer Hebevorrichtung, die schwergängig war und an der bisher Männer gearbeitet hatten, sollten jetzt Frauen beschäftigt werden. Die beklagten sich darüber, daß das Ding so schwer zu bedienen sei. Der Betriebsrat wollte dieses Problem lösen, wurde bei der Geschäftsleitung aber mehrfach abgewiesen: das ginge nicht, das sei immer so gelaufen. Der Betriebsratsvorsitzende setzte sich daraufhin mit dem Ingenieur zusammen und bat ihn, eine Lösung auszuarbeiten. Der Ingenieur lieferte dem Betriebsrat eine anwendungsreife Zeichnung. Damit ging der Betriebsrat zur Firmenleitung, und die technische Änderung wurde realisiert. Auch eine relativ skurrile und wenig formalisierte Form der Arbeitsgestaltung, der „Beteiligung" an Entscheidungen.

Drittes Beispiel:
Ein Betriebsratsmitglied ist ein Bastler. Seine betriebliche Aufgabe als Kesselhauswärter läßt ihm genügend Spielraum, sich zu überlegen, wie man bestimmte körperliche Erleichterungen für die Beschäftigten entwickeln kann. Das Originelle dabei ist, daß er seine Vorschläge an Modellen ausprobiert. In dem Betriebsratszimmer sind Modelle aus Papier zu sehen: für einen Pausenraum, für eine Hebevorrichtung usw. Die Entwürfe werden dann im Betriebsrat, teilweise auch mit betroffenen Kolleginnen, besprochen, verändert. Dann werden sie — das ist der Clou der Methode — anwendungsreif der Unternehmensleitung vorgestellt. Dies Verfahren nimmt natürlich der Leitung viele Verzögerungs- und Rückzugsmöglichkeiten, die normalerweise gegenüber diesen Forderungen immer vorhanden sind. Es ist alles durchkalkuliert. Die meisten Arbeiten übernimmt der Kollege selbst. Die Firmenleitung sieht sich schließlich gezwungen, diese Veränderungen zu dulden. — Dies ist auch ein Beispiel für die „Vermischung" von Funktionen der Verantwortung, Entscheidung und Kontrolle, von der ich vorhin gesprochen habe.

Viertes Beispiel:
Wenn man in einen Nähsaal geht, dann sieht man die Frauen auf Holzstühlen sitzen. Diese Stühle sind hart und nicht verstellbar, und wenn man acht Stunden darauf gesessen hat, tut alles weh. Fast alle Frauen haben sich Kissen mit Schaumstoff besorgt. Auch dies ist ein Ergebnis einer Arbeitsgestaltungsmaßnahme der Beschäftigten. Sie haben eine Korrektur an dem Arbeitsplatz vorgenommen, der ihnen in mangelhafter Weise zur Verfügung gestellt worden ist.

Fünftes Beispiel:
Wenn man in einer Textilfirma in der Färberei oder in der Veredlung durch die Hallen geht, dann sieht man überall im Raum Rohrleitungen, oft in Kopfhöhe, verlaufen. Und dann sieht man ab und zu große Schaumstoffstücke oder große Lappen,

die in Kopfhöhe an den Rohren, Stangen usw. angebracht wurden. Hier hat es vorher offenbar Verletzungen gegeben. Das ist auch eine Form der improvisierten Arbeitsgestaltung, die nötig wurde, weil das offizielle Arbeitsgestaltungssystem nicht in der Lage war, so etwas zu berücksichtigen.

Sechstes Beispiel:
Die Klimatisierung der Nähsäle ist bisher völlig unzureichend gelöst. Die sogenannten Klimaanlagen sind meistens Maschinen, die den Leuten Grippe und Erkältung zufügen, aber keine gleichmäßige Klimatisierung. Da sieht man überall, daß die Beschäftigten versuchen, mit Pappstücken, Bierdeckeln oder Stücken von Pappkartons diese Lüftungsschlitze der Klimaanlage zu manipulieren, indem sie versuchen, sie völlig zu schließen oder den Luftstrom so zu lenken, daß sie sich nicht erkälten.

Letztes Beispiel:
Es wird ein Zuschneidetisch angeschafft — gegen den Willen der Beschäftigten. Dieser Tisch hat eine Besonderheit: er ist mit einem Luftkissen ausgestattet. Da sind ungefähr 100 kleine Bohrungen in der Tischplatte, und über 100 Schläuche wird ein Luftdruck erzeugt, auf dem der Stoff dann mehr oder weniger schwebt und leichter zu manipulieren ist. Dies System hat die Nebenwirkung, daß derjenige, der an der Maschine arbeitet, ständig Entzündungen an den Unterarmen hat, weil ein enormer Luftzug entsteht. Dies war bekannt, trotzdem wurde die Maschine angeschafft. Innerhalb eines Zeitraumes von drei bis vier Wochen stellte sich nun heraus, daß immer weniger Schläuche funktionsfähig waren. Und irgendwann mußte man den Tisch ohne Luftkissen benutzen. — Das ist eine Form der Arbeitsgestaltung, in der versucht wird, über verdeckt kollektives Handeln von Beschäftigten den ursprünglichen Zustand wiederherzustellen.

Was kommt in diesen Formen „subversiver Arbeitsgestaltung" durch Beschäftigte zum Ausdruck?
1. Die Aktivitäten signalisieren, daß das offizielle betriebliche System der Arbeitsgestaltung oder des Arbeitsschutzes hier versagt. Dies gilt auch für den Betriebsrat, soweit er bisher Handlungsmöglichkeiten auf diesen Gebieten hat.
2. Die Aktivitäten der Beschäftigten sind in der Regel defensiv ausgerichtet. Sie versuchen, Verschlechterungen, höhere Belastungen oder Gefährdungen abzuwehren oder sich unvermeidlichen Belastungen wenigstens zeitweise zu entziehen. Für die von mir unter betrieblichen Alltagsbedingungen beobachteten Phänomene scheint mir der Begriff der „innovatorischen Qualifikation" etwas zu undifferenziert. Sicher kommen in solchen Handlungen mehr oder weniger schöpferische Qualifikationen der Beschäftigten zum Ausdruck. Unter den gegebenen Verhältnissen werden sie aber vorwiegend konservativ eingesetzt. Man wehrt sich — so gut man es kann — gegen Veränderungen, weil Veränderungen erfahrungsgemäß mit Verschlechterungen der Belastungssituation verbunden sind. Einen innovativen Charakter bekommen die Talente erst, wenn ihre Entfaltung und Realisierung durch Mitbestimmungsrechte abgesichert werden kann — wie ich dies am Beispiel des „Bastler-Betriebsrats" angedeutet habe.

3. Unter den gegebenen Umständen bleiben die Handlungschancen der Beschäftigten auf periphere Aspekte der Arbeitsgestaltung beschränkt. Umfassende Änderungen an technischen Anlagen bleiben ihnen verschlossen, weil sie in ihren Arbeitsvollzügen jeweils auch nur Teilelemente der Anlagen kennenlernen. Die Parzellierung des Produktionswissens innerhalb der Belegschaften behindert die Entwicklung „größerer' Veränderungsvorschläge.
4. Die Beschäftigten können nur reagieren. Weil ihnen frühzeitige Informationen fehlen und weil ihnen ein Einfluß auf Entscheidungsprozesse — beispielsweise beim Maschinenkauf — verwehrt ist, können sie nur nachträglich versuchen, mehr oder weniger unzureichende Korrekturen an den technisch-organisatorischen Systemen anzubringen. Für eine präventive Interessenvertretung im Bereich Arbeitsgestaltung fehlen bei den Beschäftigten Handlungsmöglichkeiten.

7. Betriebsnahe Arbeitskreise als Lernort für betriebliche Arbeitsgestaltung

Wenn ich im folgenden die Möglichkeiten hervorhebe, die meiner Meinung nach in einem systematischen Einsatz betriebsnaher Bildungsarbeit für eine gewerkschaftliche Arbeitsgestaltungspolitik liegen, so will ich nicht versäumen, darauf hinzuweisn, daß dies nur *eine* Handlungsebene sein kann. Betriebsnahe Bildungsarbeit ist ein Teilelement gewerkschaftlicher Bildungsarbeit, sie ist geeignet, die mehr auf Funktionärsschulung ausgerichtete überbetrieblich-zentrale Schulungsarbeit der Gewerkschaften an einer entscheidenden Schwachstelle bisheriger gewerkschaftlicher Organisierung zu ergänzen. Sie kann gewerkschaftliche Betriebspolitik den sogenannten „einfachen Mitgliedern" zugänglich machen. Eine betriebsnahe Gewerkschaftspolitik ist nicht mit einer syndikalistischen Beschränkung auf die einzelbetriebliche Ebene zu verwechseln. Dies gilt auch für Probleme der Arbeitsgestaltung. Betriebsnahe Aktivitäten unter Beteiligung von Beschäftigten müssen auf anderen Handlungsebenen vorbereitet, ergänzt und flankiert werden. Erst im Rahmen einer Vermittlung solcher Politikebenen wie Forschungs- und Technologiepolitik, Arbeitsschutz, Betriebsräte- und Vertrauensleutepolitik sowie Tarifpolitik sowohl auf betrieblicher wie zentraler beziehungsweise regionaler Ebene kann betriebsnahe Bildungsarbeit ihre potentielle Bedeutung erlangen: eine Vermittlungsebene zwischen Betrieb und Gewerkschaft, in der Lernprozesse organisiert werden und gewerkschaftliches Handeln im Betrieb vorbereitet und ausgewertet wird [7].

Im Problembereich Arbeitsgestaltung besteht nun die Herausforderung darin, die bisher unterdrückten und unentfalteten Talente der Beschäftigten im Rahmen

---

[7] Vgl. auch Wassermann, W.: „Ich sehe meinen Arbeitsplatz jetzt mit anderen Augen...", Arbeitsgestaltung als Thema betriebsnaher Arbeitskreise in der Textil- und Bekleidungsindustrie, in: Görs, D. (Hrsg.): Gewerkschaftliche Bildungsarbeit. Kontroversen und Konzepte, München, Wien, Baltimore 1982.

betrieblicher Arbeitskreise zu fördern, d.h. ihnen Raum für eine ungestörte Entfaltung und Weiterentwicklung zu geben. Es ginge zunächst einmal darum, eine Bestandsaufnahme der Belastungssituation aus der subjektiven Sicht der Beschäftigten zu erstellen und zu dokumentieren. Solche Problem- oder Mängellisten könnten zum Ausgangspunkt von Veränderungsinitiativen auf den verschiedenen betrieblichen und außerbetrieblichen Handlungsebenen werden: Veröffentlichung der Mißstände im Betrieb (Betriebsversammlungen), Verhandlungen zwischen Betriebsrat und Firmenleitungen, Einschaltung von Arbeitsschutzexperten usw.

In einem weiteren Schritt könnten Beschäftigte in den Arbeitskreisen selbst bestimmte Veränderungsvorschläge erarbeiten. Voraussetzung für die Entwicklung umfassenderer Alternativen wäre die Zusammenfügung des partialisierten Produktionswissens in den Köpfen der einzelnen Belegschaftsmitglieder und -gruppen. Es wäre also notwendig, Arbeiter, Techniker, Ingenieure eines oder mehrerer Betriebe zusammenzubringen, um kooperative Gestaltungspotentiale zu entwickeln. Sinnvoll und notwendig wäre in so einem Arbeitszusammenhang auch die Hinzuziehung außerbetrieblicher Experten des Arbeitsschutzes, der Arbeitsmedizin, der Computertechnologie usw.. Aus einer solchen Kombination von Erfahrungen und Qualifikationen könnte so etwas wie eine potente „innovatorische Qualifikation" auf Seiten der Belegschaft entwickelt werden. Dies wäre ein Element der Entfaltung von Gegenmacht im Betrieb.

Betriebsnahe Arbeitskreise wären auch ein Ort, an dem die Distanz zwischen den Betriebsräten und Beschäftigten reflektiert und abgebaut werden könnte. Betriebsräte lernen in Diskussionen mit den Beschäftigten viel über Details der Arbeitsbelastung und das je subjektive Belastungsempfinden der Beschäftigten. Und sie lernen auch ihre Kollegen von einer anderen Seite kennen. Gerade aktive Betriebsräte hegen oft eine gewisse Geringschätzung gegenüber den Qualifikationen der Beschäftigten. Sie erleben nur deren tiefes Mißtrauen und die Abwehr gegenüber allen Neuerungen – auch dann, wenn sich der Betriebsrat für etwas eingesetzt hat. In den Arbeitskreisen, über die ich hier berichtet habe, ist es geschehen, daß mancher Betriebsrat seine Vorurteile gegenüber der angeblichen Passivität und Verschlossenheit der Beschäftigten abgelegt hat. Er hatte sie als Akteure, als sensible Beobachter und nicht zuletzt als wertvolle Informanten für seine Interessenvertretungsarbeit kennengelernt. Umgekehrt erhalten die an den Arbeitskreisen beteiligten Beschäftigten die Chance, Zusammenhänge und Mechanismen der offiziellen Interessenvertretungsarbeit kennenzulernen. Sie lernen die Handlungschancen und -grenzen des Betriebsrats im Bereich Arbeitsschutz und Arbeitsgestaltung besser einschätzen. Erst auf der Grundlage einer gemeinsamen Reflexion von Beschäftigten und Interessenvertretern lassen sich problemadäquate Veränderungsstrategien entwickeln, in denen die betriebsverfassungsrechtlichen Bedingungen voll ausgeschöpft und darüber hinausgehende Formen der Beteiligung an betrieblichen Entscheidungen durchgesetzt werden können.

Das Konzept der betriebsnahen Bildungsarbeit ist im großbetrieblichen Bereich entwickelt und vorwiegend hier erprobt worden. Die Einrichtung betriebsnaher Arbeitskreise zum Thema „Arbeitsgestaltung" oder „Arbeit und Technik" für Beschäftigte kleinerer Betriebe könnte meiner Meinung nach dazu beitragen, das charakteristische Dilemma der Interessenvertretung in diesen Betrieben zu mildern. Die Diskontinuität der Betriebsratsarbeit und ihre schwache personelle Basis könnte durch die Mitarbeit von Beschäftigten in kontinuierlich tagenden Arbeitskreisen ausgeglichen werden. Zusätzliches Wissen, zusätzliche Qualifikationen könnten für die Interessenvertretungsarbeit gewonnen werden. Dort, wo Arbeitskreise für Beschäftigte mehrerer benachbarter Kleinbetriebe angeboten würden, könnte ein regelmäßiger direkter, d.h. nicht über Vertretungsinstanzen vermittelter Informations- und Erfahrungsaustausch zwischen diesen Belegschaften organisiert werden. Dies wäre angesichts der relativen Isolation, in der viele Gewerkschafter sich vor allem in ländlichen kleineren Betrieben befinden, eine wichtige Stärkung gewerkschaftlicher Handlungsmöglichkeiten in diesen Betrieben. Schließlich könnten Arbeitskreise in kleineren Betrieben sich mit relativ geringem Aufwand Kenntnisse und Qualifikationen über die spezifische Arbeitsgestaltungsproblematik ihrer Betriebe erarbeiten, die sie in dieser Hinsicht dem in der Regel wenig qualifizierten Management überlegen machen würden. Dies würde Beschäftigte und Betriebsräte in die Lage versetzen, in der Arbeitsgestaltung ihrer Betriebe die Initiative zu ergreifen. Es wäre gewissermaßen eine „List der Vernunft", würde man das unerreichbare Ziel, nämlich die Interessenvertretungsarbeit in den Kleinbetrieben auf das Niveau von „Professionalität", Spezialisierung und Differenzierung mancher Großbetriebe anzuheben, zugunsten einer Beteiligung der Beschäftigten an der Interessenvertretung eintauschen.

Durch eine überbetriebliche Auswertung der Ergebnisse und Erfahrungen der hier vorgeschlagenen betriebsnahen Arbeitskreise innerhalb der Gewerkschaft kann diese Arbeit zur Ermittlung von branchentypischen Belastungskombinationen genutzt werden. Dies wäre z.B. nützlich für eine frühzeitige Verarbeitung der Auswirkungen bestimmter neuer Technologien oder Arbeitsmethoden in einzelnen Betrieben und deren Umsetzung in auf die besonderen Branchenbedingungen zugeschnittene gewerkschaftliche Schwerpunktaktionen. (Ein solches Instrument wäre beispielsweise in der Auseinandersetzung um die Einführung von Bildschirmgeräten oder Betriebsdatenerfassungsanlagen nützlich gewesen.)

Darüber hinaus könnten die Gewerkschaften durch die Auswertung der jeweiligen betrieblichen Belastungsprofile mit eigenen Mitteln ein Gegengewicht gegenüber der offiziellen Belastungsforschung entwickeln. Dies würde zwar wissenschaftliche Untersuchungen der Gesundheitsrisiken nicht erübrigen, in einigen Fällen aber wohl anregen. Vor allem könnten Anregungen aus den betrieblichen Arbeitskreisen zur Formulierung angemessener Fragestellungen für künftige arbeitswissenschaftliche Untersuchungen beitragen.

Weitere Möglichkeiten der Nutzung von Ergebnissen betrieblicher Arbeitskreise lägen auf der Ebene von Forderungen und Veränderungsstrategien im Bereich des Arbeitsschutzsystems und in der Tarifpolitik.

Gisela Dybowski
Aktuelle Tendenzen in der Diskussion der IG Metall
zur gewerkschaftlichen Bildungspolitik und das Konzept
zur Qualifizierung von Referenten der IG Metall
für eine regionalisierte und betriebsnahe Weiterbildung

(1) Die Mitwirkung der Arbeitnehmer bei der Gestaltung ihrer Arbeitsbedingungen und Einflußnahme auf den technisch-organisatorischen Wandel im Arbeitnehmerinteresse sind gleichermaßen an fachliche und innovatorische Qualifikationen wie an soziale Kompetenzen gebunden. Diese Anforderungen können weder durchgängig vorausgesetzt werden, noch lassen sie sich allein über inner- wie außerbetriebliche Aus- und Weiterbildungsprozesse erzeugen. Deren Qualifizierungspotential bleibt zudem begrenzt, wenn im alltäglichen Arbeitsprozeß die intellektuellen und kommunikativen Fähigkeiten der Arbeitnehmer verkümmern, wenn menschliche Arbeit auf Restarbeiten beschränkt wird, die ein willenloses Sicheinfügen in monotone Arbeitsabläufe verlangen.

Forderungen und Strategien zur Qualifikationssicherung und -gestaltung sind daher enger als bisher mit Forderungen und Strategien zur Gestaltung des Verhältnisses von Arbeit und Technik zu verzahnen. Nur wenn Einfluß genommen wird auf die Auswahl neuer Technologien und ihre arbeitsorganisatorische Gestaltung, wenn Belastungen reguliert und den Arbeitenden Dispositions- und Entscheidungsspielräume zugestanden werden, nur dann können Arbeitssituationen entstehen, die Lernchancen eröffnen und in denen sich innovatorische und kooperative Qualifikationen bewähren können.

(2) Hierzu liegen nicht nur detaillierte gewerkschaftliche Vorstellungen und Forderungen vor, wie z.B. im Entwurf (1982) des Lohnrahmentarifvertrages für Südwürttemberg/Hohenzollern und Südbaden, in dem die Arbeitgeber aufgefordert werden, sinnvolle und komplette Arbeitsinhalte mit überschaubarem Anfang und Ende zu schaffen, die individuelle Tätigkeits- und Entscheidungsspielräume bereitstellen und einen Wechsel von geistiger und körperlicher Beanspruchung ermöglichen. Derartigen Forderungen nach qualifikationsfördernder Arbeitsgestaltung kommen vielmehr auch Entwicklungstendenzen in der industriellen Produktion entgegen. Zumindest zeigt sich, daß neue Technologien auf der Basis der Mikroelektronik eine stärkere Entkoppelung zwischen der technischen Struktur des Produktionsprozesses und menschlicher Arbeit erlauben, die die Spielräume der Technikanwendung auf die verschiedensten Ziele und Bedingungen hin vergrößern und damit auch alternative und qualifiziertere Formen des Einsatzes menschlicher Arbeit zulassen. Das eröffnet für eine gewerkschaftliche Qualifikationsstrategie ein wichtiges und breites Aktionsfeld, vergrößert aber auch die Chancen der betrieblichen Interessenvertretung, auf Rationalisierungsprozesse im Sinne erweiterter Arbeitsinhalte und höherer Qualifikationen Einfluß zu nehmen.

(3) Dabei ist nicht zu übersehen, daß es auch seitens der Betriebe Tendenzen gibt, bei der Bewältigung flexibler Produktionsanforderungen bewußt auf komplexere Arbeitsformen zu setzen, die entgegen der parzellierten Abforderung einzelner Qualifikations-, Wissens- und Erfahrungsmomente auf eine ganzheitliche Nutzung des Arbeitsvermögens abzielen. Im Interesse interner und externer Flexibilität, im Interesse eines hohen Qualitäts- und Produktivitätsniveaus und im Interesse eines möglichst störungsfreien Produktionsablaufs gelangen Managementstrategien zur Anwendung, die eine umfassende betriebliche Funktionalisierung und Bindung intellektueller und motivationaler Fähigkeiten der Arbeitnehmer anstreben. In den „Qualitätszirkeln", die — mittlerweile in einer Reihe von Betrieben mit Erfolg erprobt — diese komplexen Handlungs- und Gestaltungskompetenzen der Arbeitnehmer für betriebliche Zwecke zu nutzen suchen, zeigt sich diese Tendenz deutlich.

(4) Daß hier betriebliche Flexibilität und Effizienz mit der Handlungskompetenz und den innovatorischen Qualifikationen der Arbeitnehmer und nicht gegen ihre Möglichkeiten und Fähigkeiten erzielt werden, unterstreicht die Chancen neuer technologischer und organisatorischer Entwicklungslinien.
„Qualitätszirkel" und ähnliche — in diese Richtung zielende — Betriebsvorhaben verweisen jedoch auch auf die Ambivalenzen und Gefahren derartiger Maßnahmen, solange ihre Initiative ausschließlich der Unternehmensleitung vorbehalten bleibt. Denn der stärkeren Einbeziehung intellektueller und motivationaler Fähigkeiten der Arbeitnehmer stehen faktisch keine Entscheidungskompetenzen und institutionalisierten Beteiligungsmöglichkeiten gegenüber, die den Arbeitnehmern gestatten würden, dieser Prozesse im Sinne eigener Interessenperspektiven habhaft zu werden. Im Gegenteil, einiges spricht dafür, daß derartige Konzepte auf eine Einbindung der Arbeitnehmer in betriebliche Rationalisierungsmaßnahmen und Freilegung von Rationalisierungsreserven sowie erhöhter Konkurrenz und Auslese führen, d.h. sich im Ergebnis voll gegen die Arbeitnehmer kehren und dies bei bewußter Zurückdrängung und Umgehung bestehender Mitbestimmungsrechte der betrieblichen Interessenvertretung sowie unter zunehmender Schwächung gewerkschaftlicher Einflußnahme.

(5) Mehr als bisher müssen daher gewerkschaftliche Strategien darauf gerichtet sein, die gegebenen Voraussetzungen, Ansätze und Möglichkeiten für eine ganzheitliche Förderung des Arbeitsvermögens in eine Konzeption einzubringen, die von den Interessen der Arbeitnehmer an der Gestaltung ihrer Arbeitsbedingungen, Verringerung von Arbeitsbelastungen und Verbesserung der Qualifikationen ausgeht und dabei die Beteiligungsprozesse von Arbeitnehmern eng mit Formen, Inhalten und Vorgehensweisen der betrieblichen und gewerkschaftlichen Interessenvertretung verzahnt. In dieser Perspektive ist gewerkschaftliche Politik im allgemeinen, vor allem aber auch gewerkschaftliche Bildungspolitik und gewerkschaftliche Bildungsarbeit im besonderen gefordert. Denn es gilt nicht nur, auf schulische, betriebliche und außerbetriebliche Qualifizierungsprozesse im Sinne einer umfassenden Förderung fachlicher und sozialer Kompetenzen der Arbeitnehmer Einfluß zu neh-

men. Es gilt vielmehr, auch bei den gewerkschaftlichen und betrieblichen Interessenvertretern jene Kenntnisse, Fähigkeiten und Handlungspotentiale auszuweiten, die es gestatten, auf betriebliche und gesellschaftliche Planungs- und Entscheidungsprozesse aktiv Einfluß zu nehmen und damit die Chancen alternativer, menschenwürdiger Formen der Arbeitsorganisation und -gestaltung zu stärken.

(6) Zwar sind Fragen der menschenwürdigen Gestaltung der Arbeitsbedingungen schon seit langem fester Bestandteil gewerkschaftlicher Seminare und Bildungsveranstaltungen. Zwar zielen die Bemühungen gewerkschaftlicher Bildungsarbeit darauf ab, die Kenntnisse und Fähigkeiten zur Nutzung der betriebsverfassungsrechtlichen und tarifvertraglichen Mitbestimmungs-, Einfluß- und Widerstandsmöglichkeiten gegen die Folgen unternehmerischer Rationalisierungsstrategien zu stärken. Solange jedoch tarifvertragliche Regelungen zur Verbesserung der Arbeitsbedingungen allenfalls Rahmenstrukturen schaffen, die der Umsetzung und Ausfüllung auf betrieblicher Ebene bedürfen, andererseits die arbeitsrechtlichen Bedingungen für eine Einflußnahme der betrieblichen Interessenvertretung auf betriebliche Planungs- und Entscheidungsprozesse nur unzureichend sind, muß sich gerade die betriebliche Interessenvertretung auf eine möglichst extensive und offensive Auslegung bzw. Ausnutzung der bestehenden Gesetze, Tarifverträge und Schutzbestimmungen, aber auch darüber hinausgehender Einflußmöglichkeiten konzentrieren. Daß hier längst noch nicht alle Möglichkeiten ausgeschöpft sind, belegt der betriebliche Alltag immer wieder aufs Neue. Fehlende Informationen, mangelnde betriebliche Transparenz und die geringe Handhabbarkeit arbeitswissenschaftlicher Erkenntnisse bewirken, daß die Betriebsräte von ihren Informations- und Mitgestaltungsfunktionen bei technisch-organisatorischen Veränderungen höchst selten Gebrauch machen. Fehlende fachliche Kenntnisse und unzureichende Handlungshilfen überfordern angesichts der Vielzahl und Reichweite von Rationalisierungsmaßnahmen in vielen Fällen die Interessenvertretung. Und dies nimmt mit der beschleunigten Verbreitung neuer Technologien und deren computergestützter Vernetzung noch zu. Nicht nur künftige und mittelbare Rationalisierungseffekte und deren Auswirkungen sind mit zu berücksichtigen. Es müssen vielmehr auch Gestaltungs- und Qualifikationsvorstellungen entwickelt und frühzeitig, d.h. im Planungsstadium neuer Maßnahmen, eingebracht und durchgesetzt werden. Für beide Interessenbereiche liegen jedoch kaum Erfahrungen vor, auf die die Betriebsräte zurückgreifen könnten.

(7) Hier entstehen der gewerkschaftlichen Bildungsarbeit neue Aufgaben, die die Defizite aufzugreifen und auszugleichen hat, die gewerkschaftliche und betriebliche Interessenvertreter bei der Bewältigung dieser Probleme immer noch haben, die mit diesen Anforderungen aber auch in einen Bereich von Arbeiterbildung vorstößt, für den nahezu keinerlei Ansätze vorliegen.

Was die neuen Aufgabenfelder anbelangt, so geht es einerseits um die Vermittlung fundierten technischen Sachwissens, das unverzichtbar ist, wenn Betriebsräte und Vertrauensleute gezielt auf Planungs- und Entscheidungsprozesse bei der Einführung neuer Technologien und Gestaltung der Arbeitsbedingungen Einfluß nehmen sollen. Grundkenntnisse über Funktionsweisen und Anwendungsmöglichkeiten computergesteuerter Technologien, vor allem aber deren Integration und Vernetzung und daraus resultierender Folgewirkungen fehlen vielen Arbeitnehmern in Entscheidungsfunktionen. Jedoch gibt es nur wenige Versuche, diese Kenntnisse didaktisch im Sinne der Arbeiterbildung aufzubereiten, ebenso wie es an inhaltlichen und organisatorischen Hilfsmitteln mangelt, um diese Prozesse rechtzeitig zu erkennen und frühzeitig Gegenmaßnahmen einzuleiten.

Kompetenzen zur sozialen Beherrschung und aktiven Gestaltung des technologischen Wandels bestimmen sich allerdings nicht allein und nicht ausschließlich aus dem Wissen um technische Funktionsweisen und der Kenntnis entsprechender gesetzlicher und tarifvertraglicher Bestimmungen. Die jeweilige konkrete Technik und realisierte Arbeitsorganisation ist vielmehr auch das Resultat der Wahrnehmung von arbeitsorientierten Interessen im Interessengegensatz von Kapital und Arbeit. Das heißt aber, daß gewerkschaftliche Bildungsarbeit zur Identifizierung und Wahrnehmung von Interessen beitragen muß. Dazu bedarf es nicht nur einer verstärkten Aufklärungsarbeit, um gegen vorgebliche „technologische Sachzwänge" anzukämpfen. Erforderlich ist zugleich die Bereitstellung von Handlungsorientierungen, mehr noch die systematische Aufbereitung von Handlungshilfen, um der Artikulation und Durchsetzung von arbeitnehmerorientierten Interessen bei der Gestaltung von humanen Arbeitsstrukturen und qualifizierten Formen des Einsatzes menschlicher Arbeitskraft Durchbruch zu verschaffen.

(8) Seit Anfang des Jahres 1980 wird bei der IG Metall-Vorstandsverwaltung, Abteilung Bildungswesen/Bildungspolitik, ein mit Mitteln des Projektträgers „Humanisierung der Arbeit" unterstütztes Projekt durchgeführt, das darauf abzielt, Lehr- und Lernmittel zum Themenkomplex „Humanisierung des Arbeitslebens" zu entwickeln und in einer Konzeption zur Ausbildung von ehrenamtlichen Referenten und der Durchführung entsprechender Bildungsveranstaltungen im Betrieb und vor Ort anzuwenden. Mit diesem Projekt – das eng gebunden ist an ein parallel dazu laufendes gewerkschaftliches HdA-Beratungsprojekt – sollen die oben skizzierten Möglichkeiten, aber auch Defizite sozialer und humaner Einflußnahme auf neue Technologien sowie darauf bezogene Ansätze zur Förderung innovatorischer Kompetenzen bei den Arbeitnehmern und ihren Interessenvertretern gefördert werden.

Mit dieser Aufgabenstellung verbinden sich indes sehr vielschichtige Anforderungen an dieses Projekt. Denn um Referenten auf diese Aufgaben hin zu qualifizieren, müssen Fähigkeiten und Kenntnisse vermittelt werden:

— auf fachlicher Ebene.
Hier geht es darum, die Referenten mit den wichtigsten Erkenntnissen und Betriebserfahrungen aus Humanisierungsmaßnahmen vertraut zu machen sowie Fähigkeiten zu fördern und auszuweiten, um technisch-organisatorische Entwicklungen besser beurteilen und soziale und humane Gestaltungskriterien konkret darauf beziehen zu können.

— auf der didaktischen Ebene.
Hierzu gehört die Fähigkeit, sich die wichtigsten Erkenntnisse und Betriebserfahrungen zu Fragen der Humanisierung des Arbeitslebens anzueignen und mit

Hilfe von teilnehmer- und problemorientierten Methoden in Bildungsveranstaltungen zu vermitteln. Hierzu werden methodisch-didaktische Ausarbeitungen in die Referentenschulung ebenso eingehen wie eine Vielzahl von Hilfsmitteln für die Erhebung, Auswertung und Früherkennung betrieblicher Rationalisierungsmaßnahmen. Eng damit verbunden sind schließlich die Befähigung der Referenten, durch selbständiges Arbeiten an Informationen heranzukommen und sich neue Zusammenhänge zu erarbeiten.

— auf der Handlungsebene.
Hierbei sollen Informationen und Handlungshilfen im Hinblick auf die menschengerechte Gestaltung von Arbeit bereitgestellt werden. Gedacht ist dabei vor allem an Informationen über exemplarische Erfahrungen erfolgreicher gewerkschaftlicher Abwehr- und Gestaltungsmaßnahmen, sowie an Informationen über rechtliche und tarifpolitische Handlungsmöglichkeiten.

(9) Weitere Anforderungen ergeben sich aus dem dezentralen Charakter der Bildungskonzeption. Die Bandbreite und Vielfalt von Erkenntnissen, Problemen und Fragen, die bei einem Ansatz zur humanen und sozialen Gestaltung von Technik, Arbeit und Qualifikation zu berücksichtigen sind, lassen sich weder bei der Ausbildung von Referenten noch bei der Durchführung entsprechender Seminare vor Ort in der notwendigen Tiefe behandeln. Eine daraus resultierende Konsequenz, das Bildungsangebot auf die exemplarische Aufarbeitung und Darstellung einiger Probleme und Aspekte zu beschränken, würde zu Lasten der Aussagefähigkeit und Handlungsorientierung gehen. Zudem würde ein zentrales Prinzip gewerkschaftlicher Bildungsarbeit dabei entscheidend vernachlässigt: nämlich die Erfahrungen und Interessen der Teilnehmer als Ausgangsbasis anzusehen, auf die sich Bildungsarbeit flexibel zu beziehen hat. Würde man jedoch den jeweils konkreten branchen- und betriebsspezifischen Anforderungen und Problemstellungen, wie sie sich in der dezentralen Bildungsarbeit stellen, ausschließlich durch eine modulare und flexible Konzeption Rechnung tragen, wäre die Einheitlichkeit und Verbindlichkeit für den gesamten Organisationsbereich der IG Metall nicht gewährleistet. Um den skizzierten Problemen Rechnung zu tragen, wurde daher eine Konzeption entwickelt, die
— erstens: konstante wie variable Seminarteile enthält. Dieser Aufbau ermöglicht es dem Referenten, auf der Basis einer verbindlichen Rahmenstruktur flexibel auf unterschiedliche Anforderungen, Interessen und Problemstellungen vor Ort zu reagieren;
— zweitens: von ihrer inhaltlichen Ausrichtung her bereits antizipativ auf künftige Probleme industrieller Arbeit eingeht und Maßnahmen frühzeitiger Einflußnahme diskutiert;
— drittens: materialreich mit methodischen und inhaltlichen Vermittlungshilfen ausgestattet ist, um die Referenten in die Lage zu versetzen, Seminare kompetent durchzuführen.

(10) Daß für diese Art von Bildungsarbeit und Qualifizierung ein wachsender Bedarf besteht, belegt auch die jüngste Umfrage der IG Metall zur Rationalisierung in

der Metallwirtschaft. Denn weder die Gestaltung neuer Technologien, schon gar nicht die wachsende Technologievernetzung, noch die Gefährdungsbereiche Beschäftigung, Qualifikation, Gesundheit, Leistung und Verhalten werden gegenwärtig ausreichend auf der betrieblichen Ebene bewältigt.

Die bisherigen Erfahrungen des HdA-Qualifikationsprojektes zeigen darüber hinaus: Solange Inhalte und Vorgehensweisen — wie in diesem Projekt entwickelt — auf eine wirksame und aktive Einflußnahme bei Rationalisierungsmaßnahmen abzielen, so lange hat eine solche Konzeption auch entscheidende Barrieren und Widerstände zu überwinden, die den Vorgehensweisen der Interessenvertreter eigen sind. Denn ihr Handeln ist vielfach Reaktion auf unternehmerische Initiativen. Da zudem erhebliche Schwierigkeiten bei der Informationsbeschaffung bestehen, erfolgen Reaktionen oft erst dann, wenn unternehmerische Entscheidungen nicht mehr rückgängig zu machen sind. Auch wirken eingespielte Reproduktionsmuster der Interessenvertretung fort, die eine offensive, das Belegschaftshandeln einbeziehende Politik der Artikulation und Durchsetzung von Interessen erschweren. Hier muß Bildungsarbeit zunächst einmal Prozesse freilegen, die über jahrzentelang eingespielte Handlungs- und Verhaltensmuster geschaffen wurden, muß diese Muster infragestellen, aber zugleich auch neue, angemessene Handlungswege aufzeigen. Dabei gilt es vor allem, deutlich zu machen, daß die rechtlichen Möglichkeiten der Einflußnahme auf technologische und innovatorische Prozesse nur begrenzt sind. Das heißt nicht, daß gewerkschaftliche Bildungsarbeit darauf verzichten könnte, Kompetenzen zu vermitteln, die eine extensive Ausschöpfung rechtlicher Möglichkeiten erlauben. Darüber hinaus gilt es jedoch, deutlich zu machen, daß für die Bewältigung kommender Aufgaben und Anforderungen ein Konzept von Interessenvertretung erforderlich ist, das bewußt auf den Kompetenzen und Handlungspotentialen der Belegschaften aufbaut und diese stärker als bisher einbindet in eine aktive und politische Strategie der sozialen Beherrschung neuer Technologien.

Torbjörn Stockfelt
Erwachsenenbildung – Lernen im Alltag

Ein Forschungsprogramm der Abteilung für Lernpsychologie an der Universität Stockholm in Zusammenarbeit mit dem schwedischen Gewerkschaftsbund (LO), dem Arbeiterbildungsverband (ABF) und Brevskolan.

Vor einigen Jahren wurde bei der Bildungsabteilung der LO der Versuch unternommen, einen Leitfaden für gewerkschaftliche Vertrauensleute zu entwickeln. Das Ziel bestand darin, alle Aufgaben der Vertrauensleute aufzulisten und entsprechende Ratschläge zu erteilen. Es stellte sich heraus, daß die Zahl der Probleme unter normalen Umständen etwa 2.000 betrug und daß jede dieser Aufgaben wieder in zehn oder mehr Teilprobleme untergliedert war. Mit anderen Worten: ein Vertrauensmann sieht sich im Alltag mindestens 20.000 konkreten Fragen gegenüber; einen Leitfaden dieses Ausmaßes zu erstellen, ist schlechterdings unmöglich.

Also entwickelte man stattdessen für die Vertrauensleute verständliche und einsichtige Grundsätze und Richtlinien, aus denen sich Antworten auf konkrete Fragen ableiten ließen. Auch hier war – wie sonst auch in der Gewerkschaftsbewegung – das wichtigste Arbeitsmittel der sogenannte „Studienkreis".

Der Studienzirkel

Gegen Ende des 19. Jahrhunderts war in den unteren Bevölkerungsschichten Schwedens die Tendenz weit verbreitet, das Schicksal selbst in die Hand zu nehmen. Zwei bedeutende Beispiele für diese Tendenz sind die Gewerkschaftsbewegung und die Temperenzler.

Zu dieser Zeit war das schwedische Bildungssystem noch recht primitiv, und die verantwortlichen Persönlichkeiten sahen sich oft mit bedeutenden Lücken in ihrem Wissen konfrontiert, die es ihnen unmöglich machten, ihre Ziele zu erreichen. Da es keine anderen Möglichkeiten gab, mußten neue Bildungsmethoden geschaffen werden. Die wichtigste dieser Methoden war der Studienzirkel. Dieser Gedanke wurde so populär, daß es durchaus gerechtfertigt erscheint, ihm eine eigene Bewegung zuzuordnen: die Studienzirkel-Bewegung.

Ein Studienzirkel umfaßt per definitionem eine Gruppe von Freunden, die miteinander arbeiten, um mehr über bestimmte Themen zu lernen. Diese Themen können sowohl allgemeiner Natur sein, wie z.B. die Grundsätze der Gewerkschaftsbewegung, oder sie können sich mit speziellen Problemen wie z.B. der Buchführung befassen. Unabhängig vom Thema teilen sich immer sämtliche Mitglieder des Studienzirkels in die Verantwortung für die Arbeit. Zwar kann es sein, daß eines der

Mitglieder gebeten wird, als Gruppenleiter zu fungieren; das bedeutet aber nicht, daß er die Arbeit leitet — er hat nur bestimmte Aufgaben für die Gruppe zu übernehmen.

Die Mitglieder eines Studienzirkels diskutieren zunächst, ob es über ihr Thema adäquate Literatur gibt, ob Fachleute zur Verfügung stehen, die zu den Sitzungen eingeladen werden und bei der Arbeit helfen könnten, usw. Die Mitglieder eines Studienzirkels stehen also keineswegs alleine da; sie sind andererseits aber für die Auswahl ihrer Helfer sowohl als Einzelperson als auch als Mitglieder der Studiengruppe voll selbst verantwortlich.

Ganz offensichtlich ist inzwischen die Praxis der Studienzirkel von den oben beschriebenen Grundlagen abgewichen. Heute ist es die Regel, daß die Studienzirkel-Gruppen von Funktionären in den Bildungsverbänden zusammengestellt werden; auch entscheiden die Mitglieder der Studienkreise nur noch selten selbst darüber, welches Material durchgearbeitet werden soll, wo und wann der Kreis sich trifft, usw. Kurz gesagt, ist ein Studienzirkel heute in der Regel ein fertig strukturiertes didaktisches Verfahren.

In vieler Hinsicht ist das durchaus akzeptabel, z.B. wenn man Englisch lernen möchte und dafür nicht viel Zeit hat. Auch ergibt es sich oft, daß nach der Anfangsphase die Arbeit eines Studienzirkels mehr und mehr in die Kontrolle der Gruppenmitglieder übergeht, denn die Mitglieder lernen durch ihre Arbeit in der Gruppe, wie man Verantwortung übernimmt.

Andererseits wiederum ist dieser Zustand sowohl aus prinzipiellen als auch aus individuellen Gründen nicht akzeptabel. Besonders Männer haben oft Schwierigkeiten damit, an der vorstrukturierten Arbeit eines solchen Studienkreises teilzunehmen. Sie sind es gewöhnt, für sich selbst verantwortlich zu sein, und es stört sie, von anderen „verantwortet zu werden". Sie erinnern sich nur ungern an ihre Schulzeit, und da ihrer Meinung nach die Sache mit den Studienzirkeln der Schule von damals zu sehr ähnelt, lehnen sie die Studienkreise ab. Sie halten die bereitgestellten Materialien für gekünstelt, und die Arbeit damit erscheint ihnen demzufolge als ziemlich sinnlos.

Zwei Drittel bis drei Viertel aller Erwachsenen stehen jeder Art vorstrukturierter Bildungsarbeit sehr zurückhaltend gegenüber. Mit anderen Worten: während in Schweden etwa zwei Millionen Erwachsene jedes Jahr an Bildungsmaßnahmen teilnehmen, stehen weitere vier Millionen abseits.

Es bestand und besteht immer noch ein Bedarf an neuen Bildungskonzepten, in denen die besten Elemente der Studienzirkel erhalten bleiben, aber auch neue Formen eingeführt werden. Das Projekt „Erwachsenenbildung — Lernen im Alltag" wurde zur Deckung dieses Bedarfs ins Leben gerufen.

Die verschiedenen Wissensarten

Der Mensch kann das Denken nicht abschalten. Seine Sinnesorgane und sein Gehirn arbeiten unablässig, und obwohl die Effizienz je nach Aufmerksamkeit, Wachsamkeit, Ermüdung usw. schwankt, werden diese Funktionen nie unterbrochen. Das heißt, daß wir immer, in jedem Augenblick, lernen; teilweise absichtlich, d.h. wir trachten nach mehr Wissen, aber noch weit häufiger lernen wir unabsichtlich, d.h. wir lernen, ohne darüber nachzudenken und uns dessen bewußt zu sein.

Das bezeichnen wir mit dem Begriff „Lernen im Alltag", „Alltagslernen".

Man kann auch folgendes sagen: die Lernvorgänge bei Tätigkeiten, die eigentlich auf etwas anderes als das Lernen ausgerichtet sind, sind vermutlich zumindest in quantitativer Hinsicht weit bedeutender als das Lernen in Situationen, in denen mit voller Absicht und unter kontrollierten Bedingungen Wissen aufgenommen wird.

Bei den Vertretern des sogenannten „wissenschaftlichen Managements" war man sich dieses Sachverhalts wohl bewußt. Taylor erklärte unter anderem, es sei erforderlich, Arbeitsplätze so zu gestalten, daß der jeweilige Arbeitnehmer nur fragmentarische Kenntnisse über den Gesamtprozeß erlangen könne. Der Arbeitnehmer müsse überzeugt sein, daß er selbst nur seinen Teil der Arbeit kompetent erledigen könne, während alle Führungsaufgaben weit außerhalb seiner Reichweite lägen. Mit anderen Worten: der Arbeiter muß lernen, daß er minderwertig ist.

Viele Arbeiten am Fließband sind in dieser Hinsicht ausgelegt. Hier ist der gesamte Vorgang so weit fragmentiert, daß der Aufgabenbereich an jedem einzelnen Arbeitsplatz in kürzester Zeit erfaßt und bewältigt werden kann. Der Arbeitnehmer kann das Gefühl bekommen, daß er nur deswegen an seinem Platz steht, weil die Maschine, die ihn einmal ersetzen wird, noch nicht erfunden ist, daß sie aber bald erfunden werden wird.

Dasselbe Prinzip wird auch in den höheren Stufen der Hierarchien eingesetzt, obwohl diejenigen Aufgaben, bei denen Arbeitsmittel eingesetzt werden, selbstverständlich leichter zu fragmentieren sind als Aufgaben, bei denen der Einsatz von Arbeitsmitteln geplant wird. Aus diesem Grund sind Lernvorgänge, die dem Lernenden seine Nichtigkeit vor Augen führen, im Produktionsbereich weit häufiger als in den höheren hierarchischen Bereichen. Bis jetzt sind die gewerblichen Arbeitnehmer am stärksten von diesen Vorgängen betroffen, aber durch die fortlaufende Entwicklung der Datenverarbeitung geraten auch die Angestellten immer mehr unter ihren Einfluß.

Wissen wird allgemein als etwas durchweg Positives betrachtet, und es ist ja auch richtig, daß unser Wissen es uns ermöglicht hat, Gesellschaftsstrukturen aufzubauen, Werkzeuge zu erfinden, die unser Leben erleichtern, Krankheiten zu bekämpfen usw.

Andererseits gibt es aber durchaus auch negatives Wissen, das z.B. aus schlechten Arbeitsbedingungen wie den oben beschriebenen entstehen kann. Ich möchte mich im Moment mit vier Wissensarten befassen, obwohl es zweifelsohne tausende und abertausende gibt; davon sind zwei Arten negativ und zwei positiv. Es handelt sich um:
— dynamisches Wissen

— statisches Wissen
— passives Wissen und
— repressives Wissen.

Dynamisches Wissen entsteht in allen Situationen, in denen man neugierig ist, in denen man selbst Verantwortung trägt und dabei ein gutes Gefühl hat. Man will lernen, man hat Perspektiven, man ist sich der Grenzen des erworbenen Wissens bewußt; unter anderem bedeutet das auch, daß man umzulernen bereit ist, wenn das vorhandene Wissen sich als nicht mehr adäquat erweist.

Statisches Wissen entsteht immer dann, wenn Dritte bestimmen, was man zu lernen hat. Man erhält bereits Antworten, bevor man überhaupt eine Frage formuliert hat. Oft entstehen in der Schule solche Situationen, und sie entstehen auch notwendigerweise bei den vielen Studienzirkeln, in den sich die Gruppenmitglieder sozusagen an einen gedeckten Tisch setzen. Zwar können wir ohne ein bestimmtes Maß an statischem Wissen nicht auskommen, aber neue Ideen entstehen daraus nicht.

Passives Wissen wird in all denjenigen Situationen erworben, die man nach eigenem Verständnis für unvermeidlich hält und in denen man die eigene Unterlegenheit vor Augen geführt bekommt. Fließbandarbeit entspricht gewöhnlich diesem Bild. Man lernt, sich um nichts zu kümmern. Man lernt, im Moment nichts zu tun, lieber abzuwarten und später zu handeln — wenn überhaupt.

Repressives Wissen entsteht, wenn eine bestimmte Situatin entweder sehr lange anhält oder von besonders starkem seelischem Druck begleitet ist. Repressives Wissen führt dazu, daß man nicht nur selbst passiv wird, sondern auch versucht, alle in die Passivität zu führen, die zur engeren Umgebung gehören, wie zum Beispiel Arbeitskollegen oder die eigenen Kinder. Man entwickelt sozusagen eine Art verkehrten Mut; man ist stolz darauf, ganz unten zu sein; man „weiß, wohin man gehört".

Die „FASE-Methode"

Ein Ergebnis unserer Forschungsarbeit war die sogenannte „FASE-Methode" für Studienzirkel. In diesem Fall steht
F für „find" (finden),
A für „analyse" (analysieren),
S für „solve" (lösen) und
E für „evaluate" (auswerten).
Grundsätzlich beginnt der Lernvorgang mit F und endet mit E. Zunächst werden große Anstrengungen unternommen, um eine Bestandsaufnahme der Probleme und Lösungsmöglichkeiten in einer bestimmten Lage zu machen. Danach folgt eine Analyse aller Informationen und die Bestimmung der besten Lösungsmöglichkeiten. Zum Schluß werden genau wie in allen Forschungsprogrammen die unternommenen Schritte ausgewertet.

Zwei praktische Beispiele dafür, wie wir in Versuchen die „FASE-Methode" einsetzten

Der erste Versuch wurde in Zusammenarbeit mit schwedischen Straßenarbeitern durchgeführt. In Schweden sind Straßenarbeiter auf ihren Beruf sehr stolz. Viele sagten auf Befragen, daß sie den gleichen Beruf wieder wählen würden. Sie haben das Gefühl, einen Beruf mit viel Freiheit zu haben und etwas von Wert zu tun.
    Der zweite Versuch wurde in Zusammenarbeit mit Arbeitnehmern in einem Krematorium durchgeführt. Diese Gruppe war auf ihren Beruf nicht stolz — ganz im Gegenteil. Sie wählten diese Arbeit nicht selbst, sondern wurden von der Verwaltung dorthin versetzt, etwa weil keine andere Stelle offen war. Viele schämen sich ihrer Arbeit und sprechen mit ihren Freunden nicht darüber.
Zusammenfassend kann man sagen, daß diese beiden Gruppen und wir etwas Gemeinsames zu tun hatten, einfach weil die einen an der Spitze und die anderen auf der untersten Ebene der LO-Organisation stehen.

Zunächst die Straßenarbeiter.
Wie man aus meinem Papier ersehen kann, sind wir mit der jetzigen Arbeitsweise der Studienzirkel nicht zufrieden. Sie machen einen zu schulmäßigen Eindruck. Zwei Drittel der Erwachsenen in Schweden möchten nicht an Kursen mit festem Plan teilnehmen. Wenn es so einfach wäre, daß intelligente (was immer das heißt) Menschen gern zur Schule gehen und unintelligente (was immer das sein mag) Menschen nicht, dann wäre es vielleicht nicht so schlimm — aber dem ist keineswegs so. Der Widerstand gegenüber der Schule geht quer durch alle Abgrenzungen. Es ist notwendig, diese Einstellung abzubauen. Man braucht mit Sicherheit überall mehr rationales Wissen.
    Die Straßenarbeiter lehnten die Schule ab. Wir versicherten sie unseres Verständnisses dafür, sagten ihnen aber, daß dies ein echter Versuch zur Verbesserung ihrer Arbeitsbedingungen sei und daß wir wirklich mit ihnen zusammenarbeiten und neue Studienformen entwickeln wollten. Nach einiger Zeit akzeptierten sie das und arbeiteten mit uns zusammen. Methodologisch bedeutete dies, daß wir unsere wissenschaftliche Aufgabe mit ihnen zusammen durchführten und ihnen nicht etwas von außen aufzwangen.
    Am Beginn der neuen Art von Studienzirkel gab es eine Übung, die die Teilnehmer miteinander bekannt machen sollte. Die Gruppen bei der Straßenarbeit bestehen meist aus 5 bis 6 Leuten, die oft lange zusammen bleiben, sich aber trotzdem gegenseitig nicht gut kennen.
    Wir begannen Sitzungen, wo nicht viel geredet wurde, sondern Kameras eingesetzt wurden. Wir unterwiesen sie im Gebrauch von Polaroid-Kameras und forderten sie auf, Fotos von ihrem Arbeitsplatz und vor allem von ihren Kollegen zu machen. Sie machten viele lustige Schnappschüsse, aber auch viele ernsthafte. Dann schauten wir uns alle die Bilder an, d.h. wir, die jeweiligen Urheber der Fotos und deren Arbeitskollegen.
    Dies führte zu vielen interessanten Ergebnissen; z.B. als ein Mann ein Foto von jemandem sah, der nah am Verkehrsstrom und nur Zentimeter von einem mit ho-

her Geschwindigkeit vorbeifahrenden Auto entfernt stand, und sich über diesen Narren wunderte – nur um festzustellen, daß er das selbst war. Er war so „arbeitsplatzblind" geworden – d.h. in der üblichen Arbeitssituation hatte er sich so an vorbeifahrende Autos gewöhnt –, daß er die Gefahr sozusagen vergessen hatte. In der Momentaufnahme des Fotos entdeckte er die Wirklichkeit wieder.
Diese Episode führte zu langen Diskussionen über das Risiko, das Straßenarbeiter für sich selbst darstellen.

Wir begannen mit diesen Fotos, leiteten dann aber mit ihrer Hilfe über auf aktuelle, jedoch vernachlässigte Probleme und auf Fragen über Umstände, die fast als selbstverständlich hingenommen wurden, weil jeder seine Gedanken dazu für sich behielt. Als die Männer sich einmal daran gewöhnt hatten, solche Fragen gemeinsam zu bereden, entdeckten sie ein gemeinsames Interesse und die Fähigkeit, sie gemeinsam konstruktiv zu lösen.

Ein Beispiel waren die Pflastersteine: Sie waren bei Anlieferung so verpackt, daß die Steine beim Öffnen der Verpackung herausfielen und leicht Fußverletzungen verursachten. Die Straßenarbeiter hatten sich daran gewöhnt, das als unvermeidlich hinzunehmen. Als sie die Fotos studierten und dieses Thema diskutierten, stellten sie schnell fest, daß die Steine auch anders verpackt werden konnten. Als gute Techniker konnten sie auch eine entsprechende Lösung vorschlagen und eine Änderung verlangen.

Sie stellten ebenfalls fest, daß die Materialbestellung zu sehr Routinesache geworden war und daß manche Kataloge gar nicht benutzt wurden. Nach einiger Diskussion zwischen ihnen und ihren Chefs wurde dies korrigiert; dies hat vielleicht sogar einen guten Einfluß auf die Arbeitgeber–Arbeitnehmerbeziehungen ausgeübt, d.h. auf das demokratische Verhalten.

Nach diesen Vorfällen begannen die Straßenarbeiter, sich auch für Kurse ganz allgemein zu interessieren. Sie begannen z.B. zu untersuchen, ob es nicht bekannte oder nicht berücksichtigte Fakten im Zusammenhang mit Umweltverschmutzung und anderen chemischen Risiken gebe.

Ein letztes Beispiel: Bei der Arbeit wird ein Straßenarbeiter natürlich schmutzig und staubig. Bevor er nach Hause geht, muß er sich duschen. Die Behörden hatten eine Kostenaufstellung gemacht und festgestellt, daß eine Duschkabine etwa 30.000 schwedische Kronen kosten würde; berücksichtigt man alle Teams, die eine Duschkabine brauchten, so wurde es unmöglich, dies zu bezahlen. Nach einiger Überlegung kamen die Straßenarbeiter jedoch zu dem Schluß, daß der springende Punkt nicht die Duschkabine, sondern das heiße Wasser sei. Sie kauften einen Schlauch und eine Spritzdüse, schraubten sie zusammen, teilten ein Stück ihres Umkleideraums ab – heißes Wasser stand zur Verfügung – und hatten damit ihren Duschraum. Diese Lösung kostete etwa 100 schwedische Kronen.

Mit diesem Beispiel wollte ich zeigen, daß die Diskussion unter den Männern zu einer Einstellungsänderung führte. Rückblickend scheint es so einleuchtend, aber das genau trifft in vielen Fällen zu. Wir müssen viel lernen und untersuchen, um die selbstverständlichsten Dinge im Leben herauszufinden.

Nun zur Krematoriumsarbeit.
Die Arbeitnehmer im Krematorium werden sehr willkürlich eingestellt. Eine Hausfrau sucht vielleicht eine Arbeit, ein Arbeiter, der im Sommer in den Parks gearbeitet hat, möchte weiterhin fest eingestellt sein, und der Arbeitgeber kann nur das Krematorium anbieten. Also versuchen sie eine Weile, die Arbeit auszuhalten, und später stellen sie fest, daß sie in der Falle sitzen. Einige schämen sich dieser Arbeit. Wie einige sagten: Wenn ein zukünftiger Arbeitgeber fragt „Was haben Sie bisher gemacht?", ist es schwierig zu antworten: „Ich habe Leichen verbrannt." Einige verlassen den Bus auf dem Weg zur Arbeit eine Station früher, nur um vor anderen zu verbergen, daß sie im Krematorium arbeiten.

Krematorien sind für die Trauernden ausgelegt und nicht für die Arbeitnehmer. Sie sind dunkel. Die Stufen sind schmal. Die Arbeit stellt ein Risiko für Rücken und Finger dar.

Auch hier begannen wir mit Kameras. Ein Foto zeigte einen Blumenstrauß, und der Arbeitnehmer, der dieses Bild aufgenommen hatte, erklärte uns, daß dies eines der größten Probleme im Krematorium sei: Die Blumen werden mit Garn und Nadeln zusammengehalten, und wer sie arrangieren muß, verletzt sich leicht – und „was passiert, wenn Leichenasche in die Wunden kommt?"

Natürlich sind, wie das letzte Beispiel zeigt, die seelischen Belastungen groß. Wie einer der Arbeitnehmer sagte, ist das größte Problem, daß man um des Überlebens willen versteinern muß, wenn man den ganzen Tag mit Beerdigungen zu tun hat und während einer Tagesarbeit oft mit 15 verschiedenen Gruppen trauernder Familienangehöriger zusammentrifft. Jeder Familienangehörige hat ein Recht darauf, akzeptiert und betreut zu werden, aber es ist schwierig, sich noch bei der zehnten Trauerfeier daran zu erinnern, während man gleichzeitig weiß, daß der Raum gleich wieder für die nächste Trauerfeier hergerichtet werden muß und dies eventuell unter Zeitdruck, falls der Pfarrer zu lange redet. Und wenn ein Familienangehöriger getrunken hat, um der Situation gewachsen zu sein, und man muß ihn betreuen, dann kann es passieren, daß man ihm grollt und nur schwer eine Entschuldigung für ihn findet.

Aber auch die Arbeiter aus dem Krematorium kamen zu der Überzeugung, daß die von uns gemeinsam betriebenen Studien nützlich seien. Unter anderem gelang es ihnen, ihre Gehälter erheblich zu verbessern. Außerdem begannen sie eine Diskussion darüber, wie sie mit der seelischen Belastung fertig werden könnten.

Ich möchte mit einigen Thesen schließen.
Wissen ist das Endergebnis fortlaufender Prozesse. Das Paradoxon in diesem Satz löst sich auf, wenn man den Unterschied zwischen Lernen und Wissen sieht.

Wir produzieren immer wieder neues Wissen, aber Wissen ist immer nur temporär. Es veraltet schnell.

Man lernt nicht nur, wenn man die Absicht hat zu lernen, sondern jeden Augenblick des Lebens, absichtlich oder unabsichtlich. Das bedeutet, daß Schulsituationen und ähnliches nur einen geringen Teil der Prozesse ausmachen, in denen man Wissen aufbaut. Wenn die Prozesse künstlich erscheinen, d.h. der allgemeinen Lebenssituation fremd, wird mit ihnen nicht wirkungsvoll gearbeitet.

Dies hinwiederum bedeutet, daß man Studiensituationen schaffen muß, die sich in die allgemeine Lebenssituation gut einpassen. Wir sagen, daß das tägliche Lernen das wichtigste ist, daß es die Grundlage für Erwachsenenbildung darstellt.

Die Didaktik im täglichen Lernen muß darauf abzielen, Möglichkeiten zu schaffen, bei denen jeder Achtung vor der eigenen Neugier empfinden und auf dieser Grundlage Fragen stellen kann. Produktives Wissen ergibt sich aus selbstgesteuerter Aktivität.

Unter idealen Umständen läuft die „FASE-Methode" in einer Art Spirale ab, aus der ein wachsendes Maß an dynamischem Wissen entsteht. Das bedeutet, daß ein einmal nach dieser Methode in Gang gebrachter Bildungsprozeß selbständig weiterläuft.

Im Moment führen ABF, LO und die pädagogische Fakultät der Stockholmer Universität Nachuntersuchungen durch, die die weitere Entwicklung der theoretischen Grundlagen und der praktischen Anwendung der „FASE-Methode" zum Ziel haben.

Ben van Onna
Der ,,Aktionsplan Beschäftigung" in Nijmegen. Eine Fallstudie
zu Arbeitnehmerpartizipation in einem Krisengebiet

1. *Einleitung*

Die Stadt Nijmegen (zu deutsch: Nimwegen, etwa 150.000 Einwohner, gelegen im südöstlichen Teil der Niederlande an der Grenze zur Bundesrepublik Deutschland) gehört zu den Gebieten, die im nationalen Maßstab eine außerordentlich hohe Arbeitslosigkeit aufweisen. Im Januar 1984 waren über 33 % der abhängig Beschäftigten als Arbeitssuchende registriert (September 1981: 16 %). Das wirtschaftliche Potential dieser Stadt war auch schon vor der gegenwärtigen Krise relativ schwach ausgebildet. Die Industrialisierung kam im wesentlichen erst nach dem Ende des letzten Krieges in Gang und führte u.a. dazu, daß sich viele Betriebe ansiedelten, die — wie sich später zeigte — wirtschaftsschwachen Branchen (Schuh-, Textilindustrie) angehörten. Das niedrige Lohnniveau, die vorhandene Arbeitsreserve, vorwiegend bestehend aus ungelernten Arbeitern, sowie der ,,Sozialfriede" waren für diese Entwicklungsphase mitentscheidend. Für die ansässigen Industriebetriebe gilt, daß sie kaum oder wenig im regionalen Wirtschaftsraum verankert sind und abhängig sind von Rohstoffen, die von außen angeliefert werden, und von Kundschaft außerhalb der Region. Forschungsabteilungen und Unternehmensleitungen befinden sich meist ebenfalls außerhalb, so daß industrielle Innovation, die in Krisenzeiten besonders erforderlich wäre, nicht oder zuwenig stattfindet. Dieser Mangel führt zu einer weiteren Schwächung der ohnehin angeschlagenen wirtschaftlichen Situation im Nimwegener Raum.

Betriebsstillegungen haben bereits in der zweiten Hälfte der sechziger Jahre die gesamte Textil- und Schuhindustrie verschwinden lassen. Auch in anderen Industriebereichen wurden schon damals in erheblichem Umfang Produktionskapazität und Arbeitsplätze vernichtet. Konnten diese negativen Auswirkungen auf den Arbeitsmarkt anfangs noch durch die Ausweitung des tertiären Sektors (Universität, Krankenhäuser) kompensiert werden, durch die Sparpolitik der Nationalregierung wurde auch dieser Zuwachs in den späten 70er Jahren gestoppt. Danach verschlechterte sich die regionale Lage noch weiter durch die Krise im Wohnungsbau.

Entsprechend dem traditionellen Muster war die Reaktion der lokalen Gewerkschaften zunächst defensiv. Sie beschränkte sich vorwiegend auf Maßnahmen betriebsexternen Rationalisierungsschutzes wie z.B. die Abmilderung der Stillegungsfolgen durch Sozialpläne und auf dringende Appelle an verschiedene Regierungsbehörden, ,,etwas zu unternehmen", insbesondere durch finanzielle Unterstützung der notleidenden Betriebe. Aktiven Gewerkschaftsmitgliedern und -vertretern wurde indessen immer mehr klar, daß mit dieser defensiven Orientierung der sich anbahnenden Katastrophe nicht mehr beizukommen war und daß deshalb Alternativstrategien im Rahmen einer gewerkschaftlichen Arbeitspolitik, welche die aktive

Beteiligung der betroffenen Arbeitnehmer voraussetzt, notwendig wurden. Auf diesem Hintergrund entstand und entwickelte sich, maßgeblich inspiriert durch die Aktivitäten und Erfahrungen der englischen Kollegen bei Lucas-Aerospace, der „Aktionsplan Beschäftigung" in Nimwegen.

Im folgenden wird dieser Plan in seiner Entwicklung und Durchführung, nach seinen strukturellen Komponenten und in seinen Bedingungen und Folgen vorgestellt und analysiert. Auch wird eingegangen auf die Voraussetzungen und Formen dieser Art von Arbeitnehmerpartizipation und auf die Entwicklung und Anwendung von innovatorischen Qualifikationen, die in diesem Zusammenhang als unabdingbar gelten. Bei unserer Darstellung beschränken wir uns im wesentlichen auf die Bedeutung, die der Plan für den industriellen Bereich hat. Auch verzichten wir auf eine Einordnung dieser (gewerkschaftlichen) Aktivitäten in die wissenschaftliche Diskussion über Arbeitnehmerbeteiligung, wie sie in diesem Band dargelegt ist.

2. Die Entstehung des „Aktionsplans"

Unmittelbarer Anlaß für die Initiative war die Tatsache, daß im Jahre 1979 in sieben Industriebetrieben gleichzeitig einschneidende Reorganisationen stattfanden (in einem Fall wurden alle 350 Arbeiter und Angestellten entlassen). Daraufhin — allerdings nach vorangegangener interner Diskussion — veröffentlichte die Ortsverwaltung Nimwegen der Industriegewerkschaft FNV (FNV: Federatie Nederlandse Vakbeweging ist der Name für den Dachverband und den Zusammenschluß ehemals katholischer und sozialdemokratisch orientierter Gewerkschaften) den „Aktionsplan Beschäftigung". Die Absicht war, soviel wie möglich Gruppen und Individuen in Betrieben, Verwaltungen, in öffentlichen Einrichtungen, Stadtvierteln und Bürgerinitiativen an der Diskussion und Gestaltung von Ansätzen zur Verbesserung der Beschäftigungslage zu beteiligen. Die Teilpläne, die für die einzelnen Arbeitsbereiche entwickelt würden, sollten später zu einem Gesamtplan zusammengefügt werden.

Als genereller Ausgangspunkt der (einsetzenden) Diskussion galt, daß es nicht darum gehen dürfte, Arbeitsplätze um jeden Preis zu schaffen, sondern daß die neuen Arbeitsplätze ein gesellschaftliches Bedürfnis befriedigen und nicht auf Kosten anderer Arbeitnehmer zustandekommen sollten. In einer Vielzahl von Bereichen schien diese Voraussetzung gegeben zu sein: im Bereich des Umweltschutzes, der Energieversorgung, des Wohnungsbaus, des Gesundheitswesens, der Betreuung bestimmter Zielgruppen in den Stadtvierteln (Jugendliche, Frauen, arbeitsunfähig erklärte Personen, Rentner). Im Jugendbereich initiierte eine Gruppe, die aus Vertretern verschiedener Jugendorganisationen bestand, z.B. einige Vorhaben wie ein Projekt zur Betreuung von Kindern und ein Projekt zur Verbesserung der Wohnumgebung. Eine andere Gruppe erarbeitete zusammen mit Angehörigen der Gewerkschaft der Privatangestellten Ideen zur Automatisierung in Läden; Arbeitsgruppen zum Thema „Umwelt, Energie und Beschäftigung" entstanden. Weiter wurde die Initiative zu einer Baugenossenschaft zwecks Unterstützung der Bewohner städtischer Renovierungsviertel ergriffen. Die Lehrergewerkschaft entwickelte ihrerseits einen Plan zur Schaffung von Lehrerarbeitsplätzen, ein Frauenarbeitszentrum richtete seine Aktivitäten auf die Reintegration beschäftigungsloser Frauen in den Arbeitsprozeß, die Interessenvereinigung der Rentner wollte eine städtische Hobbywerkstatt errichten. Von diesen und anderen Plänen ist inzwischen manches realisiert, insbesondere im Jugendbereich; auch die Hobbywerkstatt funktioniert inzwischen.

Die Beschäftigungsprobleme im industriellen Sektor waren jedoch am größten; dort wurden auch die meisten Aktivitäten entfaltet. Aktive Gewerkschafter aus den betrieblichen Kadern und aus der Ortsverwaltung Nimwegen des FNV bildeten, von den Bezirksleitern der Einzelgewerkschaften unterstützt, zunächst eine Kerngruppe. Diese ging daran, die Lage in den Großbetrieben zu inventarisieren. Fragebögen wurden zusammengestellt und den betrieblichen Gewerkschaftsgruppen zum Ausfüllen vorgelegt. Die Fragebögen enthielten Fragen nach der Art der hergestellten Produkte, nach den Absatzmärkten, Marktanteilen, Investitionsverläufen und Beschäftigtenzahlen. Durch solche Inventur, die mit Hilfe einer in der Betriebswirtschaft gebräuchlichen Portfolio-Analyse durchgeführt wurde, konnte eine Übersicht über die gegenwärtigen und zukünftigen Probleme der betreffenden Betriebe (Veralterung von Produkten, Gefahr der Verdrängung vom Markt, Belastungen am Arbeitsplatz etc.) gewonnen werden. In einer Versammlung mit Vertretern aus allen Betrieben wurden die Gesamtergebnisse diskutiert und mögliche Aktionen auf ihre Erfolgschancen geprüft. Ausgangspunkt für solche Aktionen waren „Arbeitnehmerpläne", d.h. von Arbeitnehmern im Betrieb selbst entwickelte Vorstellungen, wie die Probleme konkret angegangen werden sollten. Solche Arbeitnehmerpläne konnten sich auf viele Bereiche beziehen: z.B. auf die Entwicklung von Alternativprodukten, wo das Produktionsangebot veraltet war. Bei Betrieben der Prozeßindustrie standen Fragen der Arbeitszeitverkürzung und Verbesserung der direkten Arbeitsumgebung im Vordergrund. In den Fällen, in denen die Stärke der Arbeitnehmer zunächst nicht ausreichte, um Arbeitnehmerpläne zu entwickeln und gegebenenfalls durchzusetzen, sollte durch Diskussion im Betrieb Aufklärungsarbeit geleistet werden. Aus den ausführlichen Beratungen ergab sich schließlich, daß die Arbeiter des Werkes „Smit Ovens" als Speerspitze für den Gesamtaktionsplan funktionieren sollten. Ihr Arbeitnehmerplan hatte die Entwicklung und Herstellung alternativer Produkte zum Ziel. Bevor wir an diesem Beispiel die Entwicklung und Ausführung von Arbeitnehmerplänen konkret erläutern, gehen wir erst etwas ausführlicher auf die Grundüberlegungen ein, die zu solchen Arbeitnehmerplänen geführt haben.

3. *Die Grundkonzeption der Arbeitnehmerpläne*

Der „Aktionsplan" ist, wie bereits erwähnt, nicht darauf gerichtet, überhaupt nur Arbeitsplätze zu schaffen, sondern zielt auf die Herstellung von Beschäftigung, die gesellschaftliche Bedürfnisse durch Produktion hochwertiger Güter befriedigt. Damit fügt er der traditionellen Arbeitsbeschaffungspolitik eine neue Dimension hinzu. Gesellschaftlich sinnvolle Beschäftigung, wie es in der Terminologie des Plans genannt wird, hat jedoch nicht nur eine betriebsexterne Komponente, indem neue und bessere Produkte auf den Markt gebracht werden, sondern auch eine betriebsinterne Dimension, die insbesondere die Qualität der Arbeitsverhältnisse der betroffenen Arbeitnehmer betrifft. Ein dritter Aspekt gilt der Koordination von Aktivitäten im Produktionsbereich, von Initiativen im alternativen Produktionssektor (Produktionskooperativen) und von Veränderungen im Konsumptionsbereich (Umwelt; technologische Produkte, die an die Bedürfnisse von Ländern der dritten Welt angepaßt sind). Von ihren eigenen Interessen als Produzenten *und* Konsumenten ausgehend, sollten Arbeitnehmer lernen, Ideen aus verschiedenen sozialen Sektoren und Bewegungen aneinander zu koppeln und somit neue Alternativen zu präsentieren, die im Ansatz Produktions- und Reproduktionsbereich auf eine qualitativ neue Weise miteinander verbinden.

Arbeitnehmerpläne können nur als solche bezeichnet werden, wenn die Arbeitnehmer selber Vorstellungen entwickeln über die Produkte, die sie herstellen könnten und möchten, über das Produktionsverfahren, die Qualitätsverbesserung der hergestellten Produkte und über die Arbeitsbedingungen. Dabei wird vorausgesetzt, daß der jeweilige Betrieb gewinnbringend bleibt oder wird; daran sind die betroffenen Arbeitnehmer im übrigen selber existenziell interessiert.

Im allgemeinen enthalten Arbeitnehmerpläne sechs Elemente:
— Ideen über neue Produkte, die z.B. umweltfreundlich sind oder energiesparend wirken. Die Arbeitnehmer müssen diese Ideen in eigener Regie ausarbeiten, weil das Risiko ausgeschlossen werden muß, daß die Werksleitungen diese Ideen „stehlen" oder übernehmen, ohne ihrerseits eine Arbeitsplatzgarantie abzugeben;
— Ideen zur Verbesserung der Arbeitsumstände, die von Fünfschichtplänen bis zur Reduzierung von Lärm am Arbeitsplatz reichen können. Kostensteigerungen, die durch die Verwirklichung dieser Ideen entstehen, sollen kompensiert werden durch Pläne und Maßnahmen, die kostensparend wirken. Bei der Ausarbeitung der Pläne soll auch der Aspekt der indirekten sozialen Kosten (wie z.B. Fehlzeiten wegen Krankheit) berücksichtigt werden;
— Forderungen zur Arbeitszeitverkürzung, die erforderlich sind bei Reorganisation der Produktion oder wenn in größerem Ausmaß Investitionen zur Automatisierung der Produktionsanlagen getätigt werden. Dabei ist eine große Bestandsaufnahme erforderlich, um die Forderungen optimal auf die Bedingungen des jeweiligen Betriebes abzustellen;
— Forderungen zum Abbau der variablen Beschäftigung: Überstunden, Leiharbeit, befristete Arbeitsverträge. Durch Einflußnahme auf die betriebliche Rekrutierungspolitik steigen auch die Chancen, den Organisationsgrad der Gewerkschaften im Betrieb zu verbessern;
— Ideen, die zu Einsparungen von Produktionskosten (Rohstoffe und Energie) oder zur Qualitätsverbesserung führen. Diese Vorschläge sollen verknüpft werden mit Forderungen auf dem Gebiet der Beschäftigung oder der Arbeitsumwelt. Auf diese Weise werden sie für Arbeitnehmer eher bedeutsam als wenn diese Ideen — wie üblich — nur bei der Abteilung Vorschlagswesen eingereicht werden;

— Ideen und Forderungen auf dem Gebiet der Arbeitsorganisation, insbesondere zur Reduzierung der tayloristischen Arbeitsteilung. Auch wenn das Erstellen von Arbeitnehmerplänen selbst schon „Denken" und „Ausführen" neu miteinander verbindet, können die Pläne auch inhaltlich neue Vorschläge auf diesem Gebiet vorlegen.

Arbeitnehmerpläne sind kein Selbstzweck, sie sollen zu Abkommen führen, die von den Vertragsparteien (Konzern- bzw. Werksleitung und Gewerkschaften) ausgehandelt werden. Die Abkommen sollen Bestandteil der Tarifverträge sein, alle oben genannten Teilelemente ansprechen und die Verpflichtungen benennen, die der Arbeitgeber einzuhalten hat.

Aus diesen Grundüberlegungen zum „Aktionsplan" ist schon deutlich geworden, daß er nicht nur auf materielle Effekte im Bereich von Beschäftigung und Arbeit abzielt, sondern auch und nicht zuletzt ein strategischer Plan zur Mobilisierung der Arbeitnehmer ist. Durch die Entwicklung und den Kampf um die Realisierung dieser Pläne soll gezeigt werden, daß sie — als Alternativen zu den Vorstellungen des Managements — funktions- und tragfähig sind, auch auf den Gebieten, wo die traditionelle Gewerkschaftspolitik nicht hinreicht oder wo die Arbeitnehmer bisher dem Management die Initiative ließen oder lassen mußten. Alle Kommunikations- und Einflußmöglichkeiten, institutionalisiert (Betriebsrat, Gewerkschaft) oder nicht, müssen deshalb bei der Vorbereitung und Realisierung der Pläne ausgeschöpft werden. Für das Zustandekommen der Pläne ist ein kontinuierlicher Verhandlungsprozeß mit der Werksleitung erforderlich, über den alle Arbeitnehmer laufend informiert und bei dem sie soviel wie möglich eingeschaltet werden sollten.

4. *Ein Beispiel: Smit Ovens*

Smit Ovens ist ein Unternehmen des Holec-Konzerns. Das Werk baut Öfen, vorwiegend für die Glasindustrie und für die Herstellung von Fernsehbildschirmen. Im Jahre 1980 waren in diesem Werk etwa 170 Arbeitnehmer beschäftigt. Für die Produkte dieses Werkes gab es damals fast keine Nachfrage mehr, und die Arbeitnehmer waren zur Schlußfolgerung gelangt, daß die Werksdirektion sich kaum noch für die Entwicklung neuer Produkte einsetzte. Zwar hatte Holec im Rahmen seiner Internationalisierungsstrategie ein Ofenbauwerk in den Vereinigten Staaten übernommen, das ziemlich hochentwickelte Produkte auf den Markt brachte. Es gab jedoch keine Anzeichen dafür, daß diese Übernahme die Position des Nimwegener Werkes stärken würde.

Im Sommer 1980 wurde vom Holec-Konzern eine Reorganisation des Smit Oven-Werkes angekündigt, verbunden mit der Kündigung von mehr als 70 Arbeitnehmern. Im Rahmen des Aktionsplanes reagierten die Arbeitnehmer (zu 80 % organisiert; seit 1969 findet betriebliche Gewerkschaftsarbeit statt) darauf mit einem Versuch, einen Arbeitnehmerplan aufzustellen (gleichzeitig wurde auf Drängen der Gewerkschaften ein externes Efficiencybüro eingeschaltet, das die Führungsprobleme untersuchen sollte). Es wurde eine Arbeitsgruppe gebildet, die sich aus Betriebsräten und Repräsentanten aller im Betrieb vertretenen Gewerkschaften zusammensetzte. Diese Arbeitsgruppe organisierte eine Umfrage und befragte 60 Belegschaftsmitglieder, sowohl Arbeitnehmer mit niedrigeren als auch höheren Positionen in der Betriebshierarchie. Fünfundsechzig Produkt-Ideen (zusammengefügt aus ursprünglich 128 Vorschlägen) ergaben sich aus dieser Umfrage, davon dreißig vielversprechende. Die Ideen variierten von einem Ofen, um Schweine nach dem Abtöten zu sengen (zur Förderung der Haltbarkeit des Fleisches) bis zu einem Asphaltofen, mit dem gebrauchter Asphalt neu geschmolzen werden könnte. Auffallend war die große Zahl von energiesparenden und umweltfreundlichen Produkten. Beispiele dafür waren u.a. ein Pyrolyse-Ofen zur Verheizung von Abfällen und ein Ofen, der Schlamm aus Wasserreinigungsanlagen verarbeiten könnte.

Nach dieser Befragung wurden die vorgetragenen Ideen durch die Arbeitsgruppe geordnet und beurteilt. Der endgültige Plan wurde dann der Werks- und Konzernleitung angeboten. Nach intensiven Auseinandersetzungen erklärte das Management sich bereit, die Alternativpläne offiziell in die Verhandlungen einzubeziehen und konkretisieren zu lassen (inzwischen hatte das eingeschaltete Beratungsbüro den Gewerkschaften bezüglich der Managementprobleme recht gegeben). Es wurde erneut eine Arbeitsgruppe gebildet, jetzt bestehend aus Arbeitnehmervertretern, der zuständigen Werksleitung (sie sollte damit auf die Ergebnisse verpflichtet werden) und einem neutralen Vorsitzenden, welche die vorhandenen Pläne bis ins Detail weiterverfolgen und versuchen sollte, die kurzfristig angelegten Maßnahmen zu verwirklichen. Nachdem diese Arbeitsgruppe Bericht erstattet hatte, wurden die Pläne endgültig Teil der Managementpolitik. Dem Betriebsrat wurde die Aufgabe zugewiesen, die Ausführung der Pläne kontinuierlich zu kontrollieren.

Im Rahmen dieser Aktivitäten wurde zwischen der Konzernleitung und den zuständigen Gewerkschaften im Dezember 1982 ein vier Jahre gültiges „Automatisierungsabkommen" geschlossen, in dem u.a. festgelegt ist, daß vor der Durchführung von Automatisierungsvorhaben Gespräche mit der betrieblichen und gewerkschaftlichen Interessenvertretung stattfinden müssen, in die auch Alternativpläne eingebracht werden können. Die Direktion verpflichtete sich weiter, in einem sogenannten normativen Personalplan mittelfristig die zu erwartende Beschäftigungsentwicklung aufzuzeigen (dieser Plan soll jährlich überprüft und angepaßt werden), anzugeben, welche Funktionen sich im weiteren Verlauf der Produktionsentwicklung verändern bzw. verschwinden werden und wie die Folgen für die Arbeitnehmer aufgefangen werden können. Zu diesen Maßnahmen gehörte auch ein Schulungsprogramm, das den betroffenen Arbeitnehmern neben unmittelbar technischen Kenntnissen auch Einsichten über das Funktionieren der Arbeitsorganisation, über Technisierungsprozesse und den Einfluß der Automatisierung auf das Betriebsgeschehen vermitteln soll.

Inzwischen hat sich die Lage bei Smit Ovens verändert. Die Situation ist in verschiedener Hinsicht keineswegs stabil. Als vor einiger Zeit wegen eines großen Kundenauftrags vorläufig genügend Arbeit vorhanden war, erlahmte das Interesse der Beschäftigten an den Arbeitnehmerplänen.

Zur Zeit werden im Betrieb dank der Belegschaftsinitiativen neun neue Produkte gefertigt. Auch die Zahl der Arbeitsplätze hat zugenommen. Innerhalb des Konzerns ist die Position des Werks jedoch weiterhin stark gefährdet, da der Absatz der Produktion momentan nachläßt und der Konzern andererseits keine zusätzlichen Finanzmittel zur Verfügung stellen wird.

Auf die Ankündigung der bevorstehenden Entlassung von sechzig Arbeitnehmern antworteten die Beschäftigten mit der Forderung nach Übernahme des Werks im Rahmen des Aktionsplans.

5. *Wie werden Arbeitnehmerpläne entwickelt und ausgeführt?*

Am Beispiel des Werks „Smit Ovens" haben wir gezeigt, wie ein Arbeitnehmerplan in der betrieblichen Realität funktioniert. Weil inzwischen in mehreren Nimwegener Betrieben, die verschiedenen Branchen angehören, Erfahrungen mit solchen Plänen gemacht wurden, ist es möglich, in idealtypischer Weise anzugeben, welche Phasen ein Arbeitnehmerplan im Betrieb durchläuft bzw. durchlaufen muß, um einigermaßen erfolgreich zu sein. Eine solche idealtypische Beschreibung enthält deshalb neben Angaben zum Prozeßablauf auch „Vorschriften", wie ein solcher Plan am besten ausgeführt werden kann.

Am Anfang eines jeden Arbeitnehmerplans steht eine Arbeitsgruppe aus den in der FNV organisierten Vertrauensleuten (VL) im Betrieb. Sie hat die Aufgabe, dafür zu sorgen, (a) daß die Vorarbeit der Arbeitsgruppe vom gesamten Vertrauenskörper getragen wird, (b) daß auf jeden Fall in anderen Gewerkschaften organisierte Kader möglichst frühzeitig in die Aktivitäten einbezogen werden und (c) daß mit anderen VL-Körpern in der Region (z.B. im Rahmen des „Aktionsplans") oder im Konzern beraten wird und Pläne soweit wie möglich abgestimmt werden. Auch der Betriebsrat soll über die Aktivitäten informiert sein, weil er später die Ausführung der Pläne kontrollieren muß. Häufig ist er aber mit anderen Aufgaben so überlastet, daß er nicht selbst in der Lage ist, die Aktivitäten zu koordinieren und voranzutreiben.

Entwicklung und Durchführung von Arbeitnehmerplänen können erfahrungsgemäß in sieben Phasen zerlegt werden:

1. Phase: Inventarisierung

Im Gegensatz zu den Fragebögen, die häufig von Gewerkschaftsseite zu Betriebserhebungen benutzt werden und die oft negativ auffallen durch ihre allzu große Ausführlichkeit und den Mangel an Problembezogenheit, wird ein kurzer Fragebogen verwendet, der auf der genannten „Portfolio-Methode" basiert. Das Ausfüllen des Fragebogens kann auf unterschiedliche Weise stattfinden: durch die Arbeitsgruppe selbst, während einer Gruppendiskussion mit dem gesamten VL-Körper (eventuell durch Aufteilung in Untergruppen), durch Interviews mit allen oder mit einem Teil der Mitglieder des VL-Körpers. Im Prinzip können alle Methoden gleich effektiv sein. Eine Inventarisierung der vorhandenen Probleme kann meist sehr effektiv in einer kleineren Gruppe stattfinden; bei der Entwicklung von Alternativen dagegen ist die aktive Partizipation größerer Gruppen vorzuziehen, zumal dann die Ergebnisse der Analyse von einer breiten Basis getragen werden. Interviews sollten mündlich verlaufen, weil bei einer schriftlichen Enquête die Rücklaufquote denkbar gering ist. Eine schriftliche Befragung hat eher einen propagandistischen Effekt.

2. Phase: Analyse

Die Verarbeitung der Daten liefert ein Bild von der Unternehmens- bzw. Betriebspolitik und von den Konsequenzen, die sie für die örtliche Niederlassung hat (insbesondere müssen dabei die unterschiedlichen Interessen auf Konzern- und Betriebsebene berücksichtigt werden). Im allgemeinen kristallisieren sich im Rahmen der Aktivitäten des Aktionsplans vier Problemkonstellationen heraus:
a) der Betrieb fertigt überwiegend ältere und auf dem Markt gefährdete Produkte, so daß neue Pläne entwickelt oder bereits bestehende Ideen zur Anwendung kommen müssen;
b) mit neuen Produkten oder Ideen für solche Produkte wird nicht kreativ umgegangen, weil z.B. die betriebliche Organisation nicht funktioniert oder das Management allzusehr am kurzfristigen Gewinn interessiert ist;
c) neue Produkte werden in ausländischen Niederlassungen gefertigt, so daß Arbeitsplätze am Ort gefährdet sind;
d) die Arbeitsumstände lassen zu wünschen übrig.
Die vier genannten Konstellationen können zusammen auftreten. Häufiger ist ein Zusammengehen von a) und c) und von a) und b) anzutreffen.
Die Resultate der Analyse werden im Vertrauenskörper besprochen und danach in einer Broschüre, die für alle Belegschaftsmitglieder bestimmt ist, zusammengefaßt.

3. Phase: Broschüre

Um alle Mitglieder des VL-Körpers und alle Arbeitnehmer informieren zu können, die schließlich zusammen die Machtbasis im Betrieb bilden, und um die Pläne auch realisieren zu können, ist die Erstellung einer Broschüre mit den Ergebnissen der Analyse unerläßlich. Sie soll darüber hinaus im Ansatz auch Vorschläge für Alternativen enthalten, die z.B. bereits in anderen Betrieben erprobt werden und die Arbeitnehmer veranlassen, sich zu beteiligen. Alle Arbeitnehmer werden ausdrücklich um Unterstützung gebeten.

4. Phase: Ideen sammeln

Anhand der Inventur wird ebenfalls deutlich, auf welche Bereiche sich die Ideen für die künftigen Arbeitnehmerpläne zu beziehen haben: auf die Entwicklung neuer oder die Verbesserung vorhandener Produkte, die Verbesserung der Arbeitsumstände oder auf Veränderungen in der betrieblichen Organisation. Am effektivsten hat sich in der Praxis erwiesen, über einen der genannten Bereiche Arbeitergruppen (5 bis 6 Personen) im ganzen Betrieb gezielt zu befragen. Dadurch kommen nicht nur die besten Vorschläge auf den Tisch; dadurch wird auch für später die Voraussetzung geschaffen, die Pläne gegenüber der Werksleitung offensiv vertreten zu können (wenn demgegenüber die Vorschläge von einer kleinen Gruppe erarbeitet werden, wie das in einigen anderen niederländischen Betrieben der Fall war, entsteht das Problem, diese Ideen erst den betroffenen Arbeitnehmern „verkaufen" zu müssen).

Pro Gruppe werden zwei Interviewer benötigt; einer, der als Diskussionsleiter auftritt und ein anderer, der protokolliert. Die Interviews dauern nicht länger als eine Stunde. Alle Vorschläge werden notiert und später mit einer expliziten Begründung übernommen oder abgelehnt. Jeder Befragte erhält den zusammenfassenden Bericht über die Interviews. Erste Erfahrungen zeigen übrigens, daß weniger die Arbeiter, sondern eher die Verwaltungsangestellten des Betriebes sich Gedanken über Verbesserungen im Bereich der betrieblichen Organisation machen.

5. Phase: Aufstellung des Arbeitnehmerplans

Nach der Interviewrunde werden, so erweist die bisherige Praxis, relativ schnell alle Ideen, gute und weniger gute, kommentarlos in einem schriftlichen Bericht wiedergegeben. Die zu Anfang gebildete Arbeitsgruppe betrachtet dies als ihre Materialbasis. Vorschläge werden dann zusammengefügt, mit Prioritäten versehen und in kurzfristig oder erst längerfristig zu realisierende Ansätze unterteilt. Der Endbericht wird dann, begleitet von Mobilisierungsaktionen, der Betriebsleitung angeboten.

6. Phase: Verhandeln

Verhandlungen über die eingereichten Pläne erweisen sich als schwierig. Die Vertreter des Managements trauen Arbeitnehmern die Entwicklung von Alternativen nicht zu und weigern sich manchmal aus Prestige- und Machtgründen zu verhandeln. Eventuell sind sie bereit, die Rosinen für ihre eigenen Zwecke zu verwenden. Nach dem niederländischen Betriebsverfassungsgesetz hat der Betriebsrat zwar die Möglichkeit, Initiativvorschläge einzureichen, die Werksleitung kann jedoch die Prozedur verzögern und damit diesen Vorschlägen ihre Sprengkraft nehmen. Die beste Methode besteht nach den Erfahrungen in Nimwegen deshalb darin, Verhandlungen durch Aktionen zu erzwingen und zu fordern, daß die Vorschläge von einer Kommission weiter ausgearbeitet und über die Ausführung des Plans, insbesondere bezüglich der Beschäftigungssituation, verbindliche Absprachen getroffen werden. Auf sie kann dann später zurückgegriffen werden (siehe das Beispiel Smit-Ovens). Wenn die Werksleitung sich ohne Vetorecht an dieser gemeinsamen Kommission beteiligt, kann sie sich von einem bestimmten Moment ab nicht mehr zurückziehen. Um zu verhindern, daß sich eine zweite Werksdirektion bildet, ist es unerläßlich, daß die Verhandlungsergebnisse ständig an die gesamte Belegschaft rückgekoppelt werden.

7. Phase: Ausführung des Arbeitnehmerplans

Das Werk „Smit Ovens" ist bislang das einzige Beispiel in den Niederlanden, in dem ein Arbeitnehmerplan zur Ausführung gelangt ist (was natürlich nicht heißt, daß in den vorangehenden Phasen keine Erfolge erzielt wurden). Deshalb ist auch nur wenig Erfahrung mit dieser Phase vorhanden. Wohl läßt sich jetzt schon sagen, daß man, wie die Organisatoren des Plans meinen, zwar mit Arbeitnehmerplänen anfangen, aber nicht aufhören kann. Denn sonst führt die Direktion einige ihr passende Ideen aus und ansonsten bleibt alles beim alten. Der Arbeitnehmerplan und die Tatsache, daß die Arbeitnehmer ihn selbst entwickelt haben, ist dann bald vergessen. Mobilisierung und Beteiligung sind deshalb auch in der Ausführungsphase entscheidend. Ausführung des Arbeitnehmerplans heißt übrigens nicht, daß viele der eingereichten und für positiv befundenen Vorschläge auch berücksichtigt werden (können). Nur fünf bis zehn Prozent davon sind im Durchschnitt realisierbar. Demnächst wird in Nimwegen ein „Projektzentrum" eröffnet, wo Vorschläge von Arbeitnehmern außerhalb des jeweiligen Betriebs (mit seinen beschränkten Entwicklungsmöglichkeiten) mit Unterstützung von Freiwilligen weiterverfolgt werden können. Ausgereiftere Vorschläge können dann später in Verhandlungen mit der Werksleitung eingebracht werden, in anderen Betrieben zur Anwendung kommen oder Ausgangsbasis für die Gründung von Produktionskooperativen sein.

6. Aspekte gewerkschaftlicher Betriebspolitik

Arbeitnehmerpläne können, wie aus den bisherigen Darlegungen deutlich geworden sein wird, ein Instrument sein, um einerseits mehr Mitbestimmung in Betrieben zu erreichen und um andererseits zumindest im ersten Ansatz Wege zu einer alternativen Ökonomie aufzuzeigen. Für die gewerkschaftliche Betriebspolitik haben Arbeitnehmerpläne eine Reihe von Konsequenzen. Zunächst erweist sich in der Praxis, daß neuartige Kommunikationsstrukturen innerhalb der gewerkschaftlichen Organisation entstehen: die Verbindungen und die Zusammenarbeit zwischen hauptamtlichen Gewerkschaftsfunktionären und betrieblichen Kadergruppen werden intensiver (insbesondere in der Verhandlungsphase); Kollegen aus verschiedenen Betrieben unterstützen einander bei der Ausarbeitung der Arbeitnehmerpläne; alle Betriebskadergruppen beraten gemeinsam über den Gesamtaktionsplan und tauschen Ideen aus, diskutieren und kritisieren Vorschläge und organisieren Unterstützungsaktionen. Auch in den Betrieben, in denen bislang keine direkten Aktivitäten im Rahmen des Aktionsplans entwickelt werden konnten, machte sich eine Stärkung der innerbetrieblichen Organisation bemerkbar.

Die Betonung, die im „Aktionsplan" auf dem selbständigen Handeln und der Mündigkeit von Arbeitnehmern (diese Mündigkeit wird praktiziert und nimmt zu) liegt, hat zur Folge, daß der gewerkschaftliche Apparat auf nationaler und regionaler Ebene sich stärker auf eine unterstützende Rolle einläßt. Ohnehin sind hauptamtliche Funktionäre am Ort nicht in der Lage, bei einer Vielzahl von solchen Plänen alle zu koordinieren und überall bei Verhandlungen anwesend zu sein. Mitglieder der betrieblichen Kadergruppen können, so zeigt sich, solche Funktionen auch übernehmen.

Eine weitere Konsequenz für gewerkschaftliches Handeln im Rahmen des Aktionsplans ist die, daß neue Koalitionen gebildet werden müssen. Nicht nur mit anderen Richtungsgewerkschaften im Betrieb und am Ort, sondern auch mit den gewerkschaftlichen Kadergruppen in anderen regionalen Betrieben und in anderen Niederlassungen. Neue Formen der Zusammenarbeit sind ebenfalls erforderlich zwischen Produktionsarbeitern, Technikern und höheren Verwaltungsangestellten, die der Entwicklung von Arbeitnehmerplänen manchmal sympathisierend gegenüberstehen. Auch die für niederländische Verhältnisse bemerkenswerte Zusammenarbeit zwischen Vertretern der Gewerkschaftsbewegung und der Ökologiebewegung sowie die Kooperation mit Wissenschaftlern der Universität, die u.a. im Rahmen vom „Wissenschaftsladen" in Gang gekommen ist, gehören in den Bereich der Bündnispolitik. Koalitionen konzentrieren sich auf die Schwerpunkte, über die die verschiedenen Parteien sich einig werden können. Diese sollen sich ausdrücklich dem Ziel der Förderung der Pläne unterordnen, so daß die betrieblichen Initiativen nicht von „außen" majorisiert werden. Dies zu verhindern bedeutet jedoch auch, daß die Gewerkschaften selber eine alternative Forschungs- und Technologiepolitik entwickeln.

Zu den Voraussetzungen und Folgen einer neuen, im Rahmen des Aktionsplans erforderlichen Betriebspolitik gehört schließlich auch die Entfaltung einer anderen Machtpolitik im Betrieb. Wie wir schon bei der Beschreibung der Arbeitnehmerpläne gesehen haben, richtet sie sich gegen eine Verselbständigung der gewerkschaftlichen und betrieblichen Gremien, die sich mit der Ausarbeitung der gemachten Vorschläge und deren Realisierung befassen, von der Basis und orientiert sich an einer kontinuierlichen Beteiligung der Arbeitnehmer am Fortgang des Geschehens. Darüber hinaus ist eine daraus erwachsende Machtbasis auch notwendig, um die Zielsetzung der Arbeitnehmerpläne, gesellschaftlich sinnvolle Arbeitsplätze zu schaffen, in ständigen Diskussionen am Leben zu halten. Allzu leicht können durch Nachlassen der Aufmerksamkeit andere Intentionen, die nicht den Zielen der Arbeitnehmerpläne entsprechen, die Oberhand gewinnen. Unter einem formal neuen Vorzeichen wären dann die alten Verhältnisse in etwa wiederhergestellt.

Daß solche Diskussionen auch gewerkschaftsintern notwendig sind, zeigt die Kritik an Arbeitnehmerplänen, die hier und da von Gewerkschaftsfunktionären vorgebracht wird:
— Arbeitnehmer würden, indem ein Arbeitnehmerplan mit einem anderen auf dem Markt wetteifern müsse, Konkurrenten, und die gegenseitige Solidarität, die doch ein Hauptziel der Gewerkschaftsbewegung darstellt, werde dadurch untergraben;
— Arbeitnehmerpläne erwecken den Eindruck, als ob die ökonomische Krise hauptsächlich der Mißwirtschaft von Managern zu verdanken sei, während die Hauptursache in einer Überproduktion im Vergleich zur Kaufkraftnachfrage zu suchen ist;
— Arbeitnehmerpläne können Arbeitnehmer leicht dazu veranlassen, sich mit dem Betriebsinteresse, dem Erzielen von Gewinn, zu identifizieren, so daß sie sich,

statt Art und Ergebnisse der Produktion zu kontrollieren, als Miteigentümer benehmen mit allen Konsequenzen, die das für die Einführung höherer Leistungsnormen oder den Umgang mit weniger „loyalen" Kollegen haben kann. In dem Sinne konnten Arbeitnehmerpläne als Ersatz für die Aktivitäten der (organisierten) Arbeitnehmer angesehen werden und vom eigentlichen Kampf gegen das kapitalistische System abhalten.

Der Leser möge darüber nachdenken, ob diese kritischen Einwände zutreffend sind. Aber auch zwischen den am Ort vorhandenen FNV-Gewerkschaften gab es zu Anfang verschiedene Standpunkte zum Aktionsplan. Die Differenzen basierten unter anderem auf dem unterschiedlichen Organisationsgrad der einzelnen Gewerkschaften in den Wirtschaftszweigen, der wiederum Folgen für die gewerkschaftliche Vorgehensweise hat. Die Industriegewerkschaft FNV spielte im Aktionsplan eine Vorreiterrolle (und konnte dies auch für sich in Anspruch nehmen), weil sie durch ihre Vertrauensleute in den Betrieben verankert war. Bei anderen Gewerkschaften war dies weniger der Fall, und sie waren zusätzlich stärker von der zentralen staatlichen Politik abhängig (z.B. im Bereich des Bildungswesens und im Bausektor). In den Diskussionen, die im ersten Jahr die aktive Teilnahme einiger Gewerkschaften am Aktionsplan verhinderten, kristallisierten sich zwei Standpunkte deutlich heraus. Die örtliche Abteilung der Industriegewerkschaft und Vertreter aus anderen Gruppen waren der Auffassung, daß der Aktionsplan eine breite Plattform verschiedener Gruppierungen bilden sollte, in der diese Gewerkschaft zwar einen wichtigen Beitrag zu leisten habe, aber keine Gruppe die Aktivitäten des Aktionsplans dominieren sollte. Der Vorstand der FNV-Ortsverwaltung war dagegen der Ansicht, daß der Plan eine Angelegenheit der FNV sei, an der sich andere Gruppen beteiligen könnten, wenn sie den FNV-Standpunkt unterstützten. Schließlich wurde in organisatorischer und inhaltlicher Hinsicht ein Kompromiß erreicht, der besagte, daß die FNV, unterstützt von ihren Mitgliedsgewerkschaften, einen eigenen Arbeitsbeschaffungsplan in den Aktionsplan einbringen konnte. Dieser Plan der FNV, der als Integrationsrahmen für die FNV-Gewerkschaften diente, enthält Forderungen an die nationalen, regionalen und lokalen Regierungsbehörden, über die die FNV oder Mitgliedsgewerkschaften mit den zuständigen politischen Stellen verhandeln sollen. Inzwischen haben sich die Beziehungen in etwa geklärt, und die loyale Mitarbeit der FNV ist gesichert.

7. *Die Entwicklung und Anwendung innovatorischer Qualifikationen im Aktionsplan*

Unsere bisherige Darstellung hat ausreichend Anhaltspunkte dafür gegeben, daß die im Peiner Forschungsprojekt[1] entwickelten und erprobten Inhalte von „innovatorischen Qualifikationen" auch im Rahmen des Aktionsplans und der Arbeitnehmer-

---

1 Vgl. Fricke, E. u.a.: Qualifikation und Beteiligung. Humanisierung der Arbeit im Interesse der Arbeitenden, Frankfurt a. Main, New York 1981.

pläne zur Geltung kommen. Neben den von Fricke u.a. angegebenen Inhalten (Überwindung von Mißerfolgsorientierung, Überwindung von Vereinzelung und Konkurrenzhaltung, Formulierung von Interessen, Entwicklung solidarischen Handelns, Kenntnis und Wahrnehmung von Rechten, Zusammenarbeit mit Vorgesetzten und Experten, Entwurf und Anwendung realistischer Handlungsstrategien) können in unserem Fall noch einige zusätzliche Dimensionen solcher Qualifikationen angeführt werden (teils handelt es sich um andere Akzentsetzungen, teils resultieren sie daraus, daß der Aktionsplan eine betriebsübergreifende Angelegenheit ist):

— Entwicklung des Selbstwertgefühls als eine Folge des Erlebnisses von Arbeitnehmern, daß sie selbst in der Lage und fähig sind, Vorschläge zu entwickeln, vorzutragen und gegebenenfalls durchzusetzen;
— Entwicklung von Widerstandsfähigkeit gegen Druck von außen. Arbeitnehmerpläne können als strategische Interventionen im Konfliktfeld Betrieb angesehen werden. Sie erzeugen deshalb einen zusätzlichen Gegendruck, z.B. durch gezielte Gegenmaßnahmen und in der alltäglichen betrieblichen Kommunikation, die durch Widerstandsfähigkeit auszugleichen ist;
— Entwicklung von Kreativität, die sich insbesondere auf den Erwerb und die Koordination unterschiedlicher Informationen richtet, die für die Gestaltung von Arbeitnehmerplänen unerläßlich sind. Diese Koordinationsleistungen werden im Arbeitsprozeß häufig nicht abgefragt, eher noch werden sie bei privaten Hobbys eingeübt. Werden diese Leistungen erforderlich, dann kann ihre Entwicklung sich gewachsener Strukturen im Betrieb bedienen; im außerbetrieblichen Bereich sind diese Leistungen wegen der dort vorhandenen Maßstäbe und Größenordnungen viel schwieriger zu erbringen;
— Entwicklung von neuen Interaktionskompetenzen, die sich ergeben aus den neuartigen Anforderungen und Formen innerbetrieblicher und innergewerkschaftlicher Kommunikation.
— Entwicklung von Fähigkeiten zur politischen Zusammenarbeit. Diese Anforderungen ergeben sich aus der Notwendigkeit, auf der betriebsübergreifenden, gesellschaftlichen Ebene mit verschiedenen Partnern kooperieren zu müssen. Diese Fähigkeiten spielen nicht nur in der Zusammenarbeit zwischen Arbeitnehmern und Wissenschaftlern, Gewerkschaften und Milieubewegung, zwischen Vertretern vom Aktionsplan und verschiedenen linken Parteien eine Rolle, sondern sind auch inter-gewerkschaftlich bedeutsam, insofern auch zwischen den einzelnen Gewerkschaften (auch innerhalb der FNV) verschiedene Optionen mit dem Aktionplan verbunden waren (siehe Abschnitt 6).

Die Entfaltung und Anwendung dieser Qualifikationen erfolgen eher informell, gewissermaßen autonom und improvisiert, weil die experimentellen Aktivitäten im Rahmen des Aktionsplans und der Arbeitnehmerpläne dazu einigen Raum lassen. Eine wissenschaftliche Analyse und Begleitung des Experiments findet bislang nicht statt, so daß die Entwicklung dieser Qualifikationen sich nicht in einer kontrollierbaren Umgebung verfolgen und nachprüfen läßt.

Das Bedürfnis nach und der Bedarf an systematischer Schulung in der Strategie und Technik der Arbeitnehmerpläne sind offenkundig. Bislang hat sich die pädagogische Begleitung vor allem in Verfahren des Demonstrierens und Nachahmens erschöpft, d.h. im Aufzeigen, wie man z.B. anderswo Arbeitnehmerpläne aufstellt, und im anschließenden Nachtun durch die betreffenden Arbeitnehmer. Auch die Methode des Vorführen-Lassens kommt vor: eine Gruppe von Arbeitnehmern läßt sich z.B. in einer technisch-wissenschaftlichen Einrichtung das Funktionieren eines Roboters erklären. Ein ausgearbeitetes Schulungs- und Bildungskonzept fehlt deshalb noch. Soviel ist wohl jetzt schon deutlich, daß, um den Schulungsbedarf befriedigen zu können, Arbeitsgruppen — nicht nur in der Region Nimwegen — gebildet werden müssen, die nach ihrer Qualifizierung in der Strategie von Arbeitnehmerplänen Kadergruppen im Betrieb unterstützen können. Auch Schulung von hauptamtlichen Gewerkschaftsfunktionären wird für erforderlich gehalten. Bildung und Schulung sollen als integraler Bestandteil von Begleitprojekten an Ort und Stelle stattfinden. Voraussetzung für eine erfolgreiche Bildungsarbeit ist schließlich, daß die vorhandenen Kenntnisse und Fähigkeiten der betroffenen Arbeitnehmer verstärkt beachtet werden und die Gewerkschaften ihre institutionelle Erfahrung in die Weiterentwicklung von Arbeitnehmerplänen einbringen.

8. *Abschließende Bemerkungen*

Vier Jahre existiert inzwischen der „Aktionsplan Beschäftigung" in Nimwegen. Nach Angaben der Organisatoren beteiligen sich mehr als dreißig Gruppen (das sind etwa 300 Personen) aktiv in den Arbeitskreisen, die im Rahmen des Plans operieren. Das ganze Unternehmen wird von einer Koordinierungsgruppe, bestehend aus 25 Personen, und einem Sekretariat, das die alltäglich anfallende Arbeit und die Beschlüsse der Koordinationsgruppe ausführt, zusammengehalten. Weil der Aktionsplan viele und sehr verschiedenartige soziale Gruppen integrieren will und muß, verfügt er nicht über eine straffe Organisation, sondern bildet eher eine Plattform, innerhalb derer verschiedene Gruppen ihren autonomen Beitrag leisten. Autonom heißt hier, daß sie nicht durch den Zwang einer (Abstimmungs-)Mehrheit in der Koordinationsgruppe zu Aktivitäten veranlaßt werden können, die sie eigentlich nicht übernehmen wollen. Der dezentrale Ansatz des Aktionsplans erschwert andererseits die Identifikation mit dem Plan als ganzem, weil Gruppen und Personen meist nur über Teile der Aktivitäten informiert oder in Teilbereichen engagiert sind, ohne die Beziehung dieser Aktivitäten zum Aktionsplan als solchem ausreichend zu übersehen. Ob diese geringe Form der Institutionalisierung sich in Zukunft nicht nur als Stärke, sondern auch als Schwäche des Aktionsplans (häufig ist vom Aktionsplan als „Bewegung" die Rede) erweist, ist zur Zeit noch nicht auszumachen.

Was hat der Aktionsplan inzwischen bewirkt? In verschiedenen Betrieben wurden Arbeitnehmerpläne entwickelt. In mindestens drei Fällen haben diese entscheidend dazu beigetragen, daß Betriebe überhaupt erhalten oder nicht an den Rand des Ruins geraten sind. In anderen Betrieben wurden Erfolge im Bereich der Verbesserung der Arbeitsbedingungen erzielt. Zählt man die Leistungen im Reproduktionssektor hinzu, so kann man allgemein schlußfolgern, daß durch den Aktionsplan im

Krisengebiet Nimwegen ein neuer Elan geschaffen worden ist, der ansteckend wirkt und auch relativ Außenstehende mit den neuen Ideen und Vorgehensweisen vertraut gemacht hat.

Einiges wurde bislang noch nicht erreicht. Was sich in der Philosophie des Aktionsplans so klar und einfach anhört, erweist sich in der Praxis manchmal als schwierig und kompliziert. Die meisten Arbeitnehmerpläne in Betrieben haben das defensive Stadium noch nicht überschritten (das gilt insbesondere im Hinblick auf die eigenständige Beeinflussung der Produktionstechnologie); manche Gruppen sind noch nicht imstande, eigene Arbeitnehmerpläne auf den Tisch zu legen. Sympathie gegenüber dem Plan führt nicht ohne weiteres zu gemeinsamen Aktivitäten. Die Verbreiterung von Aktivitäten in Betrieben, im Bildungswesen oder auch auf den Gebieten der Umwelt und der Energie steht erst am Anfang.

Insgesamt gesehen teilt der Aktionsplan, der als basisdemokratische Bewegung die Beschäftigungsfrage von der allgemein-gesellschaftlichen Ebene auf die Unternehmens- bzw. Betriebsebene herunterholen will, die Schwierigkeiten und Ambivalenzen, die diesen Bewegungen inhärent sind. Diese Schwierigkeiten werden von den Trägern des Aktionsplans, wie aus der bisherigen Darstellung ersichtlich wird, nicht verschwiegen oder umgangen. Sie bestehen u.a. darin, basisdemokratische Prinzipien oder Grundsätze wirklicher Arbeitnehmerbeteiligung im Betrieb mit realistischen Handlungsstrategien zu verbinden, die bestehende ökonomische und sonstige Machtverhältnisse berücksichtigen. Zu diesen Schwierigkeiten gehört auch, eigene Alternativpläne in eine regionale Technologie- und Arbeitspolitik einzubringen, die Raum für arbeitnehmerorientierte Lösungen bietet.

Anmerkungen

Für diesen Aufsatz habe ich zum Teil ausgiebigen Gebrauch gemacht von Darstellungen und Informationen über den Aktionsplan in Zeitschriften, Broschüren und anderen zerstreuten Quellen (Flugblättern, Schriftverkehr usw.). Von den öffentlich zugänglichen Quellen sind insbesondere zu nennen:
— Gelderse Stuurgroep Werkloosheid (Hrsg.), Aktie voor werk, Arnhem 1980;
— Wetenschap en Samenleving u.a. (Hrsg.), Lokale Ekonomie Beweging Nijmegen, Utrecht 1981;
— G. Gayens/A.J. Droppert, Verbeter de werkgelegenheid, begin bij jezelf, in: Intermediair, 19. Februar 1982;
— Aktieplan werkgelegenheid Nijmegen, in: Katernen 2000, Nr. 7/8 (1982);
— Werkgelegenheidsplannen, in: Scholing en Vorming, Nr. 1 (1983).

Neben anderen Informanten bin ich Hans Droppert, ehrenamtlicher Funktionär des FNV und Sekretär des Aktionsplans, zu besonderem Dank verpflichtet, weil er mir einige öffentlich nicht zugängliche Quellen zur Verfügung gestellt, zentrale Aspekte dieses Plans mündlich erläutert und wichtige Hinweise auf Detailfragen gegeben hat. Die Verantwortung für den Inhalt des Aufsatzes liegt selbstverständlich beim Autor.

Raffaello Misiti und Sebastiano Bagnara
Die Beteiligung von Arbeitnehmern auf den Gebieten Arbeitsschutz und Gesundheitsvorsorge am Arbeitsplatz

Einleitung

Es mag scheinen, als sei dies nicht die richtige Zeit für eine Abhandlung über die Definition, Bedeutung, Methodik und Zielsetzung der unmittelbaren Beteiligung von Arbeitnehmern auf den Gebieten des Arbeitsschutzes und der Gesundheitsvorsorge am Arbeitsplatz. Aufgrund der allgemeinen wirtschaftlichen Lage scheint sich die Aufmerksamkeit der Öffentlichkeit nicht nur in Italien, sondern in ganz Europa auf Themen zu konzentrieren, die von diesem Problemkreis weit entfernt scheinen. Inflationsrate, steigende Arbeitslosigkeit und nachlassendes Wirtschaftswachstum scheinen mit den Lohnkosten und mit der Erhaltung von Beschäftigtenzahlen enger verbunden zu sein als mit der Sicherheit und der Lebensqualität am Arbeitsplatz.

Trotzdem entsteht gerade vor dem Hintergrund einer solchen Wirtschaftskrise, in der sich alles auf die Suche nach neuen, effizienteren und produktiveren Lösungen konzentriert, eine völlig neue Beurteilung des Wertes und des Nutzens der unmittelbaren Beteiligung von Arbeitnehmern. Im Moment steht die wirtschaftliche und soziale Lage nicht nur im Zeichen des Nullwachstums und schwindender Arbeitsplätze, sondern auch im Zeichen großangelegter Veränderungen in Technologie und Arbeitsorganisation und der Schwierigkeiten, die mit der Kontrolle dieser Änderungen und ihrer sozialen Auswirkungen verbunden sind. Diese Schwierigkeiten bestehen sowohl auf sozialer als auch auf politischer Ebene innerhalb und außerhalb der Unternehmen.

Zur Lösung dieser Schwierigkeiten wurden im wesentlichen zwei Vorschläge gemacht:
1. Den Entscheidungsprozeß möglichst zu zentralisieren und so die soziale Kontrolle über die Beschlüsse zu verringern; und
2. Die Basis für Entscheidungen soweit wie möglich zu verbreitern und somit die Beteiligung an der Formulierung und Kontrolle der zu fassenden Beschlüsse zu verallgemeinern.

Die Tatsache, daß sich der vorliegende Beitrag mit der direkten Beteiligung befaßt, deutet bereits an, welche der beiden Alternativen vorzuziehen ist. Trotzdem muß betont werden, daß sich diese Entscheidung nicht notwendigerweise ausschließlich auf prinzipielle oder ideologische Faktoren gründet, sondern auf eine Analyse der gegenwärtigen Lage und auf den Versuch, zufriedenstellende Lösungen zu erarbeiten. Die Wandlungsprozesse, deren Zeugen wir sind, stehen im Zeichen einer stetigen Verbreitung neuer, hochentwickelter Technologien. Die Verbreitung dieser Technologien kann auf der einen Seite zu einer Verringerung der Arbeitsplätze und auf der anderen Seite zu Änderungen in der Nutzung und der Qualität der menschlichen Arbeit führen. Die Nachfrage nach geistiger Arbeit wächst im Vergleich mit der Nachfrage nach körperlicher Arbeit. Mehr Fachwissen, Ausbildung und „Intelligenz" sind gefragt, denn es sind jetzt anstelle einfacher Vorgänge ganze Prozesse zu steuern, und für den Umgang mit komplexen Systemen ist ein breiteres, tiefergehendes Verständnis unerläßlich.

Der fortlaufende Prozeß technologischer Wandlung erlegt allen Lösungsvorschlägen bestimmte Beschränkungen auf. So sind zum Beispiel technologische Neuerungen nur dann sinnvoll einzuführen, wenn alle, die mit diesen Neuerungen in leitender oder untergeordneter Funktiom umgehen, nicht nur das Prinzip dieser Neuerungen verstehen, sondern auch ihren Zweck. Die Effizienz und Produktivität technologischer Neuerungen kann nur durch die Beteiligung immer besser ausgebildeter und qualifizierter Arbeitnehmer sichergestellt werden.

Aus dieser grundlegenden Überlegung entstand die momentane Diskussion über die unmittelbare Beteiligung von Arbeitnehmern. Dieses Thema hat auch in der jetzigen Wirtschaftskrise seine herausragende Bedeutung keineswegs verloren. Es ist weder „überlagert" noch „überholt", sondern besitzt noch immer seinen strategischen Stellenwert. Es begreift in sich eine adäquate, neuzeitliche Problemlösungsstrategie, deren Bedeutung sich mit dem Fortschritt des technologischen Wandels immer weiter vergrößern wird. In dieser besonderen Form bedeutet Beteiligung kein Zurückwenden auf die Vergangenheit, und sei es auch die jüngste Vergangenheit, sondern die Formulierung von Richtlinien für die Zukunft.

Dieser Beitrag hat sich jedoch nicht das ehrgeizige Ziel gesetzt, diesen gesamten Problemkreis in all seiner Komplexität durchleuchten zu wollen. Seine Aufgabe ist weit nüchterner; sie besteht darin, einen Überblick über die Erfahrungen zu geben, die bislang in Italien mit der direkten Beteiligung von Arbeitnehmern auf den Gebieten Gesundheitsvorsorge, arbeitsmedizinische Betreuung und Unfallverhütung gemacht worden sind. Die Wahl dieser Gebiete geschah nicht zufällig, sondern vielmehr aufgrund der Tatsache, daß zumindest in unserem Land gerade hier besonders viele oft außergewöhnliche persönliche Erfahrungen mitspielen, die gelegentlich sogar einander widersprechen.

Der Prozeß der Entscheidungsfindung unter direkter Beteiligung der Arbeitnehmer fällt nicht einfach vom Himmel. Eine kritische Überprüfung unserer zwanzigjährigen Erfahrung mit verschiedenen Experimenten liefert schlüssige Hinweise darauf, welche Methoden am ehesten zu verwenden und welche Kosten, Nutzen und Schwierigkeiten zu erwarten sind. Auf diese Weise kann man sich die Tatsache zunutze machen, daß man zumindest unter den in Italien herrschenden Umständen das Thema Arbeitsbedingungen durchaus vom Aspekt der Gesundheit aus angehen kann, ohne es dabei allzusehr einzuengen; dieser Ansatz bietet vielmehr sogar die Möglichkeit, eine komplexe Analyse durchzuführen. Auf dem Gebiet der Gesundheit führt die unmittelbare Beteiligung sozusagen „natürlich" dazu, daß die gefällten Entscheidungen sich nicht nur auf einen einzelnen Arbeitsplatz, sondern sowohl auf die wirtschaftliche und organisatorische Unternehmensstruktur als auch auf die Veränderungsstrategien eines Unternehmens auswirken.

Unsere kritische Wertung der in Italien gemachten Erfahrungen gründet sich auf einen knappen Nachvollzug der geschichtlichen Entwicklung des sogenannten

„Modells für gewerkschaftliche Analyse und Aktion" auf dem Gebiet der Gesundheitsfürsorge am Arbeitsplatz. Darin eingeschlossen ist eine Beschreibung der besonderen Eigenheiten dieser Methode sowie der Folgen und Auswirkungen ihrer allgemeinen Anwendung auf die Gesetzgebung auf nationaler und regionaler Ebene, auf die Kultur und das politische Bewußtsein im allgemeinen und auf die wissenschaftlichen Institutionen im besonderen. Es werden sowohl die positiven Aspekte der italienischen Entwicklung als auch die in ihrem Verlauf entstandenen Schwierigkeiten behandelt. Zum Abschluß wären noch einige Hypothesen darüber vorzutragen, wie das in den 60er und 70er Jahren entwickelte Beteiligungsmodell an die veränderte Lage der 80er Jahre angepaßt werden kann.

Dieser kritische Überblick über die Entwicklung in Italien kann keineswegs erschöpfend sein. Es ist unmöglich, all die zahllosen Experimente zu beschreiben, die auf den verschiedensten Ebenen (Abteilung, Betrieb, Unternehmen, Region und Land) durchgeführt worden sind. Auch soll kein Versuch unternommen werden, sämtliche Eigenheiten und Besonderheiten derjenigen Experimente aufzuführen, die mit gleichwertigem kulturellem Eifer sowohl von „Laien-Experten", d.h. von Arbeitern, Gewerkschaftern oder anderen Nicht-Wissenschaftlern, als auch von Experten und Forschern von Universitäten und anderen wissenschaftlichen Organisationen durchgeführt wurden. Unser Versuch einer umfassenden Interpretation soll auch für diejenigen verständlich sein, die keine direkte Erfahrung mit dem Thema haben, und da aus unserer kritischen Überprüfung auch noch Prioritäten und Zielsetzungen für die Zukunft formuliert werden sollen, steht kaum zu erwarten, daß diese Überlegungen allgemeine Zustimmung finden werden. Insofern ist also das hier vorgelegte Abbild der Entwicklung in Italien zweifelsohne unvollständig, unter anderem und nicht zuletzt auch aus Gründen der Standpunktvielfalt innerhalb der italienischen Gewerkschaftsbewegung sowie wegen der Komplexität und Unübersichtlichkeit der Stärke und Zusammensetzung der auf diesem Gebiet wirksamen Kräfte.

1. *Geschichtliche Entwicklung und Besonderheiten des „Modells für gewerkschaftliche Analyse und Aktion" auf dem Gebiet der Arbeitsbedingungen*

Die unmittelbare Beteiligung von Arbeitnehmern auf den Gebieten des Arbeitsschutzes ist das Resultat sowohl theoretischer Überlegungen als auch zahlreicher praktischer Experimente von unterschiedlicher Bedeutung. Man ist übereingekommen, die Anfänge der geschichtlichen Entwicklung des später so genannten „Modells für gewerkschaftliche Analyse und Aktion" auf dem Gebiet der Gesundheitsfürsorge am Arbeitsplatz in den frühen 60er Jahren anzusiedeln. Zu dieser Zeit setzte ein Prozeß der Wiederannäherung — zumindest auf praktischer Ebene — zwischen den drei Gewerkschaftsorganisationen ein. Bis zu diesem Zeitpunkt gab es in Italien drei unabhängige, politisch verfeindete Organisationen, die in den fünfziger Jahren nach einer kurzen, aber bedeutsamen Periode der Einigkeit als Resultat einer Spaltung der Gewerkschaftsbwegung entstanden waren.

Nach einer Zeit gegenseitiger Feindseligkeit und Konkurrenz begannen CGIL (mit hauptsächlich kommunistischem und sozialistischem Hintergrund), CISL (im wesentlichen katholisch orientiert) und UIL (mit sozialdemokratischer Tendenz), unter anderem bei der Organisation von Streiks und bei Tarifverhandlungen enger zusammenzuarbeiten.

Um diese Zeit begann eine Gruppe von Wissenschaftlern und Technikern, zu der hauptsächlich Biologen und Soziologen, aber auch Vertreter bestimmter technologischer und organisatorischer Disziplinen gehörten, mit den Gewerkschaftsvertretern der Camera del Lavoro in Turin zusammenzuarbeiten, d.h. auf mittlerer Ebene in der Gewerkschaftshierarchie und in einer Region, in der Organisation und Kultur der Gewerkschaftsbewegung auf eine lange Tradition zurückblicken können.

Zweck dieser Zusammenarbeit war es, wissenschaftliche und technische Kenntnisse für die Analyse der Arbeitsbedingungen zu mobilisieren, die sich in den 50er Jahren infolge der schnellen Taylorisierung und der unkontrollierten Verbreitung des Systems der „direkten Unterordnung" radikal verändert hatten. Es wurde der Versuch unternommen, die Existenzberechtigung und den Nutzen dieser Analysen in der täglichen Gewerkschaftsarbeit dadurch nachzuweisen, daß man zunächst eine hypothetische Art Tarifverhandlungen annahm, deren Hauptbetonung nicht mehr auf dem monetären Ausgleich für bestimmte Risiken lag, sondern auf der Änderung der technologischen, organisatorischen und ökologischen Bedingungen, die in ihrer Gesamtheit das Risiko darstellten.

Aus den in diesen Jahren anfangs auf Betriebsebene durchgeführten Experimenten wurde bald ersichtlich, daß „Wissen" allein nicht ausreiche, um Änderungen herbeizuführen, und daß selbst die Vermittlung von „Wissen" Schwierigkeiten bereitete, denn Wissenschaftler und Arbeiter sprachen verschiedene Sprachen, zwischen denen keine direkte Übertragung möglich war. Es stellten sich bald im wesentlichen zwei Problemkategorien heraus:

a) Um bei der Gestaltung von Arbeitsbedingungen mitreden zu können, ist ein gewisses Maß an technischem und anderem Know-how erforderlich.
   - Oft steht dieses Wissen nicht zur Verfügung, weil es noch nicht existiert und Organisationen, die es erarbeiten könnten, ebenfalls nicht zur Verfügung stehen.
   - Selbst wenn es vorhanden ist, läßt sich Wissen oft nur schwer dorthin weitervermitteln, wo es benötigt wird: die Sozialisierung bereitet Schwierigkeiten.
   - Und schließlich erachtet die wissenschaftliche Welt einiges an Know-how, das aus der täglichen Arbeitspraxis stammt, als ihrer nicht würdig.

b) Verfügt man über Wissen, so kann es doch nicht direkt in Änderungen der Arbeitsbedingungen umgemünzt werden. Für Änderungen dieser Art sind bestimmte Instrumente erforderlich. Aus traditionellen Gründen gibt hier die italienische Gewerkschaftsbewegung dem Instrument der Tarifverhandlung, der Mobilisierung und der Agitation den Vorzug, obwohl bei der Definition und Durchsetzung von Änderungen durchaus auch Maßnahmen auf Regierungs- und Gesetzgebungsebene ergriffen werden.

1.1 Wissen und Beteiligung

Die Beschleunigung der gesellschaftlichen und wirtschaftlichen Abläufe in den späten 50er Jahren lenkte die Aufmerksamkeit auf das Bedürfnis nach breit angelegter Information, um das Problem der Gesundheitsvorsorge am Arbeitsplatz bewältigen zu können. Die logische Folge dieser Überlegung wurde zum Hauptinstrument der Ausbildung und der täglichen Praxis, nämlich eine Sammlung von „Gedanken" über die Analyse und Beeinflussung gesundheitlicher Probleme am Arbeitsplatz, die durch die Metallarbeitergewerkschaft FIOM erarbeitet und verbreitet wurde. Dieses Instrument erwies sich als von absolut grundlegender Bedeutung für die Bewußtseinsbildung im Hinblick auf gesundheitliche Probleme.

In dieser Sammlung findet sich auch zum ersten Mal eine Andeutung des sogenannten Gewerkschaftsmodells. Tatsächlich hat es ein Modell im Sinne des Wortes, das für alle Versuche auf Betriebsebene gelten könnte, nie gegeben. In Wirklichkeit entwickelte sich allmählich ein Instrumentarium von Verfahren, die ganz verschiedene Verwendung fanden, einmal unter Betonung des einen, dann wieder unter Betonung eines anderen Aspekts. Trotz seiner oft recht starren Anwendung hat sich auch dieses Analyse- und Aktionsinstrument entwickelt und angepaßt. Auf jeden Fall ist die Sammlung der FIOM gut geeignet, um vereinfacht und beispielhaft die Besonderheiten des italienischen Gewerkschaftsmodells darzustellen.

Die Analyse der Arbeitsbedingungen und der damit verbundenen Risiken und Gefahren gründet sich auf einen Vergleich zwischen zwei Lebensbereichen, mit denen der Arbeitnehmer gleichermaßen vertraut ist: die Bereiche außerhalb und innerhalb seines Betriebes. Zu diesem Vergleich gehört eine Einzelanalyse aller Faktoren, die in den beiden Lebenssphären als Gefahrenquellen in Frage kommen.

Zur ersten Gruppe der Risikofaktoren gehören diejenigen Elemente und Variablen, die beiden Sphären gemeinsam sind, nämlich Lärm, Temperatur, Wärme usw. Zur zweiten Gruppe gehören die für einen Betrieb typischen physikalischen und chemischen Faktoren wie Staub, Gase und bestimmte Schadstoffe. Die dritte Gruppe umfaßt alle Faktoren, die zu körperlicher Ermüdung führen, während die vierte Gruppe aus den Faktoren besteht, die nicht-körperliche, d.h. geistige oder nervliche Ermüdungserscheinungen hervorrufen.

Bei einer solchen Analyse sind die Erfahrung und das kollektive Wissen derjenigen Gruppe mit zu berücksichtigen, die denselben Risikofaktoren ausgesetzt ist und der deswegen eine „homogene" Erfahrung mit bestimmten Arbeitsplätzen zugeschrieben werden kann. Diese homogene Gruppe definiert den Grad des Risikos über einen Vergleich aller Einzelerfahrungen, also sozusagen in einem Prüfprozeß, in dessen Verlauf ein Konsensus über Ursache und Wirkung einer Gefahr aufgebaut wird. So entsteht aus der Gesamtheit aller individuellen Erfahrungen ein Gesamtbild der Gefahr und ihrer möglichen Auswirkungen. Die komplexe Natur solcher Interaktionen läßt sich mit Hilfe der subjektiven Erfahrungen all derer, die ihnen ausgesetzt sind, durchaus darstellen; die Gruppenmitglieder kennen die Gefahr aus erster Hand. Hier wird betont, daß der Konsensus einer solchen Expertengruppe ausreicht, um das Vorhandensein und die Gefährlichkeit eines Risikofaktors festzustellen. Das Ergebnis dieser *übereinstimmenden Beurteilung* durch eine erfahrene und qualifizierte Gruppe darf weder aus dem Zusammenhang gerissen noch in andere Fachsprachen übertragen werden, denn so würde die aus der globalen Natur der subjektiven Erfahrungen gewonnene Konkretheit verloren gehen. Im gleichen Sinn dürfen die erforderlichen Beschlüsse nicht an andere Experten, d.h. an die hier traditionell angesprochenen technischen Berufe, delegiert werden. Die Ansichten der Techniker sind einem genauen Vergleich mit den Ansichten der Arbeiter und ihren Beurteilungskriterien zu unterziehen. Grundsätzlich besteht das Problem darin, dem in Jahren der Erfahrung und der vergleichenden Betrachtung innerhalb einer homogenen Gruppe gewonnenen Wissen mehr Ansehen zu verleihen.

Zunächst sichert dieselbe homogene Gruppe auch den Übergang von der Analyse zu einem Lösungsvorschlag sowie zu dessen Umsetzung und Auswertung, denn diese Gruppe stellt ein Zentrum tariflicher Macht dar, sie kann Lösungen erzwingen, erstreiten und deren Einhaltung überwachen.

Grundsätzlich umfaßt das Gewerkschaftsmodell die folgenden Einzelelemente: ein einfaches, leicht zu handhabendes Analyseinstrument, eine Bewertungsmethode und ein Instrumentarium für Steuerung, gemeinsame Strategieerarbeitung und Umsetzung.

Die Koordination auf Betriebsebene obliegt dem Betriebsrat und dem Umweltausschuß, deren Aufgabe darin besteht, das Wissen und die Bedürfnisse der verschiedenen homogenen Gruppen auf einen Nenner zu bringen und auf höherer Ebene das Wissen zu erarbeiten und zu koordinieren.

Eine Zeitlang, besonders Anfang der 70er Jahre, wurde der Versuch unternommen, alle Fabrikräte auf regionaler Ebene horizontal zu integrieren. Auf diese Art konnte in einigen Fällen festgestellt werden, daß bestimmte Gefährdungen und Schadstoffimmissionen am Arbeitsplatz auf äußere Einflüsse zurückzuführen sind. Diese neuen organisatorischen Elemente, die sogenannten Zonenräte, sind überall dort besonders aktiv, wo in einem bestimmten Gebiet die Produktion in den Betrieben eine besonders hohe Homogenität aufweist und die Tätigkeit der Zonenräte durch den Arbeitsmedizinischen Dienst unterstützt wird.

Auf regionaler und nationaler Ebene haben die Gewerkschaften aus den verschiedenen Industriesektoren gemeinsame Einrichtungen zur Förderung und Koordination gewerkschaftlicher Aktivitäten am Arbeitsplatz geschaffen. Auf nationaler Ebene existiert eine gewerkschaftliche Institution, deren Aufgabe darin besteht, Material über alle Experimente zu sammeln und die laufenden Versuche technisch und wissenschaftlich zu unterstützen.

Gleichzeitig wurde auch die Institutionalisierung der Erarbeitung neuen Wissens in Angriff genommen. Nach einiger Agitation richteten die Kommunen, Gemeinden und Regionalverbände auf die Forderung der Gewerkschaften hin besonders in Nord- und Mittelitalien den Arbeitsmedizinischen Dienst ein. Einige bereits existierende Behörden, so z.B. die ENPI, die auf nationaler Ebene für die Festlegung von Normen und die Überwachung der Arbeitsbedingungen verantwortlich ist, wurden einer radikalen Neuorientierung unterworfen. Die Universitätsinstitute gaben dem Druck nach, der sowohl von innen her als auch von der äußeren Nachfrage auf sie ausgeübt wurde, und nahmen wichtige Veränderungen in ihren Forschungsprojekten und in der Auswahl ihrer Auftraggeber vor. Es wurde die Frage diskutiert, ob die Gewerkschaften nicht selbst Forschungsarbeiten in Auftrag geben sollten. Des weiteren begann sich die wissenschaftliche Welt mit dem Problem zu befassen, wie das von ihr produzierte Wissen weitervermittelt werden könne und wie sich das durch Erfahrungen am Arbeitsplatz angehäufte Wissen verwerten ließe.

Der Nationale Forschungsrat, das für die Finanzierung und Koordination der Forschung auf nationaler Ebene hauptsächlich verantwortliche Organ, formulierte mit dem Prinzip der ergebnisorientierten „finalisierten Projekte" die Grundlagen einer neuen Wissenschaftspolitik. Das Gesundheitsvorsorgeprojekt, das seit 1976 läuft, umfaßt u.a. auch ein Projekt über das Arbeitsumfeld, an dem die Gewerkschaften von der Durchführbarkeitsstudie an beteiligt waren.

1.2 *Die Vorbedingungen für Einfluß und Beteiligung*

Die zweite Problemkategorie, die sich bereits Anfang der 60er Jahre bemerkbar machte, gründet sich darauf, daß zunächst ein gewisses Maß an Einfluß vorhanden sein muß, um genügend Aktionsfreiheit für die Beteiligung selbst schaffen und das vorhandene Wissen in Änderungen der Arbeitsbedingungen umsetzen zu können. Diese Problematik setzte zwei verschiedene Entwicklungen innerhalb der Gewerkschaften selbst und auf gesetzgeberischer Ebene in Gang.

1.2.1 Zunächst entstand in der Gewerkschaftsbewegung ein Prozeß der inneren Solidarisierung, der mit Recht als wichtigste Vorbedingung für jeden zukünftigen Einfluß erkannt wurde. Dieser Prozeß durchlief verschiedene Phasen und erreichte seinen Höhepunkt in den frühen 70er Jahren, als eine Vereinbarung über die Einheit der Aktion zusammen mit einem gewissen Maß an organisatorischer Vereinheitlichung in Form eines Dachverbandes der nationalen Gewerkschaftsorganisationen ratifiziert wurde. Der Integrationsgrad der Industrieverbände der verschiedenen Gewerkschaftsorganisationen verbesserte sich besonders in den Hauptindustriezweigen wie Metallverarbeitung, Chemie, Bauwirtschaft und Textilindustrie. In diesen Industriezweigen hatten die Gewerkschaften schon vorher sowohl bei den Verhandlungen über die drei Jahre gültigen Landestarifverträge als auch bei Tarifverhandlungen auf Betriebs- und Ortsebene mehr Gewicht auf Gesundheitsfürsorge und Unfallschutz gelegt.

Diese förderativen Organisationsformen sind jedoch seit kurzer Zeit schweren inneren Belastungen ausgesetzt. Sowohl innerhalb des Dachverbandes als auch in den Industrieverbänden machen sich wieder Differenzen bemerkbar. Aufgrund dieser Belastungen verzögert sich unter anderem auch die Diskussion über langfristige strategische Zielsetzungen, wie z.B. die Beteiligung an betrieblichen Gesundheitsvorsorgemaßnahmen; dies drückt sich auch in nachlassenden Forderungen und in einer geschwächten Verhandlungsposition der Gewerkschaften aus.

Auch auf betrieblicher Ebene haben die Gewerkschaften seit Anfang der 70er Jahre ihre Strukturen geändert. Radikale Umwälzungen fanden bei den Wahlverfahren und bei der gesamten Organisation der Arbeitnehmervertretung in den Betrieben statt. Früher wurden die Arbeitnehmervertreter nach Listen gewählt, die von den im Betrieb beschäftigten Gewerkschaftsmitgliedern aufgestellt wurden. Die neue Organisationsform folgt einem vollständig anderen Konzept. Alle Arbeitnehmer, die einer homogenen Gruppe angehören und somit ähnliche Tätigkeiten durchführen bzw. in derselben Abteilung arbeiten und denselben Arbeitsbedingungen und Risiken ausgesetzt sind, tragen den Namen ihres Delegierten auf einem Formular ein. Die Delegierten aller homogenen Gruppen bilden sodann eine neue Teilstruktur der Betriebsorganisation – den Delegiertenrat/Fabrikrat. Eine der Hauptaufgaben der Delegierten besteht in der Überwachung der Arbeits- und Organisationsbedingungen wie Arbeitstaktvorgaben, Schichtpläne, Arbeitsbelastung und Unfallverhütung.

Diese neue organisatorische Struktur ist den tatsächlichen Arbeitsbedingungen besser angepaßt, macht direkte Überwachung und Lageanalysen möglich, garantiert größtmögliche Demokratisierung und ermöglicht die vollständige Nutzung der Informationen aus der kollektiven Erfahrung der Gruppe. Die organisatorischen Änderungen erlauben es, Gesundheits- und Sicherheitsprobleme besser zu kontrollieren und die vorhandenen Kenntnisse über mögliche Gefahrenquellen direkt in Lösungsvorschläge umzusetzen.

Bei der Tagung von Rimini machte 1971 die gesamte Gewerkschaftsbewegung den Schutz der Gesundheit am Arbeitsplatz zu einer der tragenden Säulen ihrer Gesamtstrategie und machte sich ein gemeinsames Modell für die Analyse und Intervention in Sachen Arbeitsumwelt zu eigen. Seit dieser Zeit erscheint der Aspekt der Gesundheit in den Tarifverträgen aller Industriezweige sowohl auf nationaler als auch auf betrieblicher Ebene.

1.2.2 Das wichtigste Gesetz, das auf diesem Gebiet verabschiedet wurde, ist das sogenannte Statut der Arbeit, ein 1969 in Kraft getretenes Landesgesetz, das die Rechte und Pflichten der Arbeitnehmer am Arbeitsplatz festlegt. In einem Paragraphen dieses Gesetzes ist das Recht eines jeden Arbeitnehmers festgeschrieben, bei der Beeinflussung seiner Arbeitsbedingungen auch auf wissenschaftliche Hilfen von außen zurückgreifen zu können. Diese oftmals angefochtene Vorschrift hat inzwischen ihre grundlegende Bedeutung bei der Sicherung der Vorbedingungen für die Schaffung einer über rein formelle Aspekte hinausgehenden Beteiligung der Arbeitnehmer an den Gesundheitsvorsorgesystemen erwiesen. Im Hinblick auf die Absicherung dieser Maßnahmen muß unbedingt auch die Bedeutung der Rechtsprechung berücksichtigt werden, in der teilweise eine bedeutsame Änderung der bisherigen Einstellung zu Arbeitnehmerfragen stattgefunden hat. Die im Gesetz verankerten allgemeinen Prinzipien wurden durch eine Reihe von Urteilssprüchen in die Tat umgesetzt, die durch ihren Bestand die Weiterentwicklung des Systems der Beteiligung garantieren.

Im Jahre 1978, dem Jahr der Reform des staatlichen Gesundheitswesens (Gesetz Nr. 833), gingen die Impulse zur Änderung bestehender Institutionen sogar noch weiter. Dieses Gesetz enthielt zumindest drei bedeutsame Reformen:
a) Es wurde eine staatliche Forschungsanstalt für Gesundheitsvorsorge und Sicherheit am Arbeitsplatz geschaffen.
b) Viele der Grundgedanken des sogenannten „Gewerkschaftsmodells" wurden in

den Zuständigkeiten und Arbeitsvorschriften für die Basisorganisationen des staatlichen Gesundheitsdienstes (die örtlichen Gesundheitszentren, von denen jedes für 15.000 bis 20.000 Menschen zuständig ist) festgeschrieben.

c) Die Verwaltungseinheiten auf mittlerer, d.h. regionaler Ebene (Italien verfügt über 20 solcher Einheiten) wurden mit bestimmten Aufgaben im Bereich der wissenschaftlichen Planung sowie der Gesundheitserziehung betraut, unter denen die Gesundheit am Arbeitsplatz eine zentrale Position einnimmt. Der Nutzen des Gesetzes über das staatliche Gesundheitswesen wurde durch die bei der Durchführung entstandenen wirtschaftlichen, organisatorischen und politischen Schwierigkeiten erheblich verwässert, obwohl es immer noch die Möglichkeit bietet, die in der Gesundheitsvorsorge aktiven sozialen Kräfte zu steuern. Zu diesem Zweck schreibt das Gesetz sowohl bei den örtlichen Gesundheitszentren als auch auf regionaler und nationaler Ebene bestimmte Beteiligungsformen auf allen Verwaltungsebenen vor.

2. *Einige Anregungen*

Das „Gewerkschaftsmodell" steht symbolisch für eine gewerkschaftliche Strategie, für die die Gesundheit nicht mehr auf dem Verhandlungswege mit Geld als Entschädigung für ein eingegangenes Risiko aufzuwiegen ist; sie zielt im Gegenteil auf Vorsorgemaßnahmen und Verbesserung der Arbeitsumwelt sowie auf Änderungen bei den Arbeitsbedingungen und der Arbeitsorganisation ab.

Ständige Fortbildungs- und Informationskampagnen über Gesundheitsprobleme, zahllose Tarifverhandlungen auf allen Ebenen sowie der Kampf für bessere Bedingungen in den Betrieben und gegen Umweltverschmutzung und Gesundheitsgefährdung haben besonders in den stärker industrialisierten Landesteilen bei großen Teilen der italienischen Bevölkerung innerhalb und außerhalb der Betriebe das Bewußtsein für diese Probleme geweckt. Aus diesem Problembewußtsein entsprang eine Reihe wichtiger Gesetze, die sämtlich besonders vom Prinzip her bedeutende Neuerungen aufweisen. Dieses Problembewußtsein hat aber auch den Wunsch nach einem Mitspracherecht in nicht mit Gesundheitsfragen verbundenen Bereichen ausgelöst, hauptsächlich wohl als Folge des allgemein starken politischen und kulturellen Engagements in allen Phasen der Entwicklung.

Dieses kulturelle und politische Engagement blieb auch nicht ohne Einfluß auf die wissenschaftlichen Institutionen im allgemeinen und auf das klinische Denkmodell über die Ursachenspezifizität im besonderen. Das Modell der Zurückführung auf eine Ursache, das einen einzigen Faktor als Schadensursache postuliert, wird in Frage gestellt. „Subjektives Empfinden" sowie das Wissen und die Erfahrung von Gruppen und Einzelpersonen, bis vor kurzem noch ohne Unterschied in die Zwangsjacke der Anamnese gepreßt, werden nunmehr zur Diagnose von Krankheiten und zur Einstufung von Gefahren herangezogen. Dank der Subjektivität, die durch das Verschmelzen vieler verschiedener Faktoren und persönlicher Erfahrungen entsteht, werden jetzt neue, bis vor kurzem unbeachtet gebliebene psychologische, soziale, technologische, organisatorische und wirtschaftliche Variablen bei der Gesundheitsfürsorge zu Rate gezogen. Die Größe eines Risikos wird jetzt in einer komplizierten Analyse zahlreicher verschiedener Faktoren bestimmt.

Gerade die „Entdeckung" dieser Vielschichtigkeit hat aber bewiesen, wie ungenügend der Erkenntnisstand einer einzelnen wissenschaftlichen Disziplin ist, wie dringend wir einer Umschichtung bedürfen und auch welche Schwierigkeiten eine solche Umschichtung angesichts der Beschränkungen mit sich bringen würde, die durch die Analysen- und Aktionsmodelle der traditionellen Disziplinen bedingt sind. Hier erhebt sich das Problem einer „interdisziplinären Arbeit", die nicht nur die Lücken zwischen den verschiedenen Zweigen der Wissenschaft ausfüllen, sondern uns auch dabei helfen könnte, das Problem der Gesundheit als globales Phänomen zu betrachten, dem der arbeitende Mensch *zur Gänze* ausgesetzt ist.

Es besteht also eine soziale Nachfrage nach wissenschaftlichen Informationen, die sich über die Einrichtungen der arbeitsmedizinischen Versorgung mit einiger Aussicht auf Erfolg in organisatorische Änderungen ummünzen lassen, obwohl sich diese Nachfrage außer mit der Rigidität alteingesessener Institutionen wie Universitäten und Forschungsstätten auch mit verschiedenen anderen Schwierigkeiten konfrontiert sieht. Diese Nachfrage tritt auf örtlicher Ebene sehr klar, auf nationaler Ebene weit weniger klar hervor; national hat sie sich bislang noch nicht in konkreten Projekten manifestieren können, und sie schwankt auch ständig zwischen dem Versuch, vorhandene Institutionen für neue Zwecke einzusetzen und dem Wunsch, neue, adäquatere Institutionen zu schaffen. Diese Nachfrage war jedoch insoweit erfolgreich, als sie eine gewisse katalytische Wirkung auf die kulturellen und wissenschaftlichen Kräfte innerhalb der traditionellen Forschungsstätten ausüben konnte, obwohl es letzteren noch an einer konkreten Zielsetzung mangelt und sie bis jetzt außer auf zwei Ebenen noch keine überzeugenden Ergebnisse vorweisen können. Auf der ersten Ebene wurden große Anstrengungen im Hinblick auf Fortbildungs- und Informationsmaßnahmen unternommen, an denen nicht nur die Institutionen selbst, sondern auch zahlreiche Techniker, Gewerkschaftsvertreter und Arbeiter teilnahmen. Die Teilnahme wird durch tarifvertragliche Absprachen der Gewerkschaften in den Hauptindustriezweigen ermöglicht, laut denen einem jeden Arbeitnehmer alle zwei Jahre ein bezahlter Urlaub von 150 Arbeitsstunden für Bildungszwecke zur Verfügung steht. Diese Tarifabsprache hat viel dazu beigetragen, vielen Arbeitern und Angestellten aus den wissenschaftlichen und technischen Sparten die Probleme der Gesundheitsvorsorge und der Arbeitsorganisation nahezubringen. Der tatsächliche Nutzen dieser Arbeiten ist konkret schwer einschätzbar, nicht zuletzt deswegen, weil sie sich eine geraume Zeit mehr durch politische und soziale Begeisterung auszeichneten als durch das Vorhandensein dauerhafter, effizienter Strukturen, die zu kumulativer Arbeit geeignet waren.

Die zweite Ebene besteht in der Entwicklung der Epidemiologie, einer bis dahin in Italien unbekannten Forschungsmethode. Unter dem Druck der oben erwähnten sozialen Nachfrage wird sie mittlerweile auch auf akademischer Ebene akzeptiert. Ganz allgemein hat in der Arbeitsmedizin die Vorbeugung entscheidende Fortschritte gemacht, und es wurden zumindest in einigen Fällen Versuche unternommen, auch andere Wissenszweige wie z.B. die Psychologie, die Soziologie und sogar einige technologische Disziplinen für die Aufgaben der Prävention zu gewinnen. Das Problem bestand jedoch schon immer darin, daß hier die Initiative von Gruppen ergriffen wurde, die aufgrund der geschichtlichen Entwicklung des „Gewerkschaftsmodells" eher kulturell motiviert waren und keinerlei Strategien oder Pläne zur Intervention in wissenschaftlichen Institutionen besaßen.

Aus dieser Tendenz, bei Präventivmaßnahmen auch solches Wissen zu verwenden, das nicht dem traditionellen Gedankengut der Arbeitsmedizin entspricht, ergibt sich die Frage nach der Beziehung zwischen Gesundheit, Arbeitsorganisation und Technologie. Es stellt sich immer mehr heraus, daß die Gesundheit ein wichtiges Kriterium bei der Beurteilung der Arbeitsorganisation und der technologischen Flexibilität repräsentiert. Es bestand zumindest für einen gewissen Zeitraum eine sehr enge Beziehung zwischen den Gebieten Arbeitsorganisation und Umweltschutz, und die Forderungen der Gewerkschaften und ihre Maßnahmen auf Betriebsebene beweisen schon seit einigen Jahren, daß man sich der Interdependenz dieser beiden Problematiken bewußt ist.

Die gesundheitspolitische Strategie der Gewerkschaften hat sich als durchaus geeignet erwiesen, das Gemeinwesen und die Verwaltung unseres Landes (z.B. Gemeindeverwaltungen, Justizbehörden, Gesetzgebung) in verschiedener Hinsicht zu beeinflussen; durch die Vermittlung der wissenschaftlichen Einrichtungen und der Regierung war es sogar möglich, allgemein eine kulturelle Einstellung zu fördern, die gesundheitspolitischen Problemen positiv gegenübersteht und große Teile der Bevölkerung politisch zu mobilisieren und anzuregen.

Dies sind die positivsten Ergebnisse der gewerkschaftlichen Tätigkeit auf diesem Gebiet, die die Vorbedingungen für eine effiziente Beteiligung der Arbeitnehmer auch auf nicht gesundheitspolitischem Gebiet schuf.

Für eine kritische Bestandsaufnahme müssen jedoch darüber hinaus die Gründe dafür gefunden werden, warum es immer noch Widerstände gegen gesundheitspolitische Maßnahmen gibt und warum bis heute noch keine den Anstrengungen und dem Mobilisierungsgrad entsprechenden Ergebnisse vorgewiesen werden können. Dabei darf nicht vergessen werden, daß aus historischen und traditionellen Gründen die Beteiligung in Italien dem Konfliktmodell folgt. Alle Analysen und Instrumentarien gehen von der Annahme aus, daß zunächst eine einflußreiche Verhandlungsposition geschaffen werden muß; dies geschieht durch die Schaffung und Lenkung eines Konflikts, was wiederum zu Verhandlungen und schließlich zu einer Absprache über die gewerkschaftlichen Forderungen führt.

Aufgrund dieses Handlungsschemas konzentriet sich alles auf die Phase der Entwicklung, in der ein vorhandenes Risiko angeprangert wird, und nicht auf die Erforschung und Verwirklichung gemeinsamer Lösungen. So erklärt sich auch, warum der Schaffung des zur Identifikation von Alternativlösungen erforderlichen Wissens und damit dem Aufbau eines wissenschaftlichen Forschungsnetzwerks so wenig Beachtung geschenkt wurde. Es gibt keine gewerkschaftliche Strategie für die Verwendung wissenschaftlicher Informationen, und zwar unter anderem auch deswegen, weil das Bedürfnis bestand, den persönlichen Erfahrungswerten bei der Einschätzung eines Risikos mehr Anerkennung zu verschaffen; aus diesem Grund kam es manchmal sogar so weit, daß die Beweiskraft wissenschaftlicher Daten nicht nur in Frage gestellt, sondern rundweg geleugnet wurde. Obwohl es diese Einstellung einerseits ermöglicht hat, bei der Definition von MAK's das Element der vertraglichen Absprache in den Vordergrund treten zu lassen, führte sie andererseits auch zu einer Weigerung, MAK's überhaupt anzuerkennen, was wiederum zur Folge hatte, daß — besonders schädlich bei einer schlechten Verhandlungsposition der Gewerkschaften — keine allgemeingültigen Bezugspunkte festgelegt werden konnten.

Diese Schwächen der gewerkschaftlichen Strategie wurden durch den Mangel an Mitarbeit von der Gegenseite noch verschärft. Die Unternehmer als Klasse waren auf das „Modell für gewerkschaftliche Analyse und Aktion" im großen und ganzen nicht vorbereitet, und so konnte es sich nicht zu einem normativen, auch für Verhandlungen tauglichen Instrument entwickeln, das als Bezugspunkt für das gesamte Beteiligungssystem hätte dienen können. Die Unternehmer hatten auf die Anstöße des Gewerkschaftsmodells keine strategischen Reaktionen parat, und so ging eine große Chance verloren, der Demokratie am Arbeitsplatz neue Anregungen zu vermitteln. Das Denkschema der Konfrontation und Opposition wurde zementiert, und es fand kein Versuch statt, die für die Beteiligung der Arbeitnehmer an Entscheidungsprozessen notwendigen Vorbedingungen zu schaffen.

Andererseits fehlten den wissenschaftlichen Institutionen und den forschungspolitischen Entscheidungsgremien einfach die Kapazitäten, die zur Befriedigung der Nachfrage nach ausreichendem Wissen erforderlich gewesen wären. Die inhärenten Schwächen der einzelnen Disziplinen, dazu noch spezifisch italienische Beschränkungen in einigen Fällen; das Machtdenken, das bei der Planung von Studienprojekten oft Pate steht; das Fehlen jeglicher Strategie für den Einsatz der Wissenschaft in der Entwicklung; der totale Mangel an Philosophien, Modellen oder Verfahren für den Transfer von Wissen von seinem Ursprung zu dem Ort seiner Verwendung: all das hat dazu beigetragen, daß keine der vorgeschlagenen Lösungen die steigende soziale Nachfrage befriedigen konnte. Selbst die Versuche, auf nationaler Ebene neue Strukturen und Aktionsprogramme (wie z.B. die oben erwähnten „finalisierten Projekte" der CNR) zu definieren, sehen sich denselben Schwierigkeiten gegenüber.

Aufgrund dieser Schwierigkeiten war es nicht möglich, konkrete *Resultate* zu erarbeiten, die den aufgewendeten Anstrengungen in etwa angemessen sind. Das Verhältnis weist im Gegenteil sogar einen Trend zur Verschlechterung auf, denn aufgrund der Wirtschaftskrise sind die Gewerkschaften gezwungen, der Verteidigung der Arbeitsplätze und den Lohnkosten die Priorität vor Gesundheitsproblemen einzuräumen. Gesundheitspolitische Aktivitäten werden deshalb immer sporadischer, und die Chance, eine funktionsfähige Lösung zu finden, schwindet.

Das Gewerkschaftsmodell steht aber auch spezifischen, hauptsächlich gewerkschaftsinternen Schwierigkeiten gegenüber. Die vier Faktorenkategorien, die für die Analyse der Arbeitsumwelt definiert wurden, haben längst nicht dieselbe Beachtung gefunden. Oft wurde den ersten beiden Kategorien der Vorzug gegeben, d.h. den physikalischen und chemischen Variablen. Obwohl solch offensichtliche Gefährdungen durchaus noch an Arbeitsplätzen auftreten (besonders in kleinen Firmen oder bei Schwarzarbeitern, wo es nur eine schwache oder gar keine Gewerkschaftsvertretung gibt), sind die Gefahren heutzutage nur mit Hilfe der Erfahrungen von Arbeitnehmern schwieriger zu identifizieren, oder aber ihre Bedeutung schwindet dank des technologisch bedingten Wandels der Arbeitsbedingungen. Auf jeden Fall wächst im Vergleich dazu die Bedeutung der Schäden, die aus Streß und geistiger Ermüdung entstehen. Die bislang gebräuchlichen Analyse- und Interventionsmodelle sind diesen Faktoren nicht gewachsen; das vorhandene Instrumentarium reicht nicht aus. Diese neuen Gefahren, seien sie chemischer oder geistiger Natur, sind nur mit Hilfe von Forschungsprojekten und mit einem komplizierten Instrumentarium in den Griff zu bekommen. Zwar werden die gemeinschaftliche Beurteilung und die subjektive Erfahrung ihre Bedeutung als Warn- und Handlungsinstrumente beibehalten, aber sie reichen alleine nicht mehr aus, denn sie sind zu global, zu synthetisch und ihrem ganzen Wesen nach nicht für Analysen geeignet, die nur noch unter Laborbedingungen durchzuführen sind.

Die Konfliktorientierung des Modells begünstigt die subjektive Erfahrung und die Tendenz, wissenschaftliche Erkenntnisse als Mittel zum Zweck zu benutzen. Auf der anderen Seite ist die Integration von Wissen aus verschiedenen Quellen schwierig. Eine weitere wichtige Konsequenz ist die Tatsache, daß sich die Gewerkschaften beim Einsatz ihrer Experten gewissen organisatorischen Grenzen gegenübersehen, und daß ganz allgemein Prioritäten und langfristige Forschungsvorhaben sowie die zu ihrer Auswertung erforderlichen Qualifikationen nur schwer festzulegen sind.

Ein weiteres Problem liegt in der allgemeingültigen Definition der „homogenen Gruppe" sowohl als organisatorisches und methodologisches Kernelement als auch als Einflußbasis für Verhandlungen. Selbst in einer organisatorisch, sozial und technologisch vergleichsweise stabilen Lage treten in der Erfahrung der einzelnen Mitglieder einer homogenen Gruppe große Unterschiede auf, die sowohl durch arbeitsinterne Faktoren (z.B. Dauer und Art der Erfahrung, Qualifikationsniveau usw.) als auch durch externe Faktoren (Mobilität, kultureller Hintergrund, Bildungsgrad) bestimmt sein können. Kritisch wird dieses Problem in Zeiten strukturellen Wandels, in denen sich interne und externe Mobilität steigern und es mitunter zu Entlassungen kommt und in denen sich die Umstände, in denen Macht entsteht und ausgeübt wird, mehr zur Entpersönlichung hin ändern. Unter diesen Umständen hat eine zu „basisorientierte" Interpretation des Begriffs „homogene Gruppe" schon dazu geführt, daß im Betrieb selbst und sogar auf der Ebene der Vorarbeiter vorhandene technische Kenntnisse in die Analyse der Arbeitsbedingungen nicht einfließen konnten. Diese Trennungen haben zu Spaltungen in der Belegschaft und zu einer Ausdünnung der Kenntnisse und Ressourcen geführt, die für die Einschätzung der laufenden Änderungen auf den Gebieten der Arbeitsorganisation, Investitionspolitik und Gesamtzielsetzung zur Verfügung stehen. Daraus wiederum resultieren Schwierigkeiten bei der Interpretation der für eine Analyse der Arbeitsumwelt typischen Variablen mit ethnologischen, wirtschaftlichen und organisatorischen Faktoren. Trotz aller Anstrengungen ist das Gewerkschaftsmodell als Instrumentarium zur Analyse allgemeiner und spezifischer Aspekte der Arbeitsumwelt immer noch als technologisch veraltet anzusehen. Als Modell für die Identifikation von Alternativen und für die Erarbeitung von Projektvorschlägen hat es versagt. Besonders versagt hat es im Hinblick auf die Formulierung und Überprüfung von Veränderungsstrategien; letzteres ist bislang nur anhand der „Reaktion der Umwelt" auf die jeweilige Änderung möglich.

Der Versuch, das Instrumentarium mit Hilfe der 150-Stunden-Kurse qualitativ zu verbessern, hat zahlreiche Mängel aufgedeckt; so fehlt es an vermittelbarem Wissen, Erwartungen widersprechen einander, und die verwendeten Methoden sind improvisiert und ungeeignet. Ein grundlegender Aspekt der Organisation des Transfers von Wissen ist jedoch deutlich geworden – am besten funktioniert ein solcher Transfer im Kopf des Einzelnen.

3. *Die Zukunft der Beteiligung von Arbeitnehmern*

Im Verlauf der bisherigen Analyse sind zumindest zwei bedeutsame Problembereiche zutage getreten:
a) Erarbeitung, Transfer und Anwendung von Know-how.
b) Die Vorbedingungen einer effizienten Beteiligung.

3.1 Die gesamte obige Analyse betont das dringende Bedürfnis nach mehr Wissen auf den Gebieten der Gesundheitsvorsorge am Arbeitsplatz und der Präventivmedizin. Leider jedoch existieren anscheinend in Italien keine wissenschaftlichen Einrichtungen oder Institutionen, die auf diesen Gebieten erfolgreich arbeiten können.

Eine solche Institution wäre jedoch für die Erarbeitung von Wissen in den Betrieben von grundlegender Bedeutung, besonders in Anbetracht der Tatsache, daß die persönliche Erfahrung des Einzelnen zur Erfassung aller Aspekte des gesundheitlichen Komplexes immer weniger ausreicht und gar vollständig versagen muß, wenn man die wichtigen Aspekte der Formulierung möglicher Alternativlösungen und ihrer bestimmenden Faktoren sowie der Umsetzung und Überwachung dieser Alternativen mit in Betracht zieht. Eine solche Struktur wäre weiterhin vonnöten, um Erkenntnisse in Gesetze und Regelungen sowie in realistische Durchführungsvorschriften übertragen zu können. Als Resultat der in Italien unternommenen Anstrengungen auf normativem und legislativem Gebiet sind zwar äußerst fortschrittliche allgemeingültige Prinzipien definiert worden, aber bei der Anwendung dieser Prinzipien sind enorme Schwierigkeiten entstanden. Das greifbarste Produkt der im Zusammenhang mit dem Komplex „Gesundheit" entstandenen sozialen und kulturellen Spannung, die Reform des Gesundheitswesens, hat zu einer kaum mehr steuerbaren „unproduktiven" Lage geführt. Viele Teilgebiete der Selbstverwaltung haben sich als völlig wertlos erwiesen, und aufgrund des allgemeinen Mangels an technischer Qualifikation liebäugelt man nun wieder mit bürokratischen Lösungen.

Es muß eine Institution geschaffen werden, auf deren verschiedenen Ebenen wissenschaftliche Erkenntnisse und das aus direkter Erfahrung mit einer bestimmten Situation gewonnene Wissen miteinander in Kontakt kommen können und wo die letztgenannte Wissenskategorie nicht nur als Nachfrage, sondern als wesentliche Information behandelt wird.

Weiterhin wird eine nach den oben genannten Prinzipien strukturierte wissenschaftliche Unterstützung auch dazu erforderlich sein, die Praktiken der Firmenleitungen und auch der Gewerkschaften flexibler zu gestalten und sicherzustellen, daß den Forderungen einer industriellen Demokratie entsprochen wird, die sich der sozial- und gesundheitspolitischen Auswirkungen der laufenden Änderungen voll bewußt ist.

Welche Form diese Institution oder dieses wissenschaftliche System auch haben mag, ihre unbestrittene Notwendigkeit gründet sich auf die Tatsache, daß jede Beteiligung an Entscheidungsprozessen sich auf Daten und Wissen stützen muß. Der Bedarf wird um so dringender, je mehr und je komplexeres Know-how zur Steuerung eines Produktionsprozesses erforderlich wird.

3.2 Der zweite kritische Faktor im Zusammenhang mit der Beteiligung an Entscheidungsprozessen besteht in der Definition von Macht und Einfluß, d.h. des Rahmens aus Regeln und Richtlinien, innerhalb dessen eine Beteiligung möglich wird. In Italien gründen sich die Beziehungen zwischen Arbeitgebern und Arbeitnehmern hauptsächlich auf ein konfliktorientiertes Beteiligungsmodell. In einer solchen Entscheidungsstruktur ändern sich die Spielregeln ständig nach Maßgabe der Machtverteilung zwischen den Gewerkschaften und den Vertretern der Industrie. Wie wir schon gesehen haben, ist diese Situation das Resultat sowohl einer alten kulturellen Tradition innerhalb der Gewerkschaftsbewegung als auch der Unfähigkeit der Unternehmerklasse, geeignete Alternativen anzubieten. Diese beiden Faktoren sind aus verschiedenen Gründen dafür verantwortlich, daß das Problem der Demokratisierung am Arbeitsplatz nicht offen behandelt wird. Zudem hat die Regierung immer verspätet auf soziale Forderungen reagiert, und selbst dann mangelte es ihr an Durchsetzungskraft und der Fähigkeit, allgemeingültige Bezugssysteme zu erstellen. Ihre einzig umfassende Maßnahme scheint das sogenannte „Statut der Arbeit" gewesen zu sein, in dem die Rechte und Pflichten der Arbeitnehmer festgelegt wurden, obwohl selbst hier noch ein Vetorecht besteht.

Das Ganze ist ein schwieriges Gebiet, aber man wird es entschlossen in Angriff nehmen müssen, um einer Entwicklung Einhalt zu gebieten, in der sich im mehrjährigen Rhythmus Zyklen mit äußerst fruchtbarer, wenn auch manchmal nicht ganz den Realitäten entsprechender Planung mit Krisenperioden abwechseln, in denen das Interesse nachläßt und eine Regression droht. Unter solchen Umständen besteht immer das Risiko, daß Beteiligung und Beschlußfassung erst nach den entsprechenden Änderungen stattfinden. Auf diese Weise entstehen exorbitante Kosten, die es wenig wahrscheinlich erscheinen lassen, daß der Übergang von der Formulierung allgemeiner Prinzipien und Programme auf deren tatsächliche, greifbare Verwirklichung jemals stattfinden wird. Unter diesen Umständen gibt es keinen Zugang zu den Fähigkeiten, die erforderlich sind, um Änderungen vorherzusehen und vorwegzunehmen und überzeugende, realistische Kosten-Nutzen-Analysen zu erstellen.

Arbeitsbedingungen, Arbeitstechnologie und Organisation sind in einem Prozeß raschen Wandels begriffen, der auf Arbeitsinhalte, Arbeitsteilung und Arbeitsqualität sowie auf die Umsetzung von Belegschaftsmitgliedern und auf die wirtschaftlichen, sozialen und politischen Umstände im allgemeinen großen Einfluß ausübt. Diese Änderungen wirken sich in ihrer Gesamtheit auch auf die Gesundheit am Arbeitsplatz und die Arbeitsbedingungen aus. Findet ihre Durchführung ohne die Beteiligung der Arbeitnehmer statt, so besteht das Risiko, die Kontrolle über die zukünftigen Entwicklungen zu verlieren.

Vor kurzer Zeit setzte in Italien, hauptsächlich auf dem Gebiet der Gesundheitsfürsorge, eine neue Bewegung hin zu mehr Beteiligung ein, ohne daß allerdings parallel dazu auf der Führungsebene entsprechende Änderungen eintraten. Es erwies sich als unmöglich, die Zielsetzungen der Beteiligung mit den dafür erforderlichen Strukturen, Qualifikationen und Instrumentarien in Einklang zu bringen. Als von grundsätzlicher Bedeutung erwies sich das Fehlen einer Beschlußfassungsebene, die den sozialen Kräften keinerlei Beschränkungen auferlegt, ein dynamisches politisches Drängen nicht unterdrückt, sondern eher fördert, auf alle Änderungen nach klaren und allgemein akzeptierten Normen reagiert, gleichzeitig aber die Besonderheiten einer jeden gesellschaftlichen Rolle respektiert und die vorhandenen technischen und wissenschaftlichen Qualifikationen fördert.

Wolfgang Neef
Ingenieurqualifikation und Arbeitnehmerbeteiligung

1. Einige theoretische Vorbemerkungen

„Arbeitnehmerbeteiligung" an der Gestaltung der Produktion ist — in den verschiedensten Formen und Dimensionen — zunächst einmal eine tägliche Realität: In zahlreichen industriesoziologischen Untersuchungen und auch betriebswirtschaftlicher Literatur wird nachgewiesen, daß die Arbeiter selbst in stark arbeitsteiligen und entsprechend durchgeplanten Arbeitsprozessen in so erheblichem Maß eigene Gestaltungsbeiträge liefern, daß ein Betrieb, in dem Arbeiter und Arbeiterinnen lediglich stur von „oben" kommende Anweisungen ausführen würden, nicht funktionieren würde.[1] Dies ist im übrigen auch Bestandteil der Alltagserfahrung von Arbeitnehmern. In solchen Gestaltungsprozessen werden ständig Qualifikationen eingesetzt, um geplante und ungeplante Dispositionsspielräume kreativ zu nutzen[2] — Arbeiter und Arbeiterinnen entfalten ihre *Kompetenz* über den Arbeitsprozeß. „Kompetenz" ist der Begriff für den Zusammenhang von Qualifikation und Dispositionsmöglichkeiten der Arbeitenden.

Diese Entfaltung von Kompetenz wird ihnen jedoch — und das ist die andere Seite — vom betrieblichen Management ständig und systematisch bestritten. Das Management versucht, den Arbeits- und Produktionsprozeß so zu gestalten, daß Dispositionsspielräume und Qualifikationen der Arbeitenden durch *Kompetenzentzug* möglichst gering gehalten werden; dies sowohl aus direkten Kostengründen als auch aus dem Interesse heraus, sich seinerseits zum Zwecke der Sicherung von Herrschaft und Kontrolle die alleinige Kompetenz über den Arbeitsprozeß zu sichern.

In diesem „Machtkampf" im Betrieb zwischen Arbeitenden und Management spielt der klassische Ingenieur auf seiten des Managements eine wichtige Rolle: Er sorgt — neben seinen produktinnovatorischen Funktionen — durch ständige arbeitsorganisatorische und insbesondere technologische Innovation von Produktionsweise und Produktionsmitteln dafür, daß die Verfügungsgewalt des Unternehmers und seines Managements auf möglichst jede Einzelheit des Arbeitsprozesses ausgedehnt wird: Eine „optimale" Gestaltung des Produktionsprozesses liegt nach dem hier zugrundeliegenden klassischen tayloristischen Ansatz dann vor, wenn ein maximaler Grad der planenden Durchdringung des Arbeitsprozesses erreicht ist, so daß dieser vollständig kontrollierbar ist und die Ausführung von Anweisungen der „Führungskräfte" absolut gesichert werden kann.

---
1 Die hier verkürzte Argumentation ist in meinem Buch Ingenieure — Entwicklung und Funktion einer Berufsgruppe, Köln 1982, im einzelnen ausgeführt und belegt. Entsprechende Literatur ist dort zitiert.
2 „Innovatorische Qualifikationen" nach Fricke u.a.: Qualifikation und Beteiligung. Das Peiner Modell zur Humanisierung der Arbeit. Frankfurt/Main 1981.

Die Innovationen aber, die diesem Zweck dienen sollen und die in der gegenwärtigen ökonomischen Krise für überlebenswichtig gehalten werden [3], zerstören zwar die bisherigen Gestaltungsspielräume der Arbeitenden und machen viele ihrer Qualifikationen überflüssig – sie erfordern aber insbesondere in der Phase ihrer Einführung eine Mitwirkung und damit neue Kompetenzen der Arbeitenden. [4]

Das folgende Schaubild veranschaulicht diesen widersprüchlichen Prozeß:

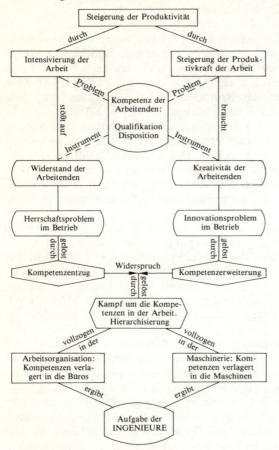

---

3 Vgl. einige Beiträge zur Tagung „Arbeit und Technik", z.B. von Friebe und Schaudel (Vorbereitungsband der Tagung, Bremen 1983). Es ist allerdings zu bezweifeln, daß reine Innovationsstrategien tatsächlich Überleben eines Unternehmens und Arbeitsplätze sichern – die Macht, bestimmte politisch-ökonomische Interventionen zu erzeugen oder zu erzwingen, wird zunehmend wichtiger.

4 Deshalb sind auch Versuche, „die" Qualifikationsentwicklung zu erfassen und in Formeln zu gießen, bestenfalls für genau abzugrenzende Phasen in bestimmten Produktionsbereichen gültig und nie allgemein. Überhaupt ist „Qualifikationsforschung" angesichts dieser Widersprüchlichkeiten im Makro- und Mikrobereich höchst problematisch.

Der oben beschriebene Machtkampf um die Kompetenz im Arbeits- und Produktionsprozeß findet allerdings in der historischen Entwicklung nicht auf einer gleichbleibenden Basis statt: Die Voraussetzungen beider Seiten verändern sich mit den politischen, ökonomischen und technischen Randbedingungen und Triebkräften. Weil es hier um Ingenieure geht, die für die Technik „zuständig" sind, interessieren mich im folgenden besonders die technischen Randbedingungen (selbstverständlich ohne daß ich vollständig die politischen und ökonomischen Randbedingungen und Triebkräfte vernachlässigen will bzw. kann).

Man kann bei der Betrachtung der technischen Entwicklung der letzten zwanzig Jahre feststellen, daß der Einsatz von EDV und Mikroelektronik die Voraussetzungen zur Erhaltung oder Ausweitung von Gestaltungsspielräumen der Arbeitnehmer erheblich verschlechtert hat. Klassische Formen der Auseinandersetzung im Betrieb beruhen auf einem Stand der Produktion, bei dem die technologischen Möglichkeiten der Perfektionierung tayloristischer Rationalisierung noch nicht oder kaum realisiert sind: Es war bislang den Arbeitenden immer möglich, bei Einführung neuer Rationalisierungsmethoden und -technologien empirisch deren Ansätze, Zusammenhänge, technische Struktur und Schwachstellen herauszufinden bzw. die in der Planung und Struktur des Arbeits- und Produktionsprozesses zwangsläufig vorhandenen Lücken für eigene Gestaltungsaktivitäten oder für den Widerstand gegen Arbeitsintensivierung zu nutzen. Insbesondere war das Tempo der Entwicklung noch nicht so rasant, daß das zeitraubende Umsetzen individueller Kompetenz in kollektive Gestaltung bzw. Gegenwehr (im Rahmen der klassischen organisatorischen Strukturen der Arbeitnehmerorganisationen) allzuweit hinter den vom Kapital betriebenen Rationalisierungsprozessen hinterherhinkte. Mit der sich überschlagenden technologischen Entwicklung der letzten 20 Jahre (bei der selbst Ingenieure nur mit Mühe mithalten können) und bei der zunehmenden Entsinnlichung und Zerstückelung von Arbeitsprozessen ist deren erfahrungsgeleitetes, empirisches Erfassen durch die Arbeitenden weitaus schwieriger und zu langwierig geworden. (Es ist ja eines der Ziele der angewandten Methoden und Techniken, den Gesamtprozeß für die „einfachen" Arbeiter und Arbeiterinnen nicht mehr durchschaubar zu machen.) Wenn früher Arbeiter technische Systeme wegen ihres täglichen praktischen Umgangs mit ihnen oft besser durchschauten als Ingenieure[5], so werden solche Systeme wegen der inzwischen überragenden Bedeutung der Software, die Arbeiter nie zu Gesicht bekommen, zur kaum mehr durchschaubaren „black box".

Werden die klassischen Methoden von betrieblicher Gegenwehr und Arbeitskampf beibehalten und unter der Voraussetzung, daß die herrschenden technologischen Linien politisch und ökonomisch abgesichert werden können (was gar nicht

---

[5] Selbstverständlich haben Ingenieure und Manager dies immer bestritten; ein gutes Beispiel, das außerdem zeigt, daß das Verstehen keine Frage intellektueller Fähigkeiten ist, sondern eine Frage der Zugangsmöglichkeiten, bringt im Zusammenhang mit der Entwicklung von NC-Maschinen David Noble. Arbeiter lasen Lochstreifen, um Programmierfehler der Programmierer und Ingenieure rechtzeitig zu eliminieren! (Maschinen gegen Menschen, Stuttgart 1981) Bei heutigen Verfahren, z.B. direkt programmierbaren Systemen, bekommen die Arbeiter Lochstreifen oder Programmtexte nicht mehr in die Hand.

mal so sicher ist), öffnet sich daher zuungunsten der Arbeitenden und ihrer Gestaltungschancen eine Schere zwischen Qualität und Tempo der rationalisierenden Umgestaltung der Produktion durch das Management und seine Experten auf der einen, und Qualität und Tempo von Gegenwehr und Gestaltungspotenz der Arbeitenden auf der anderen Seite. Eine Politik, die deren Chancen zur Gegenwehr und zu mehr eigenständiger Gestaltung vergrößern will, ist daher in doppelter Weise auf Mitarbeit von Ingenieuren angewiesen: Deren Informationen „aus dem Inneren der Maschine" sind unentbehrlich, um zum einen kommende technologische Veränderungen frühzeitig zu erkennen und sie durchschaubar zu machen; zum anderen ist ihre Mitarbeit bei der Entwicklung von Alternativen zu den herrschenden technologischen Linien wichtig, wenn hier allerdings auch die enormen Möglichkeiten „einfacher" Menschen mit ihrer spezifisch ganzheitlichen und sinnlichen Gestaltungspotenz wichtiger sind als der weitaus stärker der herrschenden zerstückelnden und abstrakten Struktur von Technologie verhaftete „ingenieurmäßige" Sachverstand.[6]

2. *Zur spezifischen Rolle und Funktion von Ingenieuren*

Schon aus den obigen Ausführungen ergibt sich, daß Ingenieurtätigkeit im Rahmen der betrieblichen Auseinandersetzungen eine klare Ziel- und Funktionsbestimmung erfährt: Sie ist – und dies, historisch nachweisbar, von ihrem Ansatz her und schon immer[7] – darauf gerichtet, den Arbeitern in der Fertigung ihre geistigen Funktionen bzw. Kompetenzen zu entziehen und diese im Bereich des Managements, in den „technischen Büros" zu konzentrieren. Ingenieurtätigkeit ist insofern direkt angesetzt auf die möglichst weitgehende Ausschaltung der Arbeitnehmer bei der Gestaltung der Produktion – diese Gestaltung soll Privileg von Management und Ingenieuren sein. Diese Tendenz, erstmals durch F.W. Taylor klar formuliert, ist seit Taylors Zeiten ständig weiter verstärkt worden – in den technischen Büros werden heute weit über 80% aller Kosten bzw. aller Produktdetails und Arbeitsgänge genau festgelegt.

Für Ingenieure, die Produkte, Produktionsmittel und -verfahren entwickeln, konstruieren und in der Produktionsplanung, der Arbeitsvorbereitung und in der Fertigung den Arbeitsprozeß steuern und überwachen, ist diese Funktionsbestimmung zunächst einmal vorgegeben: Sie gehört zu den „objektiven" Bedingungen, denen sie als Lohnabhängige im kapitalistischen Wirtschaftssystem unterworfen sind.

Dennoch ist diese Fremdbestimmung nicht total; je nach Hierarchieposition und Einsatzbereich bleiben den Ingenieuren z.T. große Spielräume für ihre persönlichen Gestaltungsvorstellungen (die sich allerdings verändern – s. unten). Kern dieser „subjektiven" Seite der Funktionsbestimmung und Rollendefinition von Ingenieu-

---

6 Hierzu besonders eindrucksvoll Cooley, M.: Produkte für das Leben statt Waffen für den Tod, Reinbek 1982.
7 Vgl. hierzu im Detail wieder Neef, Ingenieure..., a.a.O.

ren ist ihre Qualifikation im weiteren Sinne [8]. Sie wird geformt in Ausbildungsgängen, die seit eh und je fast ausschließlich technisch-fachliche und mathematisch-naturwissenschaftliche Elemente enthalten und dabei soziale oder gesellschaftliche Bezüge bzw. Zielsetzungen ausklammern. Die Technik, wie sie hier und auch von maßgeblichen technisch-wissenschaftlichen Vereinen wie VDI und VDE dargestellt wird, liefert scheinbar wertfrei lediglich die Mittel, um gegebene Ziele zu erreichen — und Ingenieure sind, so gesehen, in einer ausschließlich „dienenden" Rolle. In der Technik selbst, ihren Denkweisen und Strukturen, gibt es nach dieser Darstellung keine Richtung, sind keine bestimmten sozialen oder gesellschaftlichen Gestaltungselemente oder -ziele enthalten. Es geht danach lediglich darum, die komplexen Gebilde der Wirklichkeit durch Abstraktion zu vereinfachen und in überschaubare technisch-mathematische Modelle zu zerlegen, die mit den entsprechenden Verfahren berechenbar sind, deren Verhalten voraussehbar und planbar ist, und dann dafür zu sorgen, daß die aus einer Summe solcher einzelnen Modelle gebauten Organisationen und Maschinen diesen Berechnungen und Planungen folgend funktionieren. Die klassische Formulierung dieser Vorgehensweise findet sich in der Systemtheorie, die nicht nur auf Maschinen bezogen wird, sondern einen auch soziale Systeme umfassenden Anspruch planbaren, berechenbaren und optimierbaren Funktionierens formuliert. [9]

In dieser rein technisch-naturwissenschaftlichen Betrachtungsweise kommt allenfalls noch das in einem kapitalistischen Wirtschaftssystem zu berücksichtigende Kostendenken hinzu. Es wird als Ergänzung von Technik und Naturwissenschaft angesehen und in der Ausbildung von Ingenieuren auch vermittelt. Dieses Kostendenken wird jedoch meist nur als andere Form des ingenieurtypischen Wirkungsgrad-Denkens verstanden, wo es um das rechnerische Verhältnis von Aufwand und Ertrag im Sinne technischer Optimierungsstrategien geht, weniger als ökonomische oder gar politisch-ökonomische Kategorie.

Bei genauerer Betrachtung der Denkmuster der Ingenieur- und Naturwissenschaften wird klar, daß gerade dieses zerteilende und abstrahierende Denken dort, wo es als Organisation und Maschinerie materielle Wirklichkeit wird und damit zwangsläufig auch soziale und gesellschaftliche Realität formt, diese sehr wohl in einer genau bestimmten Richtung beeinflußt: Ingenieure, die es für möglich und wünschenswert halten, die Wirklichkeit, soziale Bezüge, individuelle Bedürfnisse usw. bis ins letzte Detail berechenbar und planbar zu machen, müssen spezifisch

---

[8] Damit ist ein Qualifikationsbegriff gemeint, der nicht nur die üblichen instrumentellen Kenntnisse und Fähigkeiten umfaßt, sondern darüber hinaus z.B. auch Verhaltensdispositionen oder Einstellungen — vgl. dazu Morsch u.a.: Ingenieure — Studium und Berufssituation, Frankfurt a. Main 1973, und Neef: Ingenieure..., a.a.O.

[9] Ungeachtet ihrer Umstrittenheit, was die Anwendung auf soziale und gesellschaftliche Zusammenhänge betrifft (vgl. z.B. Habermas/Luhmann: Theorie der Gesellschaft oder Sozialtechnologie. Frankfurt a. Main (1971), scheint das „Versprechen" systemtheoretischer Ansätze, bisher Unplanbares und Unberechenbares mit Hilfe von EDV durch Zerlegung in Tausende einzelner Parameter „in den Griff zu bekommen", eine enorme Anziehungskraft auch auf Geistes- und Sozialwissenschaften auszuüben. Ich halte sie in diesem Zusammenhang für stark überschätzt.

menschliche Eigenschaften wie z.B. Spontaneität, Unberechenbarkeit, „Irrationalität" und Gefühle aus ihren Systemen möglichst weitgehend ausschalten. Und das bedeutet, daß sie Freiräume und Gestaltungsmöglichkeiten der in diesen Systemen arbeitenden Menschen (für die sie bezeichnenderweise öfters den Begriff „personale Subsysteme" benützen) möglichst minimieren müssen, denn in einer menschlichen Tätigkeit sind individuelle Eigenarten, Gefühle, Vorlieben nie vollständig ausschaltbar. Die sich aus dieser Tendenz ergebenden, scheinbar naturgesetzlichen Gestaltungskriterien von Produktionsorganisation und Produktionstechnologie und das damit implizierte Menschenbild sind im folgenden Zitat von Robert Boguslaw, einem führenden amerikanischen Systemingenieur, verblüffend deutlich ausgesprochen.

„Wir müssen uns daran erinnern, daß unsere wichtigste Aufgabe darin besteht, die Operationseinheit im Entwurf von Systemen bis zum letzten auszuschöpfen, und zwar ohne Rücksicht auf das Material, das eingesetzt wird. Wir müssen aufpassen, daß diese Diskussion nicht zur einseitigen Analyse der komplexen Eigenschaften einer Art von Systemmaterial abgleitet – denen des Menschen nämlich. Was wir brauchen, ist eine Bestandsaufnahme der Möglichkeiten, menschliches Verhalten zu kontrollieren, und eine Beschreibung der Instrumente, die uns helfen, diese Kontrolle zu ermöglichen. Wenn wir auf diese Weise ausreichende Mittel in die Hand bekommen, das Menschenmaterial sinnvoll zu verwenden, daß wir es also behandeln können wie Teile aus Metall, Elektrizität oder chemische Reaktionen, ist es uns gelungen, es auf der gleichen Ebene wie jedes beliebige andere Material einzusetzen; erst dann können wir beginnen, uns mit unseren Problemen im Entwurf von Systemen auseinanderzusetzen. Beim Einsatz dieser menschlichen Bedienungseinheiten tauchen allerdings viele Mängel und Nachteile auf. Sie sind ziemlich anfällig für Ermüdung, Vergeßlichkeit, Krankheit, und überdies sind sie sterblich. Sie sind häufig dumm und unzuverlässig und haben meist ein beschränktes Gedächtnis. Darüber hinaus versuchen sie aber gelegentlich auch noch, sich eigene Regelkreise aufzubauen. Das allerdings kann man einem Material auf keinen Fall verzeihen, und jedes System, das ein solches Material einsetzt, muß dementsprechende Sicherungsmaßnahmen entgegensetzen."[10]

Klassisches ingenieurmäßiges Denken ist von solchen Auffassungen nicht weit entfernt; in der Regel allerdings wird es nicht so deutlich ausgesprochen. Es findet sich auch in Redewendungen von Ingenieuren wieder, wie z.B. in der von der „idiotensicheren Konstruktion". Man könnte sogar auf einige spezifische sozialpsychologische Persönlichkeitsmerkmale von Naturwissenschaftlern und Ingenieuren verweisen: Aus einigen Untersuchungen[11] ist zu entnehmen, daß sie im Vergleich mit

---

10 Boguslaw, R.: The New Utopians. A Study of Systems Design and Social Change. Prentice-Hall, Englewood Cliffs (New Jersey) 1965. Zitiert nach Cooley, Produkte . . ., a.a.O.
11 Vgl. z.B. Bürmann, J.: Kritische Anmerkungen zum gegenwärtigen Interesse der Hochschuldidaktik an Problemen der Hochschulsozialisation. In: Bargel, T. und Bürmann, J. (Hrsg.): Hochschulsozialisation und Studienreform. Blickpunkt Hochschuldidaktik Nr. 44, Hamburg 1977 und: Reiss, V.: Fachspezifische Sozialisation in der Ausbildung von Gymnasiallehrern mit naturwissenschaftlichen Unterrichtsfächern. In: Neue Sammlung 15, 1975.

anderen Akademiker-Gruppen und schon gar mit anderen gesellschaftlichen Gruppen besondere Defizite an sozialer Kommunikationsfähigkeit haben, größere Angst vor unmittelbaren menschlichen Kontakten usw., die sich darin äußert, daß viele Ingenieure wie Albert Speer „die Maschinen mehr lieben als die Menschen".[12] Ein weiterer Faktor kommt hinzu: Ingenieure als Berufsgruppe von Experten haben eine stärkere Position im Betrieb und in der Gesellschaft, wenn Organisation und Technologie der Produktion so angelegt sind, daß die Verfügung über sie, der „Durchblick", nur eben diesen Experten möglich ist, d.h.: daß der „Masse" Kompetenzen vorenthalten oder entzogen werden. In den Auseinandersetzungen über heutige Technologie wird die Bedeutung solcher Expertenmacht für die Aufrechterhaltung von Herrschaft deutlich. So betrachtet kann man von Ingenieuren entworfene Maschinerien auch als ein ganz bestimmtes, in Materie gegossenes soziales Konzept betrachten, das in seinen Grundzügen dem ökonomischen Lohnarbeitsverhältnis nicht nur aus von außen gesetztem Zwang, sondern auch aus subjektiven Einstellungen heraus entspricht.

Ohne die hier beschriebenen mehr subjektiven Faktoren überbewerten zu wollen: sie tragen sicherlich dazu bei, daß Qualifikation und Arbeitsergebnisse von Ingenieuren mit den Kontrollinteressen des Managements und den ökonomischen Prinzipien kapitalistischer Produktion leicht in harmonische Übereinstimmung zu bringen sind. Insofern müssen die Voraussetzungen für eine positive Mitwirkung von Ingenieuren bei der Ausweitung von Arbeitnehmerbeteiligung erst einmal skeptisch gesehen werden.

3. *Veränderungen in Berufssituation und gesellschaftlicher Rolle von Ingenieuren — Basis für ein verändertes Bewußtsein und Verhalten dieser Berufsgruppe*

Es gibt in der neueren Entwicklung der letzten 20 Jahre wichtige, vielleicht letztlich entscheidende Faktoren, die das bisher doch recht festgelegte Bewußtsein, Welt- und Menschenbild der Mehrzahl der Ingenieure vom funktionierenden System als Ideal erschüttern. Diese Entwicklungen könnten zumindest eine starke Minderheit von Ingenieuren veranlassen, (selbst-)kritisch zu hinterfragen, ob die herrschenden politisch-ökonomischen und technischen Strukturen inzwischen nicht geradezu gegen die mit ihnen ideologisch verbundene und bislang fraglos unterstellte „Fortschrittsfunktion"[13] der Technikentwicklung gerichtet sind. Wenn entsprechende gewerkschaftliche und auch politische Aktivitäten einer wachsenden Zahl von Ingenieuren folgen, ergeben sich neue Bedingungen für Gestaltungschancen al-

---
12 Speer, A.: Technik und Macht. Eßlingen 1979, S. 64, vgl. auch Bammé u.a.: Maschinen–Menschen, Mensch–Maschinen. Reinbek 1983.
13 Der Begriff stammt aus einem Papier von Wolfgang Mazurek: Thesenpapier zur Ingenieurarbeit und sozialen Verantwortung des Ingenieurs. Hektograph. Manuskript, Frankfurt a. Main, Oktober 1983.

ler Arbeitnehmer, weil sie zum einen destabilisierend auf Träger und Ideologien der Technikentwicklung wirken, die ja diese Gestaltungschancen ständig verringert, weil sie zum anderen ein fachlich-politisch qualifiziertes Potential hervorbringen, das aktive Versuche „alternativer" Technikgestaltung unterstützt. Wenn so auch die „Macher" bisheriger Technologie gänzlich neue Ansätze und Wege suchen, weil sie aufgrund der Veränderung ihrer eigenen Berufssituation in den bisherigen technologischen Entwicklungslinien Entmenschlichung, Kompetenz und Entfremdung als „Geburtsfehler" selbst erfahren, kann in der Schaffung konkreter Utopien die Chance liegen, Arbeitnehmerbeteiligung nicht nur als konfliktvermindernde Kosmetik zu betreiben, sondern als Schritt zur Selbstbestimmung der arbeitenden Menschen über Produkte, Produktionsorganisation und -technologie.

Faktor 1: Wie bereits erwähnt, hatten das klassisch-ingenieurmäßige Denken und die daran orientierten Arbeitsergebnisse für die Ingenieure selbst den angenehmen Nebeneffekt, daß sie ihre eigene Rolle als wichtige, in ihrer Mehrheit lohnabhängige, aber besonders pfleglich zu behandelnde Berufsgruppe von Experten besser sichern konnten. Seit etwa Mitte der 60er Jahre jedoch sind auch die technischen Büros und die in ihnen arbeitenden Ingenieure Objekte von Rationalisierungsmaßnahmen des Managements – eine seit der Jahrhundertwende, beim ersten großen Umbruch in der Ingenieurarbeit und der Weltwirtschaftskrise nicht mehr dagewesene Situation [14]. Diese Rationalisierungswelle ergreift, wenn auch ungleichzeitig, große Gruppen von Ingenieuren. Ihre ökonomische Lage, insbesondere ihre bislang starke Stellung auf dem Arbeitsmarkt, verschlechtert sich zunehmend [15]. Statt wie bisher als gefragte Experten zu gelten, die ihre individuelle Qualifikation auch individuell ökonomisch verwerten konnten, werden sie zunehmend zum austauschbaren Detailarbeiter, der von konjunkturellen Schwankungen, Umsetzungen und Entlassungen ebenso betroffen ist wie alle anderen Arbeitnehmer [16].

Wenn auch die Höhe der Gehälter immer noch beachtlich über den Durchschnittslöhnen und -gehältern aller Arbeitnehmer liegt, die Angleichung ihrer öko-

---

14 Vgl. dazu im Einzelnen wieder Neef, Ingenieure ..., a.a.O.
15 So gibt es seit Mitte der 70er Jahre eine bislang öffentlich kaum beachtete, zeitweise erhebliche Ingenieurarbeitslosigkeit, die im Durchschnitt ständig ansteigt und von der allgemeinen Arbeitslosenquote inzwischen nicht mehr allzuweit entfernt ist – vgl. die Berichte der Fachvermittlungsstellen der Bundesanstalt für Arbeit, in: ANBA, Mai und November-Nrn. der Jahrgänge 1975 bis 1983, ausgewertet in meinem Artikel: Beschäftigungsprobleme bei Ingenieuren, TU-Journal, Juni 1982.
16 Die klassische Personalpolitik der Betriebe: Aufbau und Halten eines qualifizierten, erfahrenen Stamms von Ingenieuren, auch über konjunkturelle Schwankungen hinweg, wird seit etwa 15 Jahren mehr und mehr ersetzt durch eine entsprechend dem aktuellen Qualifikations- und Personalbedarf vorgenommene „hire-and-fire"-Politik. Insbesondere ältere Ingenieure sind nun gefährdet – für die Arbeit mit neuen Technologien werden zunehmend lieber neue Leute eingestellt, anstatt den bestehenden Stamm von Ingenieuren durch Weiterbildung dafür zu qualifizieren (vgl. z.B. den Beitrag von Schaudel zur Tagung „Arbeit und Technik", Herbst 1983 in Bremen). Man könnte von einem Trend zum „Wegwerf-Ingenieur" sprechen.

nomischen Lage an die der übrigen Angestellten und Arbeiter wird für Ingenieure deutlich spürbar.

Faktor 2: Durch die Rationalisierungsmaßnahmen in den technischen Büros werden die Möglichkeiten insbesondere des einzelnen Ingenieurs, an der Gestaltung von Produkten und Produktion mitzuwirken, erheblich eingeengt, in vielen Fällen werden derartige Kompetenzen auch den meisten Ingenieuren vollständig entzogen. Soweit es noch Gestaltungsspielräume gibt, werden diese immer enger. Nur eine Minderheit von Ingenieuren in den planenden Abteilungen und den Stabsstellen hat noch die Möglichkeit zur Gestaltung — diese Minderheit stand und steht aber eindeutig auf Seiten des Managements, seiner ökonomischen und seiner Kontrollinteressen. Die Mehrheit erlebt nun, daß das Management mit Hilfe ihrer eigenen Produkte und Konzepte ihre Entfaltungsmöglichkeiten in der Arbeit einschränkt, bis hin zu hochgradig entfremdeter Ausführung genau vorgeschriebener Detailarbeiten in engen Termingrenzen. So findet sie sich im Machtkampf um die Verfügungsgewalt über den Arbeitsprozeß plötzlich auf der anderen Seite wieder — eine Voraussetzung für das Engagement auch von Ingenieuren für eine verstärkte Arbeitnehmerbeteiligung. Allerdings liegt es für viele Ingenieure zunächst näher, nur für die eigene Berufsgruppe (wieder) verstärkte Beteiligungsrechte zu reklamieren [17] — es wird Aufgabe der Gewerkschaften sein, gegen solche ständischen Tendenzen anzugehen und ihr Engagement in gewerkschaftliche, solidarische und demokratische Bahnen zu lenken.

Faktor 3: Ingenieure haben zwar seit jeher über fehlenden gesellschaftlich-politischen Einfluß geklagt; bis Ende der 60er Jahre aber war ihre Arbeit als „Macher" der Technik kaum umstritten, der „technische Fortschritt" wurde immer auch als gesellschaftlicher und sozialer Fortschritt gesehen. Diese Gleichsetzung wurde in den letzten Jahren zunehmend in Frage gestellt. Die Kritik an den Auswirkungen moderner Technologie wächst ständig, und zwar in allen Schichten der Bevölkerung. Gerade renommierte Techniker und Naturwissenschaftler, die bislang an der vordersten Front der technischen Forschung und Entwicklung gestanden haben (wie Klaus Traube oder J. Weizenbaum), steigen aus und werden gerade wegen ihres technisch-naturwissenschaftlichen Sachverstandes zu engagierten Kritikern der herrschenden Technologie. So müssen sich Ingenieure mehr und mehr mit einer harten Kritik an ihrer Tätigkeit auseinandersetzen, die selbst ihre Standesorganisationen nicht ignorieren können, wenn sie sie auch als Technikfeindlichkeit zu denunzieren versuchen.

---

17 So habe ich anläßlich der Einführung neuer, EDV-gestützter Organisationsmodelle, die gerade das mittlere Management und seine Dispositionsbefugnisse einschränken, eine Art geheimer Versammlung von Hauptabteilungsleitern und Abteilungsleitern erlebt, die darüber debattierten, wie gegen diese Einschränkungen vorzugehen sei. Die organisatorischen Ausformungen solcher Bestrebungen wie z.B. die ULA (Union Leitender Angestellter) begreifen sich als zwischen Arbeit und Kapital stehend — ein Selbstverständnis, das auch viele Ingenieure haben, vgl. dazu z.B. Laatz: Ingenieure in der Bundesrepublik Deutschland. Frankfurt a. Main, New York, 1979.

Faktor 4: Aufgrund der Erfahrungen mit den Folgen neuer Technologien für die Arbeitnehmer, insbesondere angesichts der Rationalisierungsprozesse im Angestelltenbereich, die auch Ingenieure erfassen, bemühen sich die Gewerkschaften seit kurzem verstärkt um diese Berufsgruppe [18]. Dabei spielt der aktuelle Umdenkungsprozeß eine wichtige Rolle, der insbesondere in der IG Metall zur Problematik der neuen Technologien stattfindet. Wenn bisher mit der Formel „Ja zu neuen Technologien, aber soziale Handhabung ihrer Folgen" die im Auftrag der Unternehmer entwickelte Technik als vorgegeben akzeptiert wurde, ja sogar diese Technik als Basis für die Verbesserung der Lebensverhältnisse der Arbeitnehmer durch Umverteilungsstrategien angesehen wurde [19], so wird jetzt erkannt, daß diese an Profit- und Herrschaftsinteressen orientierte Technologie in ihrer Struktur gegen die Interessen der Arbeitnehmer gerichtet ist — und daß es auch eine andere Technik geben könnte, die die kapitalistischen „Geburtsfehler" nicht aufweist. Eine auf dieser Erkenntnis aufgebaute Strategie aktiv-gestaltender Eingriffe in die Technikentwicklung von Anfang an bietet Ingenieuren reizvolle Möglichkeiten, gewerkschaftliches Engagement mit einer sinnvollen Nutzung und Weiterentwicklung ihrer Fachkenntnisse zu verbinden. Angesichts der Erkenntnis auch oder gerade bei Ingenieuren, daß ihre Arbeit zunehmend an positiver Sinngebung verliert, z.T. direkt destruktiv wirkt, übt eine berufsgruppenbezogene Politik der Gewerkschaften eine weit größere Anziehungskraft aus als die bisherige Angestelltenpolitik. In den in den letzten Jahren in der IG Metall gebildeten Ingenieurarbeitskreisen [20] haben sich organisatorische Formen entwickelt, die Ingenieure einerseits voll in die Gewerkschaftsarbeit vor Ort eingliedern, andererseits aber ihre spezifischen Möglichkeiten nutzen, um z.B. durch Publikationen, aktive Beteiligung an gewerkschaftlichen Schulungen über neue Technologien und Beratung gewerkschaftlicher Funktionsträger die Kompetenz der Arbeitnehmer zur Gestaltung der Produktion zu verbessern.

---

18 Vgl. z.B. das Angestelltenprogramm 1983 des DGB und die Beschlüsse der Angestelltenkonferenz und des Gewerkschaftstages der IG Metall 1983.
19 Hier spielt sicherlich die klassisch-marxistische Vorstellung eine Rolle, daß sich die sich im Kapitalismus entfaltenden Produktivkräfte zu einer die kapitalistischen Produktionsverhältnisse sprengenden Kraft entwickeln — eine Theorie, die die herrschende Technologie nicht nur akzeptiert, sondern als prinzipiell fortschrittliche Kraft betrachtet.
20 Vgl. dazu: Duhm u.a. (Hrsg.): Wachstum alternativ. Kritisches Gewerkschaftsjahrbuch 1983/84. Berlin 1983 (Kapitel „Ingenieure, Gewerkschaften und Gesellschaft").

4. Entwicklungen im Ausbildungsbereich von Ingenieuren

Die Ingenieurausbildung an Technischen Universitäten und Fachhochschulen hat den Hochschulreformbestrebungen Ende der 60er, Anfang der 70er Jahre mit wenigen Ausnahmen[21] fast unverändert widerstanden. Es sei, so hieß es noch vor einigen Jahren, im Technikbereich kein Reformbedarf vorhanden, das Studium sei dort vielmehr eher ein Vorbild für andere Bereiche.

In der letzten Zeit allerdings wird über die Ingenieurausbildung wieder mehr diskutiert: Im eher affirmativen Sinn im Rahmen der Werbekampagne für Technikstudiengänge, die von 1980 bis Anfang 1983 insbesondere von der Elektrotechnik-Industrie aufgezogen wurde, und wo u.a. von einer angeblichen Technikfeindlichkeit der Jugend die Rede war, der zu begegnen sei.[22] Debattiert wird auch anläßlich der Bildung der zentralen Studienreformkommissionen Maschinenbau und Elektrotechnik, zu deren Vorbereitung die Gewerkschaften unter Federführung der IG Metall eine „Fachkommission Technikwissenschaften" gebildet haben, die das Ingenieurstudium scharf kritisiert: Es sei veraltet und genüge den Anforderungen an eine gesellschaftlich verantwortbare Technikentwicklung nicht.[23]

Schließlich gibt es bei Arbeitgebervertretern und Berufsverbänden und im VDI Tendenzen, das Ingenieurstudium um nichttechnische Fächer zu ergänzen, die die Ingenieure fähig machen, die aufkommenden Probleme mangelnder Technikakzeptanz in der Gesellschaft zu bewältigen.

Die Mehrheit der Hochschullehrer technischer Fächer in Technischen Universitäten und Fachhochschulen allerdings sieht immer noch keine Veranlassung, das Ingenieurstudium zu verändern. Sie leisten auch der z.B. vom VDI geforderten Einführung eines gewissen Prozentsatzes nichttechnischer Fächer[24] Widerstand, weil ihnen sowohl das Interesse als auch die Kompetenz fehlt, Probleme sozialer und gesellschaftlicher Bezüge der Technik in der Lehre zu berücksichtigen und weil sie den Sozial- und Geisteswissenschaften gegenüber tiefsitzende Vorurteile hegen.

---

21 Zu nennen sind hier die Versuche, Gesamthochschulen zu bilden; der konsequenteste davon ist Kassel, wo bis heute einige Elemente der damaligen Reformansätze überlebt haben. Der wichtigste auf die Problematik der gesellschaftlichen und sozialen Auswirkungen der Technologie zugeschnittene Reformansatz, das „Projektstudium", wurde in den „harten" Technikwissenschaften (insbesondere Maschinenbau und Elektrotechnik) überhaupt nicht, in einigen anderen Bereichen (Architektur, Landschaftsplanung, Informatik) ansatzweise verwirklicht, aber schon nach wenigen Jahren durchaus erfolgreicher Praxis (vgl. dazu Neef, W. und Hamann, M.: Projektstudium in der Ausbildung von Ingenieuren, Wirtschafts- und Naturwissenschaftlern, Alsbach/Bergstraße 1983 (Hochschuldidaktische Materialien Nr. 1)) reduziert, z.T. gänzlich abgeschafft.
22 Die wesentlichen Behauptungen dieser Kampagne sind seit langem widerlegt – weder droht ein Ingenieurmangel, noch gibt es die unterstellte Technikfeindlichkeit. Vgl. hierzu: Morsch/Neef: Ingenieurbedarf und Qualität der Ingenieurausbildung. In: Gewerkschaftliche Bildungspolitik Nr. 3, 1982; Neef, W.: Beschäftigungsprobleme von Ingenieuren; Sturm, H.: Ingenieurarbeitsmarkt. Statt „Mangel" nun Jobsuche. In: Idee, Heft 5, 1983.
23 Vgl. hierzu ebenfalls Morsch/Neef, Ingenieurbedarf und Qualität der Ingenieurausbildung, a.a.O.
24 Vgl. Hillmer u.a.: Studium, Beruf und Qualifikation der Ingenieure. Düsseldorf 1976.

Wegen der mangelnden Beteiligung der technisch-wissenschaftlichen Hochschullehrer und Fachbereiche ist die Diskussion um das Ingenieurstudium an den Hochschulen selbst derzeit nur schwach entwickelt und findet im wesentlichen außerhalb der für das Studium maßgebenden Hochschulkreise und -gremien statt. Dennoch kann man zwei unterschiedliche Ansätze feststellen:

Der erste Ansatz, vertreten von einigen Arbeitgebervertretern und Berufsverbänden[25], will zwar die bisherige Grundstruktur der Ingenieurausbildung aufrechterhalten. Es sollen aber zusätzlich neben ökonomischen Kenntnissen auch Kenntnisse von Arbeits- und Sozialwissenschaften vermittelt werden, um die Qualifikation der Ingenieure zu erweitern. Hier sollen zwar zur Verbesserung der Akzeptanz bis zu einem gewissen Grad Arbeitnehmerinteressen berücksichtigt werden – dieser Ansatz stellt jedoch die vorhandene Technologie und ihre „Philosophie" überhaupt nicht in Frage und ist immer noch voll dem klassischen Denken verhaftet, das die Kompetenz zur Gestaltung der Produktion allein den Ingenieuren bzw. dem Management zuweisen will. Der Ingenieur soll nunmehr nicht nur Technikexperte sein, sondern sozusagen ein Superexperte, der – in eher taktischer Absicht – auch soziale Bezüge berücksichtigt und in seine Arbeit einbezieht.

Der zweite Ansatz, der z.B. dem von der gewerkschaftlichen Fachkommission „Technikwissenschaften" in Kürze vorgelegten Konzept eines Modellstudiengangs zugrundeliegt, strebt grundlegende Veränderungen sowohl im in der Ausbildung zu vermittelnden Technikverständnis als auch in der Bestimmung der Rolle der Ingenieure und damit in den Verhaltenskomponenten ihrer Qualifikation an. Deshalb wäre es nicht ausreichend, lediglich ein neues Ausbildungsmodell vorzulegen – selbst wenn es gelänge, dieses zunächst in den Studienreformkommissionen und dann an den Hochschulen durchzusetzen, wäre damit keineswegs gesichert, daß nunmehr Arbeitnehmerinteressen in Forschung und Lehre der Hochschulen wirksam berücksichtigt werden. Auch eine weitgehende Veränderung der Ausbildungsformen und -inhalte könnte fast reibungslos im Sinne des erwähnten ersten Ansatzes funktionalisiert werden, wenn Arbeitnehmerinteressen nicht gleichzeitig politisch, durch aktive Betätigung der Gewerkschaften an den Hochschulen in die Auseinandersetzung eingebracht werden und wenn die Hochschulabsolventen bei Berufsantritt nicht in eine gewerkschaftliche Arbeit eingebunden werden, die sich aktiv auch mit Fragen der Produktionsgestaltung, der Produktkonversion usw. befaßt.

Wo im gewerkschaftlichen Bereich in den letzten Jahren Hochschul-Ausbildungskonzepte erarbeitet wurden, ging fast immer eine längere Phase erfolgreicher Kooperation zwischen Hochschulangehörigen und Gewerkschaften voraus. Pionierarbeit auf diesem Gebiet leistete der „Verein zur Förderung der Studienreform"

---

25 Z.B. von Dr. Lincke, Geschäftsführer des Arbeitskreises Hochschule/Wirtschaft der Bundesvereinigung der Deutschen Arbeitgeberverbände, vgl. seine Statements in: Neef/Hamann Projektstudium ... a.a.O.; im Umkreis des VDI finden wir entsprechende Positionen zum Beispiel bei Rophol, G. Technologische Sprachkompetenz – ein Ziel der Ingenieurausbildung. In: Lenk, H. und Ropohl, G. Technische Intelligenz im systemtechnischen Zeitalter, Düsseldorf 1976.

(VFS), der Mitte der 70er Jahre unter Beteiligung insbesondere der GEW, IG Chemie, IG Bau-Steine-Erden, ÖTV und IG Metall an mehreren Hochschulen Kooperationsprojekte plante, förderte und durchführte.[26] Aus dieser Arbeit entwickelten sich Studienreformkonzepte von Einzelgewerkschaften – im technischen Bereich die der IG Bau-Steine-Erden und der IG Chemie. (Da diese in mehreren Broschüren veröffentlicht sind[27], verzichte ich hier auf ihre Darstellung.)

Aber auch ohne Anstöße aus den Gewerkschaften haben sich Ansätze entwickelt, die im Hochschulbereich wichtige Elemente zum Thema Arbeitnehmerbeteiligung erarbeitet haben: So entstand an der TU Karlsruhe, ausgehend von einer studentischen Initiative, ein „Arbeitskreis Rationalisierung", der in Zusammenarbeit mit Betriebsräten, Vertrauensleuten, hauptamtlichen Gewerkschaftsfunktionären der IG Metall Rationalisierungslinien und -strategien der Unternehmer untersucht. In diesem Zusammenhang wurden auf die Erfordernisse der gewerkschaftlichen Arbeit in den Betrieben zugeschnittene Diplomarbeiten, Studienarbeiten usw. angefertigt.[28]

Ein Konzept, das sich zum Ziel gesetzt hat, durch Weiterbildung von Arbeitnehmern an einer Hochschule deren Gestaltungsmöglichkeiten zu fördern, ist das „Weiterbildungstudium Arbeitswissenschaften" an der Universität Hannover. Es bietet Arbeitnehmern mit oder ohne Hochschulausbildung, die in ihrer Tätigkeit z.B. mit dem Bereich der Arbeitsorganisation, der technischen Gestaltung, in Betriebs- und Personalräten mit der Gestaltung der Arbeit im Betrieb befaßt sind, in 12 Studienschwerpunkten des arbeitswissenschaftlichen Spektrums im weiteren Sinne Lehrveranstaltungen in Form von Kursen und Projekten an.[29]

Auch der Berliner Modellversuch „Integrierte Ingenieurausbildung" hat ein Konzept entwickelt, das wesentliche gewerkschaftliche Forderungen zur Ingenieurausbildung berücksichtigt[30]; – der Modellversuch wurde vor Beginn der praktischen Phase auf Betreiben konservativer Hochschullehrer durch die beteiligten Fachbereiche an der TU und TFH Berlin aus hochschulpolitischen Gründen vereitelt. Seine Ergebnisse sind jedoch in das im folgenden dargestellte Konzept eingeflossen.

---

26 Die Ergebnisse der Arbeit des VFS sind in einer ganzen Reihe von Berichten festgehalten – zusammenfassend in Verein zur Förderung der Studienreform (Hrsg.): Hochschulausbildung im Arbeitnehmerinteresse. Bonn 1976.
27 Die wesentlichen Veröffentlichungen: IG Bau-Steine-Erden (Hrsg.): Hochschulausbildung für das Berufsfeld „Planen und Bauen", Information für Mitarbeiter der IG Bau-Steine-Erden, Frankfurt a. Main (ohne Jahr); IG Chemie (Hrsg.): Gewerkschaftlicher Vorschlag zur Reform des Chemie-Studiums, Hannover 1979 und: Gewerkschaftliche Vorschläge zur Reform der Chemie-Studiengänge (Chemie-Ingenieurwesen) an Fachhochschulen, Hannover 1981.
28 Vgl. Arbeitskreis Rationalisierung (Hrsg.): Studenten und Gewerkschaften in Karlsruhe, Dokumentation 1977–1980. Hekt. Manuskript, Fachschaft Wirtschaftswissenschaften, Universität Karlsruhe, 1980.
29 Zu diesem Konzept vergleiche den Bericht Weiterbildungstudium Arbeitswissenschaften (Hrsg.): Projekte und Institutionalisierung, Hannvoer 1982.
30 Vergleiche Brocks, W. u.a.: Integrierte Ingenieurausbildung. Eine realistische Utopie. Berlin, Technische Universität, 1979.

Der 1982/83 in der Fachkommission „Technikwissenschaften" unter Federführung der IG Metall erarbeitete Modellstudiengang für die Bereiche Maschinenbau und Elektrotechnik, der in Kürze in der Schriftenreihe der Hans-Böckler-Stiftung vom DGB veröffentlicht wird, sieht einen die bisher zweigeteilten Studiengänge (Fachhochschulen — Wissenschaftliche Hochschulen) integrierenden Studiengang von 10 Semestern Dauer vor, der zu einem einheitlichen Abschluß „Diplom-Ingenieur" führt. Es wird dabei bewußt darauf verzichtet, einen Zwischenabschluß vorzusehen[31], der in der Praxis den Charakter eines Kurzstudiums haben würde, in dem es nicht möglich wäre, den Studenten eine den immer schwieriger werdenden Verhältnissen im Ingenieurberuf und auf dem Arbeitsmarkt entsprechende Qualifikation zu vermitteln.[32] Ein „Zwischenabschluß" würde so nur eine neue Form der Zweiteilung schaffen. (Die Gründe der gewerkschaftlichen Ablehnung der Zweiteilung sind in verschiedenen Schriften dargestellt[33] — sie sollen hier nicht aufgezählt werden.) Die notwendige Differenzierung erfolgt nach inhaltlichen Gesichtspunkten, nicht nach strukturellen.

Der Zugang zu diesem Studiengang soll nicht nur mit formaler Hochschul- oder Fachhochschulreife möglich sein, sondern auch für Arbeitnehmer mit Berufserfahrung in einschlägigen Metallberufen. Er ist in drei Phasen gegliedert (s. Grafik) und sieht in jeder dieser drei Phasen des Studiums vor, daß die Studenten sich mit sozialen Voraussetzungen und Folgen der Technik befassen und sich von der überkommenen, zerstückelnden Fächerstruktur durch interdisziplinäres, problembezogenes und -geleitetes Studieren lösen. Wesentliches Instrument dafür ist das Arbeiten in Projekten, das gewährleistet, daß nicht nur Kenntnisse und Fähigkeiten erworben werden, sondern daß z.B. auch solidarisches, kooperatives Arbeiten in Gruppen gelernt wird und daß die erworbene Qualifikation auch handlungsrelevant wird.[34]

Nach der Orientierungsphase, die zum Ausgleich unterschiedlicher Eingangsvoraussetzungen und zum Einstieg in technische Problemstellungen dient, sind die Projekte eingebettet in ein System von (projektunabhängigen) Grundkursen und projektbezogenen Kursen, ergänzt um Wahlfächer. In einem mehr fachsystematischen Zweig, der im wesentlichen für Studenten mit spezifischem Interesse an einer wissenschaftlichen Laufbahn gedacht ist, werden auch die klassischen Fächer der Ingenieur- und Naturwissenschaften angeboten. Der fachsystematische Zweig trifft sich (im Gegensatz zu dem klassischen Y-Modell, wie z.B. an der Gesamthochschule Duisburg) aber in der dritten Phase wieder mit dem problembezogenen Zweig, um einerseits eine Wissenschaft und Anwendung trennende Fehlentwick-

---

31 Dies im Gegensatz zu den sonst auch unter gewerkschaftlichen Gesichtspunkten interessanten integrierten Kasseler Ingenieurstudiengängen.
32 Diese Einschätzung dürfte zwar besonders bei Fachhochschulprofessoren auf Widerspruch stoßen, sie wird jedoch sogar von den Arbeitgebern geteilt, die das in Stellungnahmen zu den kürzlich von einigen Ländern vorgeschlagenen Kurzstudiengängen deutlich erklärt haben — vgl. z.B den Artikel im „Tagesspiegel" vom 31.8.83.
33 Z.B. DGB (Hrsg.): Informationen und Argumente zum Studium in den Technikwissenschaften, Düsseldorf (1979) und die bereits zitierten Broschüren der IG Bau und IG Chemie.
34 Vgl. hierzu auch Neef, W. und Hamann, M. (Hrsg.): Projektstudium..., a.a.O.

Aufbau des Modellstudiengangs

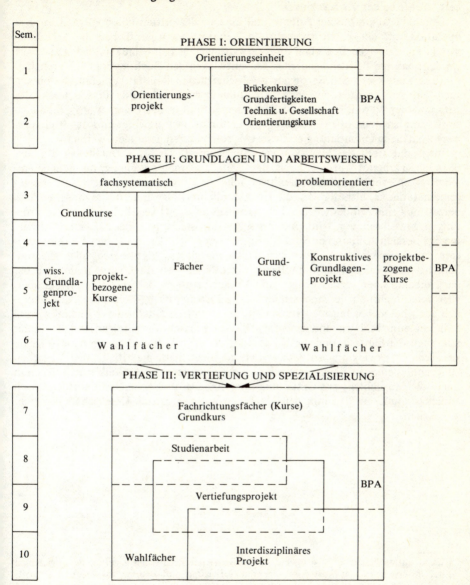

lung zu vermeiden, andererseits die Herausbildung einer unterschiedlichen „Wertigkeit" dieser beiden Zweige zu verhindern.[35]

Durch berufspraktische Anteile und eine in der dritten Phase vorgesehene Kooperation mit der Praxis (wobei unter „Praxis" im wesentlichen die Arbeitnehmer in einschlägigen Betrieben und Verwaltungen gemeint sind) soll dabei gesichert werden, daß die bei den Studenten sich entwickelnden Qualifikationen, Vorstellungen und Ziele nicht den Bezug zur gesellschaftlichen Realität verlieren; der bislang auch bei Absolventen des Ingenieurstudiums zu bemerkende Praxisschock, der aufgrund der Verunsicherung zu Berufsbeginn und in der Einarbeitungsphase eine Anpassung an „von oben" vorgegebene Leitlinien fast erzwingt und damit eine gewerkschaftliche Orientierung erschwert[36], soll dadurch gemindert werden.

Insgesamt stellt der hier skizzierte Studiengang (der bis in Details der Studienpläne ausgearbeitet wurde — auch diese Details werden zusammen mit dem gesamten Konzept veröffentlicht) allerdings hohe Anforderungen an die Träger des Ingenieurstudiums, insbesondere die Hochschullehrer. Man muß davon ausgehen, daß derzeit nur eine Minderheit des Lehrpersonals an den Hochschulen diesen Anforderungen gewachsen sein wird. Auch deshalb sind starke gewerkschaftliche Aktivitäten im Bereich technischer Studiengänge erforderlich. Denn bei den Funktionsträgern der Gewerkschaften, gewerkschaftlich engagierten Ingenieuren, aber insbesondere bei den von neuen Technologien betroffenen Arbeitnehmern, findet sich der Sachverstand über soziale Folgen und Voraussetzungen der Technik, der der überwiegenden Mehrheit der Hochschullehrer technischer Fächer fehlt. Hier, und sicherlich auch bei vielen Ingenieurstudenten, die mit ihrem Studium der Technikwissenschaften zum sozialen und gesellschaftlichen Fortschritt beitragen wollen, findet sich auch die Fantasie und die Kreativität, die erforderlich sind, um neue Wege einer Technikentwicklung zu beschreiben, die nicht mehr die arbeitenden Menschen zu Technikbedienern degradiert oder sie gar zu Opfern der Technik macht, sondern ihnen die Möglichkeit zur Gestaltung ihrer Arbeits- und Lebenswelt nach und nach zurückgewinnt, um Technik den Menschen und der ganzen Gesellschaft dienstbar zu machen.

---

35 Diese unterschiedliche „Wertigkeit" — im Sinne der klassischen Zweiteilung vergleichbar der unterschiedlichen Wertigkeit von graduierten und diplomierten Ingenieuren — spielte früher oder später bei allen Y-Modellen an Gesamthochschulen eine wesentliche Rolle — vgl. z.B. die Berichte über die Erfahrungen an der Gesamthochschule Duisburg.
36 Vgl. dazu: Neef/Schoembs/Wagemann: 5 Thesen zum Thema „Sozialisation in der Hochschule", in: Bargel, T. u.a. (Hrsg.): Sozialisation in der Hochschule. Blickpunkt Hochschuldidaktik Nr. 37, Hamburg 1975.

Hans Kühlborn
Erhöhte Mitarbeitermotivation durch Mitwirkung der Beschäftigten

Die in der Volkswagen AG vorhandenen Bildungsmöglichkeiten (Berufsausbildung, Fort- und Weiterbildung) sind sicherlich eine wesentliche Voraussetzung für die erfolgreiche Arbeit eines Industriebetriebes. Dennoch müssen diese Maßnahmen durch weitere Aktivitäten wie Motivation aller Mitarbeiter sowie Identifikation mit der Arbeit und der Firma ergänzt werden.

Richteten sich die Weiterbildungsmaßnahmen zum überwiegenden Teil an die Angestellten, so müssen die Konzepte zur verstärkten Mitarbeiterbeteiligung wirklich alle Mitarbeiter des Unternehmens ansprechen.

Deshalb haben wir vor 4 Jahren mit der Entwicklung eines Konzeptes begonnen, das sich auf zwei verschiedene Programme, die Informationswerkstatt und die Werkstattkreise, stützt.

Wir haben bewußt auf die Bezeichnung „Quality Circles" aus folgenden Gründen verzichtet:
— Wir können die Japaner wegen vieler anderer Voraussetzungen und Verhältnisse nicht kopieren.
— Wir haben nicht 20 Jahre Zeit, um die Quality-Circles-Bewegung zu entwickeln.
— Wir wollen uns nicht von vornherein auf Qualitätsprobleme beschränken, sondern vielmehr auch Themen wie Kostensenkung, Arbeitsplatzgestaltung, Motivation und Arbeitsmoral, Verringerung von Produktionsstörungen und Ausschuß sowie Nachtarbeit behandeln.
— Wir konzentrieren uns insbesondere in der Einführungsphase auf den produktiven Bereich, in dem die Mehrzahl der Probleme anfallen und demzufolge auch von den Mitarbeitern aus der Werkstatt gelöst werden können.

Trotz alledem soll fairerweise auch darauf verwiesen werden, daß sehr viel Gedankengut von den Quality-Circles übernommen wurden.

Erstrebtes Ziel ist es, das Engagement, die Eigeninitiative und die Begeisterung jedes Mitarbeiters nachhaltig zu fördern.

Informationswerkstatt und Werkstattkreise sind als Einheit zu sehen. Sie wenden sich an unterschiedliche Teilnehmergruppen und bauen, wie die Bezeichnung zu erkennen gibt, aufeinander auf. Die Informationswerkstatt ist die Vorstufe der Werkstattkreise.

1. Informationswerkstatt

1.1 Ziele der Info-Werkstatt

- Bessere Zusammenarbeit der Produktions- und Inspektionsmitarbeiter.
- Wachsen eines noch höheren Qualitätsbewußtseins.
- Überwindung der Verantwortungstrennung von Stückzahl und Qualität.
- Qualitätsverantwortung auf jeden Bereich übertragen (Qualität erzeugen und nicht erprüfen).
- Verbesserung der Kommunikation und Information.
- Verbesserung der Wirtschaftlichkeit (gleich richtig machen anstatt Fehler beseitigen).
- Bereichsübergreifende Information abgeben.
- Stellung des Meisters wieder mehr in den Vordergrund schieben.
- Führungskräfte von der Idee der „Werkstattkreise" überzeugen, damit sie Förderer dieser Aktion werden.

1.2 Organisation der Info-Werkstatt

Die Informationswerkstatt ist eine Veranstaltung, die für alle Unterabteilungsleiter, Meister und Vizemeister eines Bereiches entwickelt wurde. Diese Führungsschicht ist es nämlich, welche die Motivation der Werker, deren Einstellung zur Qualität, deren Identifikation mit dem Produkt und mit der Firma entscheidend beeinflussen kann.

Sie sind es ferner, denen die Verantwortung für Stückzahl und Qualität übertragen ist. Es gilt also, diese Mitarbeiter für die neuen Schwerpunkte ihrer Tätigkeit zu gewinnen und vorzubereiten.

Die Informationswerkstatt wurde so gestaltet, daß die Teilnehmer eigene Erfahrungen einbringen können, ein steigendes, eigenes Engagement verspüren, an Problemlösungen beteiligt werden und sich stärker mit Problemlösungen identifizieren.

Das bedeutet, daß eine von den bisher üblichen Normen abweichende Veranstaltungsform zu wählen war, die das frühere Lehrer/Schüler-Verhältnis nicht kennt und die den Einbezug aller Beteiligten ermöglicht.

Als Veranstaltungsdidaktik wurden die interaktionellen Gesprächstechniken von Metaplan verwandt. Mit ihnen wird eine möglichst große Beteiligung der Teilnehmer hergestellt.

Um die von den Teilnehmern eingebrachten Erfahrungen in ganzer Breite zu erfassen und das gegenseitige Vertrauen füreinander zu fördern, wurden die Teilnehmergruppen gemischt zusammengesetzt:
Hierarchiestufen ebenso wie Abteilungsgrenzen überspringend, wurden „Produktioner" und „Inspektioner" zu Gruppen von je 14 Teilnehmern zusammengeführt (siehe Abb. 1).

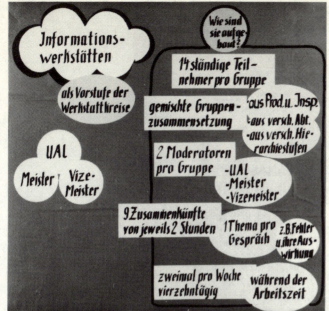

Abb. 1

Einer der Grundpfeiler der Konzeption ist es, als Moderatoren keine externen Spezialisten zu verpflichten. Für diese Aufgabe wurden stattdessen betriebseigene Unterabteilungsleiter, Meister und Vizemeister, Kollegen der späteren Teilnehmer also, ausgebildet und eingesetzt. Dieser Idee wurde zunächst Skepsis entgegengebracht, weil man nicht sicher war, ob sie den Ansprüchen gerecht werden konnten.

Die Pro-Argumente überwogen jedoch bei weitem.

Der Meister z.B. spricht die Sprache seiner Kollegen. Er kann auf Beispiele besser eingehen, da er den Betrieb kennt. Er gewinnt das Vertrauen der Teilnehmer eher, weil sie ihn als ihren Kollegen kennen. Im Nachhinein zeigte sich, daß diese Maßnahme, Meister und Vizemeister als Moderatoren einzusetzen, ganz entscheidend für den Erfolg der Informationswerkstatt war. Einerseits wurde den Moderatoren selbst bewußt, wie ihnen im Laufe der Veranstaltung Anerkennung und Achtung zuwuchsen. Andererseits riß ihr Engagement als Moderator auch die Teilnehmer mit (siehe Abb. 2).

Es fanden je nach Fertigungsbereich 8 bis 10 Zusammenkünfte statt, an denen jeder Unterabteilungsleiter, Meister und Vizemeister teilnahm. Jedes Gespräch dauerte in der Regel zwei Stunden. Hierbei wurde jeweils ein Thema behandelt. Diese Treffen fanden während der Arbeitszeit und in der Nähe des Arbeitsplatzes statt.

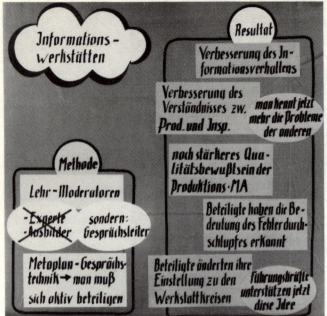

Abb. 2

1.3 Themen der Info-Werkstatt (Beispiel Preßwerk)

In der Vorbereitungsphase, welche sehr gründlich und arbeitsintensiv ablief, wurden im Rahmen von Sondierungsgesprächen die Themeninhalte, die Form und die Darstellungsweise ermittelt. An den Sondierungsgesprächen nahmen vom Werksleiter bis zum Werker Vertreter aller Hierarchiestufen teil. Dadurch war gesichert, daß nur allseits interessierende Probleme diskutiert wurden.

Im übrigen erfolgte die Vorbereitung in der Weise, daß sämtliche Gespräche vorstrukturiert wurden. Jeder Moderator erhielt für jedes Gespräch ein Drehbuch, eine Regieanweisung also, in denen die Informationseingaben, die vorbereiteten Fragen oder Thesen, die Moderationstexte sowie Hinweise auf den Zeitplan und die notwendigen Handreichungen enthalten waren.

Im Rahmen der Eröffnungsveranstaltung wurden den Teilnehmern der Informationswerkstatt der Ablauf, der Aufbau und die Themen vorgestellt (siehe Abb. 3 und 4).

Abb. 3

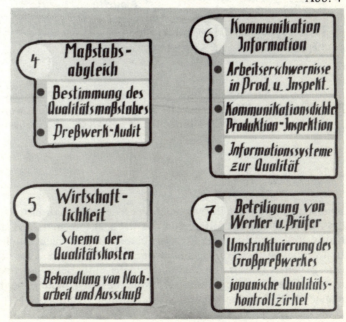

Abb. 4

1.4 Ergebnisse, Zahlen und Fakten

Die Ergebnisse der Info-Werkstatt Preßwerk sind sehr gedrängt und beispielhaft in Abb. 5 zusammengefaßt.

Abb. 5

Zur Durchführung der Info-Werkstätten in den VW-Werken Wolfsburg, Emden, Braunschweig und Kassel sind 216 Moderatoren ausgebildet worden.
Insgesamt haben 1.820 Mitarbeiter an 950 Gesprächen teilgenommen.

2. Werkstattkreise

Bereits zu Beginn der Entwicklungsphase der Informationswerkstatt hatten wir uns das Ziel gesteckt, den Mitarbeiter vor Ort anzusprechen. Dies erschien uns u.a. deshalb erforderlich, weil der Preiswettbewerb immer mehr durch den Qualitäts- und Innovationswettbewerb ergänzt oder gar ersetzt wird. Dies erfordert aber neben dem gezielten Einsatz von Technologien die Einbeziehung der gesamten Belegschaft in den Qualitätssicherungsprozeß: vom obersten Management bis zum „letzten Mann" („Die japanische Qualitäts-Revolution", Dip.-Volkswirt H. Hinz, Industriegewerkschaft Metall, Frankfurt).

Durch die Erkenntnis, daß sich Qualität u.a. nur durch persönliches Engagement aller Mitarbeiter gewährleisten läßt, daß vielfach Kreativitäts-, Innovations- und Produktivitätsreserven ungenutzt bleiben, deren Ausschöpfung dem Mitarbeiter mehr Selbstverwirklichung, mehr Arbeitsfreude verspricht, haben wir das Konzept der Werkstattkreise entwickelt.

2.1 Ziele der Werkstattkreise

Die Ziele der Werkstattkreise als Folgeveranstaltung der Info-Werkstätten lassen sich wie folgt zusammenfassen:
— die Betroffenen an den unternehmerischen Zielsetzungen und Lösungsprozessen zu beteiligen,
— die Motivation und die Identifikation zu steigern,
— die Arbeitsbedingungen und das Arbeitsleben durch die Mitarbeiter mitgestalten zu lassen,
— die Effektivität und Produktivität zu steigern,
— das Kostenbewußtsein zu fördern und die Kosten zu senken,
— die Produktqualität zu verbessern,
— Kooperation statt Konfrontation anzustreben,
— die Erfahrungen und das Wissen der Arbeitnehmer verstärkt zu nutzen,
— Problemlösungen ,,kooperativ" zu erarbeiten,
— brachliegende Kreativität zu aktivieren.
Die beteiligten Mitarbeiter haben jedoch auch gewisse Erwartungen:
— Kenntnisnahme ihrer erarbeiteten Lösungsvorschläge durch die Vorgesetzten
— Verwirklichung der Vorschläge in einer angemessenen Zeit
— Begründung bei der Ablehnung von Lösungsvorschlägen.
Tut man dies nicht und verschafft den Mitarbeitern nicht das Erfolgserlebnis der Verwirklichung ihrer Vorschläge, kann das gesamte Vorhaben zur verstärkten Demotivation der Mitarbeiter führen, eine Entwicklung, der wir ja gerade durch dieses Konzept begegnen wollen.

2.2 Organisation der Werkstattkreise

Da in diesen Werkstattkreisen vorwiegend Mitarbeiter vor Ort vertreten sind und diese in der Vergangenheit wenig theoretisch tätig waren, sind auch diese Gespräche der Werkstattkreise vorstrukturiert worden.

Ferner wurden bestimmte organisatorische Voraussetzungen getroffen (siehe Abb. 6):

Abb. 6

- 8 bis 12 Teilnehmer (Vizemeister, Facharbeiter, Werker, Prüfer) bilden einen Werkstattkreis
- alle Teilnehmer sind vom Thema berührt
- das sachbezogene Thema wird entweder vorgegeben oder später von den Mitarbeitern selbst formuliert
- die Themen müssen eng begrenzt werden, damit eine Lösung möglich ist
- die Sitzungen finden während der Arbeitszeit statt
- Lösungsvorschläge sollten nach einer begrenzten Anzahl von Sitzungen (jedes Gespräch dauert etwa 90 Minuten) vorliegen
- der Werkstattkreis löst sich auf nach Umsetzung der Lösungsvorschläge (ist kein ständig tagendes Gremium)
- neue Werkstattkreise bilden sich zu neuen Themen.

2.3 *Durchführung der Werkstattkreise*

Die begrenzte Anzahl von Sitzungen ist so organisiert (siehe Abb. 7), daß zunächst einmal den Teilnehmern erläutert wird, warum sie zusammenkommen, was man von ihnen erwartet, wie die Organisation und der Ablauf des Werkstattkreises aussieht. Daran schließt sich die Herausarbeitung der Probleme bezüglich des gestellten Themas an.

Abb. 7

Schließlich werden in den weiteren Besprechungen Abstellmöglichkeiten gesucht und Lösungsvorschläge gemeinsam diskutiert und erarbeitet.

Nach Visualisierung der Ergebnisse werden diese von Vorgesetzten, in deren Verantwortungsbereiche die diskutierten Probleme liegen, präsentiert.

Die Moderatoren, welche einen solchen Werkstattkreis leiten, müssen immer wieder darauf achten, daß die Teilnehmer besonders die Lösungen erarbeiten, die sie selbst umsetzen können. Dies sind in der Regel die „kleinen feinen" Ideen, die sich leicht und schnell verwirklichen lassen.

Man stellt immer wieder fest, daß es viel leichter ist, die Schuld bei anderen zu suchen und auch zu finden, als bei sich selbst.

Die häufig so gefundenen Lösungen sind oftmals grundsätzlicher Natur und entsprechen Idealvorstellungen, die zwar das gesamte Problem beseitigen würden, aber auch nicht bezahlt werden können.

2.4 *Ergebnisse der Werkstattkreise*

Die gefundenen Lösungen waren in der Regel die kleinen, umsetzbaren Vorschläge. Diese sind teilweise bereits verwirklicht.

Das Erstaunliche jedoch zeigt sich darin, daß die beteiligten Mitarbeiter selbst die

Umsetzung durchführten, sofern es ihnen möglich war und nicht mehr darauf warteten, daß andere kamen, die den ausgefüllten Arbeitsauftrag ausführten (siehe Abb. 8).

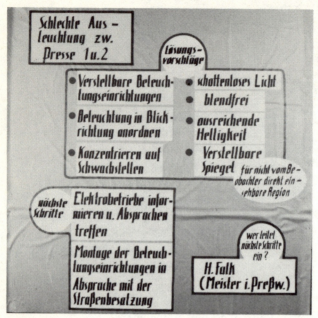

Abb. 8

Es ist auch für die beteiligten Vorgesetzten ein Erlebnis, das wieder verstärkte Engagement, den Einsatz des Wissens, die erneute Identifikation des Mitarbeiters mit seiner Arbeit, mit seiner Abteilung oder mit seiner Firma, wachsen zu sehen.

3. Mitarbeiterbeteiligungkonzepte anderer Firmen

Ganz anders als in Japan verlaufen bei uns die Aktivitäten, welche sich mit der Motivation, der Beteiligung über den engen eigenen Arbeitsbereich hinaus, der Identifikation mit dem Produkt und der Firma aller Mitarbeiter beschäftigen.

Während in Japan diese Bewegung von der Union of Japanese Scientists and Engineers (JUSE) zentral gesteuert und durch landesweite Ausbildungsprogramme unterstützt wurde, werden in der westlichen Welt und damit auch bei uns vielfältige, individuelle, auf die jeweiligen Verhältnisse abgestimmte Konzepte entwickelt und Versuche gestartet.

Erst nach zahlreichen Einzelaktivitäten in Firmen unterschiedlichster Art und

Größe haben sich Organisationen gebildet, welche eine überbetriebliche, überregionale Koordination versuchen.

Auch viele Unternehmensberater sind inzwischen tätig geworden und bieten ihre Unterstützung insbesondere in der Einführungsphase den Betrieben an.

So werden von den verschiedensten Firmen Quality Circles, Qualizitätszirkel, Qualitätsgesprächskreise, Werkstattzirkel, Werkstattkreise, Werkstattforen, Aktionskreise, Informationswerkstätten und Lernstätten durchgeführt.

Diese Vielzahl der Aktivitäten lassen es als äußerst schwierig, wenn nicht gar unmöglich erscheinen, einen Überblick aller Konzeptionen zu geben.

Dieser Erkenntnis folgend werden abschließend die Schwerpunkte der Lernstätten erläutert, die bei einer Reihe großer deutscher Firmen durchgeführt werden.

Lernstatt

Die bekanntesten Lernstätten laufen zur Zeit bei MAN, Hoechst, BMW, Continental, Bosch und Hannen. Sie weisen zwar firmenspezifische Besonderheiten auf, verfügen aber dennoch über folgende Gemeinsamkeiten:
— begrenzte Teilnehmerzahl
— Teilnehmer entstammen der unteren Hierarchieebene
— Teilnehmer arbeiten in der Regel in einem Arbeitsbereich
— freiwillige Teilnahme
— Gesprächszeit wird vergütet
— Sitzungen finden regelmäßig statt und dauern nicht länger als 2 Stunden
— Moderatoren leiten Gespräche
— Anwendung interaktioneller Gesprächstechniken
— aktive Unterstützung durch das Management.

Lernstätten unternehmen den Versuch, Mensch und Arbeit einander näherzubringen. Es gilt, die in der Maslow-Pyramide hoch angesetzten Eigenschaften wie Selbstverwirklichung, Identifikation, Initiative auch auf die unteren Hierarchieebenen anteilig zu verlagern. Dazu verfolgt die Lernstatt abgestufte Ziele:
— mehr Verständnis der eigenen Arbeit und ihrer Wichtigkeit beim einzelnen Mitarbeiter,
— verbesserte Kontakte untereinander und zum Vorgesetzten sowie zum Abbau gegenseitiger Vorurteile im Gruppenverständnis
— verstärkte Achtung der Arbeit seiner Mitarbeiter und deren Würde durch den Vorgesetzten.

Die Realisierung dieser Ziele erforderte von den häufig anfänglichen persönlichen Problembewältigungsdiskussionen eine Hinwendung zu mehr betrieblichen Sachdiskussionen, die natürlich oft durch persönliche Probleme überlagert werden.

Diese allmählich vollzogene Tendenzänderung läßt wohl heute den Schluß zu, daß sich trotz vorhandener Unterschiede eine immer mehr sich angleichende Philosophie aller Konzeptionen einstellt. Ein Grund ist wohl in der Erkenntnis zu suchen, daß langfristiger Erfolg sichtbare Ergebnisse benötigt. Sichtbare positive Ergebnisse stellen sich aber leichter ein, wenn man mehr einem pragmatisch orientierten Konzept folgt.

Die größte Motivation sowohl für die Teilnehmer als auch für Vorgesetzte ist der Erfolg, der von allen als Umsetzung der gemachten Vorschläge und Lösungen erkannt werden kann. Wird die Realisierung von den Beteiligten selbst bzw. wesentlich getragen, ist die Zufriedenheit am größten.

Der jetzt noch vorhandene größere Unterschied zu unseren Werkstattkreisen dürfte wohl darin liegen, daß wir einen strafferen Ablauf vorgeben, während Lernstattgruppen freier, oftmals weniger zielstrebig problemorientiert arbeiten.

Allerdings sind auch hier Annäherungstendenzen zu erkennen, die ein Übernehmen, zumindest Überdenken der gegenseitigen Standpunkte erwarten lassen.

Weitere Unterschiede sind dadurch gegeben, daß unsere Werkstattkreise zu konkreten, vorhandenen Problemen zwecks Lösung und Umsetzung gebildet werden, in Lernstattgruppen häufig dagegen die Probleme aufgegriffen werden, welche den Teilnehmern nach einem Zusammenwachsen als Gruppe einfallen.

Durch diese unterschiedlichen Ausgangspositionen müssen sich die Lernstattgruppen-Mitglieder mehr um die Beschaffung von notwendigen Informationen bemühen, die bei uns aufgrund einer häufig vorher durchgeführten ABC-Analyse oder Pareto-Analyse zielgerecht vorgegeben werden.

Inwieweit die in Lernstattgruppen zweifellos auftretenden und zu bewältigenden gruppendynamischen Prozesse die Zufriedenheit und Motivation der Teilnehmer fördern, hängt sicherlich von den betrieblichen Gegebenheiten ab.

Wir müssen nur darauf achten, daß diese, von allen im Betrieb vertretenen Gruppen gewünschten Aktivitäten — vom Management über die Mitarbeitervertretungsorgane bis zu den Mitarbeitern selbst — aus eigensüchtigen Gründen nicht blockiert werden. Daraus leitet sich ab, daß die Diskussion mit allen erwähnten Gruppen gesucht und geführt werden muß. Nur so leisten wir durch diese Aktivitäten einen Beitrag, die wirtschaftliche Situation und damit unsere Marktposition — sprich unsere Arbeitsplätze — zu sichern.

Zu den Autoren

Sebastiano Bagnara und *Raffaello Misiti*, wiss. Mitarbeiter am Istituto di Psicologia, CNR, in Rom.

Ingrid Drexel, wiss. Mitarbeiterin am Institut für Sozialwissenschaftliche Forschung (ISF), München.

Gisela Dybowski, wiss. Referentin in der Abteilung Bildung der IGM-Vorstandsverwaltung.

Felix Frei, Dozent an der ETH Zürich.

Else Fricke, wiss. Mitarbeiterin in der Abt. Arbeitskräfteforschung des Forschungsinstituts der Friedrich-Ebert-Stiftung, Bonn.

Werner Fricke, Leiter der Abt. Arbeitskräfteforschung des Forschungsinstituts der Friedrich-Ebert-Stiftung, Bonn.

Dieter Görs, Professor an der Universität Bremen.

Wolfgang Hindrichs, Professor an der Universität Bremen.

Hans Kühlborn, Leiter der Werkstattkreise der Volkswagenwerk AG, Wolfburg.

Wolfgang Neef, wiss. Mitarbeiter an der Technischen Universität Berlin.

Ben van Onna, Professor an der Katholieke Universität von Nijmegen.

Wilgart Schuchardt, wiss. Mitarbeiterin in der Abt. Arbeitskräfteforschung des Forschungsinstitut der Friedrich-Ebert-Stiftung, Bonn.

Torbjörn Stockfelt, Dozent an der Universität Stockholm.

Wolfram Wassermann, wiss. Mitarbeiter am Landesinstitut Sozialforschungsstelle Dortmund.

CIP-Kurztitelaufnahme der Deutschen Bibliothek

Innovatorische Qualifikationen — **eine Chance gewerkschaftlicher Arbeitspolitik:** Erfahrungen aus d. Niederlanden, Italien, Schweden u. d. Bundesrepublik/ [Forschungsinst. d. Friedrich-Ebert-Stiftung]. Werner Fricke; Wilgart Schuchardt (Hrsg.). — Bonn: Verlag Neue Gesellschaft, 1985.
    (Reihe: Arbeit: Sonderheft; 4)
    ISBN 3-87831-406-X

NE: Fricke, Werner [Hrsg.]; Friedrich-Ebert-Stiftung/Forschungsinstitut; Reihe Arbeit/Sonderheft